ラダイム
フトで
おさえる
日本文化史

バイバイ丸暗記！
文化史は「節目」で学べ

監修：田中結也
（駿台予備学校日本史講師）

淡交社

「文化史は、あきらめた。」
そう思ったことのあるあなたへ。

さて、日本の文化史ぜんたいをざっくり一冊で見わたすなんていう、なんともムチャなことにこれから挑戦したいと思います。

「文化史」と聞くだけで、「ああ、暗記か……」と身構えてしまう人も多いと思います。歴史の授業で無理やり詰め込んだ苦い記憶があるからか、受験生はもちろん、「文化史、苦手……」と思ったまま大人になってしまった人も多い気がします。

でも、それはみなさんのせいではありません。文化史をとっつきづらくしてしまっているのは、その学び方の構造に根本的な原因があるのではないかと思うのです。

日本史の学習法は、まず全体の通史をおさえて、そのうえで「補足」のような形で文化史を学ぶのが通常です。もちろん、まず学ぶべきなのは通史なのでそれは当然のこと。ただ、この**【通史と文化史の分断】**が、文化史をわかりにくくしている主要因の一つになっているのです。

テストに向け、教科書の片隅に突如現れた文化史用語／作品名を必死で覚える。頭の中に筋道が立ったわけではないから、テストが済んだらきれいさっぱり忘れてしまう（笑）。こんな経験ないでしょうか。そんな不毛な繰り返しをなんとかしたい、それが日本史講師としての私の長年の望みでした。

そこで思いついたのが、【通史の重要ポイント／転換点＝パラダイムシフト】と、文化史を連動させて把握していく学習法です。

パラダイムシフトとは、**「当たり前だった考え方、社会全体の価**

値観が革命的に変化すること」を指すことばです。国にとって大きなシフトチェンジがあったとき、その時代に生きていた人々の生活文化も大きく変わります。そしてその時代背景に合わせ、さまざまな作品が生まれます。

「時代の大きなうねり」をおさえながら学ぶことで、覚えにくい文化史もうまく頭に入るよう整理しちゃおうということ。あの宗教思想が流行ったウラには、有名な作品が生まれた背景には、どんな時代の空気や要請があったのかを想像させること。これが本書の大きな特徴で、いちばんの目的です。

もう一つの特徴は、文化史を【宗教史】【美術史】などのテーマで分け、そのテーマ別に時代を追って説明していることです。

学校の教科書では、「飛鳥時代の仏教史は〇〇●●、美術史は△△▲▲」と説明があったあと、しばらくページが飛んで「白鳳時代の仏教史は□□■■……」とまた記述が始まるような、ぶつ切りの書き方になってしまっています。これだとどうしても全体のつながりがわかりにくい。その分野全体の流れを理解するには、宗教史なら宗教史だけ、一つのテーマについてじっくり通して学ぶほうが確実に頭に入りやすいはずなのです。

日本文化史は通常、大きく4テーマに分ける学習法を採用しています。本書もこれに倣い、①宗教史（仏教・神道・キリスト教）　②美術史（建築・彫刻・工芸・絵画）　③学問・思想・教育史　④文芸・ジャーナリズム史（一部の芸能史含む）の4章立てとしました。

そして、その分野の中で生まれた画期的な作品、考え方、それを生み出した人物の紹介に力を注いでいます。それらはつまり、そのテーマの中での大きな転換点（パラダイムシフト）だからです。「パラダイムシフトでおさえる」というタイトルは、ここにもかかっています。

本書は、大きく分けて以下の2種の使われ方を想定しています。

受験生の補習・総おさらいとして。

この本は、大学受験用YouTube無料オンライン授業サービス「ただよび」®にて行なった、「【日本史】文化史ファイナルチェックリスト」という私の公開授業をたたき台としています。なので取り上げたトピックスは、**「大学入試に出やすい」**という判断基準のもと、基本的には高校までの授業で習う範囲にとどめています（一部補足有り）。

ちなみにその動画、なんと5時間超えという狂気（笑）。ただ反響は大きく（2024年1月現在で**再生数12万回超え**を達成！）、この手ごたえが本書作成の大きな原動力となりました。気になる方はぜひチェックしてください。

また、受験生の読者のために、巻末には「文化史ファイナルチェックリスト」で実際に使ったレジュメを収録しています。

大人の読者の学び直しとして。

文化史への苦手意識の払拭と、知っておきたいことの整理に役立ててもらえればと思います。詳しい人にとっては、「入り口」までの道案内程度で物足りないかもしれませんが、興味が持てそうな分野を見つけるきっかけにしてください。

また、平易な解説を心がけましたが、逆に「簡略化しすぎ！」と思われるところもあるかもしれません。本書でスポットを当てた基準は「その物事の際たる特徴」の一面ということをご承知ください。

みなさんの学びを深めるため、本書が少しでもお役に立てれば幸いです。

パラダイムシフトで おさえる日本文化史 | 目次

1章 宗教史

2章 美術史

3章 学問・思想・教育史

4章 文芸・ジャーナリズム史

1章

宗教史

仏教史／神道史／キリスト教史

古墳《こふん》文化（後期）6世紀

なぜこの時代に仏教が伝わった？

文化史の初《しょ》っ端《ぱな》は、宗教史からみていきましょう。

日本史で宗教と言えば、8割がた仏教史です。ちょっと言い過ぎました（笑）、7割くらいですかね。

仏教がいつ日本（倭《わ》国）に公式に伝わったかというと、それは欽明《きんめい》天皇のころ。538年（戊午《ぼご》説）、552年（壬申《じんしん》説）など諸説ありますが、朝鮮半島の百済《くだら》から伝わってきました。ただ、これをそのまま丸暗記しようとしてもなかなか覚えづらいと思います。**なぜ仏教はこの時期に、百済から日本に伝わったのか？　という根本のところを考えてみてください。**

倭国は4世紀後半、朝鮮半島に進出していたと言われています。大陸の文化や鉄がほしかったためでしょうね。当時の朝鮮半島には、高《こう》句麗《くり》、新羅《しらぎ》、百済、加羅《から》という4つの国がありました。日本はそのうちの2つ、百済、加羅と仲良くしていて、もう2つの高句麗と新羅とは敵対していました。同盟国の百済は北の高句麗から圧迫を受けていて、だから倭国との関係を強化したいと思ったのでしょう、実際高句麗と日本が戦った記録も残っています。日本と百済の文化交流がさかんになった背景があり、仏教

古墳時代後期の朝鮮半島情勢

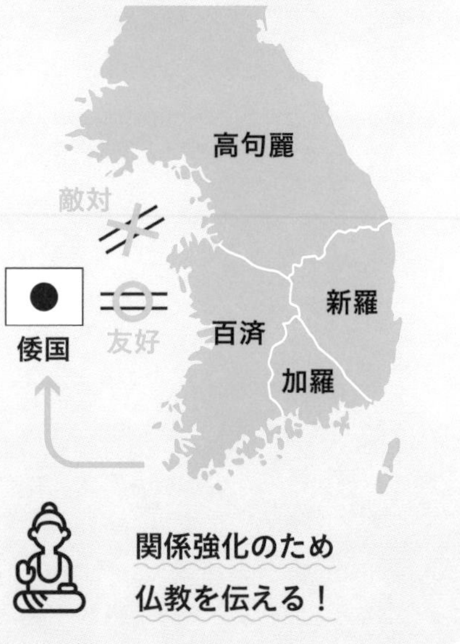

が伝来したというわけなんです。なお、日本は6世紀頃には半島からいったん撤退しています。

このように、仏教の伝来は、当時の東アジア情勢をふまえておさえるようにしましょう！

ここがパラダイムシフト

◎高句麗・新羅の圧迫を恐れた百済

→同盟国の日本ともっと仲良くなりたくて、仏教を伝えた！

崇仏論争＝政治抗争！

古代国家が形成されようとしているこのとき、豪族の蘇我《そが》氏が次第に勢力を強め、物部《もののべ》氏と対立していたことは政治史のほうで習っていますね。仏教を保護しようとした蘇我氏は**崇仏派**《すうぶつは》と呼ばれ、排斥しようとした物部氏は**排仏派**《はいぶつは》と呼ばれます。物部氏の力が強いうちは、仏教は普及せず、一時的に排斥されていた時期もありました。ですが587年、蘇我《そがの》馬子《うまこ》が物部守屋《もののべのもりや》を滅ぼし、蘇我氏が権力を握ると仏教保護政策が採用されます。蘇我氏はまだ後ろ盾の乏しい新興勢力で、仏教などの大陸文化を受け入れることで古参の物部氏らに対抗しようとしたのです。崇仏論争なんて言いますが、結局のところは政治抗争なんだよとイメージしておくのもよいでしょう。

ここがパラダイムシフト

◎仏教は、当時の【最先端の学問・呪術】として伝わる

→新参者の蘇我氏がそれを上手く利用しようとした！

飛鳥《あすか》文化 6世紀末〜7世紀前半

この時代の仏教は、ほぼ「呪術」

飛鳥文化は、推古《すいこ》天皇の時代が中心です。蘇我馬子と厩戸皇子《うまやとのみこ》（聖徳太子）が国政を支えた時代です。遣隋使《けんずいし》の小野妹子《おののいもこ》も有名ですね。飛鳥文化の特色の一番目は、【中国・南北朝時代の文化の影響】です。どんな特徴があるのか簡単に説明すると、北魏《ほくぎ》（北朝のこと、孝文帝）は仏教を保護し、国家事業として石窟《せっくつ》寺院などを建設しました。また、南朝においても、貴族が教養の一つとして仏教を習得しています。【中国全体で国家をあげて仏教を推していた】という特徴が、この時代の日本に大きな影響を及ぼしていたのです。

ところで、中国の南北朝時代は5世紀なので、あれ、ちょっと遅いな、時代がずれてるなと思った人はいませんか？　そう思った人はセンスがいいです。というのも、朝鮮半島の諸国を経由して日本に入ってきているので、文化伝来の時期としては、少しずれているのです。

この時代の仏教は、「氏族《しぞく》仏教」とよばれます。豪族たちが権威の象徴として仏教をありがたがり、お寺を建立《こんりゅう》したからそう呼ばれます。仏教を理論的・体系的に理解しているわけではなく、呪術のようなものとしてとらえているというイメージです。外国の最先端の宗教をとりあえず知っておこうという感じですね。まるで現代の私たちが、好き嫌いはさておき、とりあえず英語を勉強しておくようなものですね。

こうして仏教は王族や豪族といった有力者による保護を受けるようになり、多くの寺院が建立されます。これは古墳に代わる権威の象徴と言ってよいでしょう。代表的な寺院を表にしました。

飛鳥寺《あすかでら》	蘇我馬子が建立した最古の仏教寺院
広隆寺《こうりゅうじ》	渡来人の秦河勝《はたのかわかつ》が創建
四天王寺《してんのうじ》	厩戸皇子《うまやとのみこ》の創建
斑鳩寺《いかるがでら》（法隆寺《ほうりゅうじ》）	同じく厩戸皇子の創建
中宮寺《ちゅうぐうじ》	法隆寺とセットで作られた尼《あま》寺。中宮とは女性を表す言葉

ここがパラダイムシフト

◎飛鳥文化期、豪族は仏教の教えを深く理解していなかった
→氏の繁栄をもたらす「呪術」として受け入れようとした！
◎仏教には実のところ、東アジア外交に必要な知識が含まれていた
→それを上手く利用しようという思惑が働いた！

白鳳文化《はくほう》 7世紀後半～8世紀初頭

国を挙げての「仏教推し」はじまる

白鳳文化の時期は天武《てんむ》天皇、持統《じとう》天皇の時代が中心です。これから天皇中心の中央集権体制をつくっていこうという時です。そのためには文字で書かれた法令による統治が必須で、「**律令**《りつりょう》」と呼ばれる法典が中国から導入されました。中国＝唐が先に強大な国家を形成していて、渡来僧《とらいそう》などから多くの情報が入るようになり、日本もそれにならうべきだと考えられたからです。このままでは日本は唐の属国になってしまう、そんな危機感を持った人が多かったのでしょう。文化史は、かならず政治史と結び付けながらおさえてくださいね。

そして国家として仏教を奨励する、「**国家仏教**」の時代がやってきます。飛鳥の地には**官寺**《かんじ》、つまり国家の監督を受けつつ、国から経済的保障が与えられる寺がつくられます。

大官大寺《だいかんだいじ》	**舒明**《じょめい》**天皇が発願した百済**《くだらの》**大寺**《おおでら》**を天武天皇の時代に移築・改称。奈良・大安寺の前身**
薬師寺《やくしじ》	**南都七大寺の一つ。開基は天武天皇**

ここがパラダイムシフト

◎国力増強のため、唐にならって、天皇中心の律令国家を作りたい
→国を挙げて仏教が受容された！

天平《てんぴょう》文化 8世紀

疫病が世界を変えた……

8世紀の奈良時代、奈良の都は平城京。この時代、国家仏教が更に進展していきます。

具体的には、741年、聖武《しょうむ》天皇が全国に寺院を建立すると言い出します。これ、急に言い出したわけではなく、730年代、日本史を変える大きなパラダイムシフトが起こったからなんです。なんだと思いますか？

それは「**天然痘《てんねんとう》の大流行**」です。当時の日本の人口は約500万人、うち100万人近くがこの疫病で亡くなったと伝わります。5人にひとりですから、自分はもちろん、身の回りのだれかが確実に亡くなってしまうと想像してみてください。コロナ以上にとんでもないことです。政権中枢にいた藤原四兄弟も亡くなってしまいました。

ただ、これを受けた聖武天皇は「祈っても無意味だ」とは思わず、逆に「祈りの力が足りない」と考えました。仏の力で国を護《まも》ってもらおう、という【**鎮護国家《ちんごこっか》**】の思想がさらに強まり、**国分寺《こくぶんじ》**、**国分尼寺《こくぶんにじ》**が造られていきます。そこで写経《しゃきょう》事業が行なわれ、盧舎那仏《るしゃなぶつ》、いわゆる奈良の大仏も造りました（743年造営開始、752年完成）。法会《ほうえ》を頻繁に開催するようにもなります。法会とは、お経を読み上げる儀式のこと。お経を読むことによって国が守られ、無病《むびょう》と五穀豊穣《ごこくほうじょう》を祈ることで苦しみを遠ざけ、それによって民の心をつかもうとしたのです。

お坊さんの免許制はじまる

さらに、経典の中身の研究（教理研究《きょうりけんきゅう》）が行なわれた結果、**南都六宗《なんとりくしゅう》**と呼ばれる宗派が誕生します。また、お坊さんになることが制限されるようになります。なぜかというと、僧は税を払わなくていい、兵にならなくてもいいからです。誰でも勝手になられては困るので管理するシステムが作られ、正式な僧侶になるには受戒《じゅかい》（仏教の定める戒律を受けること）

し得度《とくど》（出家の許し）をすることが必要になりました。簡単に言えば、「お坊さんは免許制」になったのです。

正式な僧侶になるための受戒は儀式化されていきます。儀式化のために呼ばれたのがあの**鑑真《がんじん》**なのです。その受戒のための儀式の場所として、「天下三戒壇《てんかさんかいだん》」と呼ばれる場所が作られます。東大寺《とうだいじ》、下野薬師寺《しもつけやくしじ》、筑紫《つくし》観世音寺《かんぜおんじ》です。鑑真は**唐招提寺《とうしょうだいじ》**を創立して戒律の指導流布につとめます。また社会事業として、弱者を救うことで自分も仏の恵みを得られるという活動が出てきました。**行基《ぎょうき》**は灌漑《かんがい》施設を整備し、行基と仲のよかった光明皇后《こうみょうこうごう》は**悲田院《ひでんいん》**、**施薬院《せやくいん》**を整備します。

ここがパラダイムシフト

◎天然痘で多くの人が亡くなる

→まだ祈りが足りない！　→さらに仏教は儀式化されていった！

弘仁《こうにん》・貞観《じょうがん》文化 9世紀

お坊さんと政治を切り離せ！

弘仁・貞観なんて長い！　覚えにくいよという人は「**唐風《とうふう》文化**」、つまり中国風の文化という認識でいいと思います。先の奈良時代には、国の政治に介入する僧も多く現れました。聞いたことあるなっていう人を挙げると、たとえば道鏡《どうきょう》とか、吉備真備《きびのまきび》とともに橘諸兄《たちばなのもろえ》政権に参加した玄昉《げんぼう》などがいます。そういう政治に近すぎる僧侶を嫌った桓武《かんむ》天皇は、奈良の地を離れ、長岡京や平安京に遷都します。つまり桓武天皇は、それまでの仏教政治をとにかく変えたかった、もっと言えば、僧侶をなるべく国家・政治に関わらせたくない、そういう思いが遷都の大きな要因にもなっていたというわけなのです。

その桓武天皇が保護したのが、新しい宗派である**天台宗《てんだいしゅう》**。そしてその子の嵯峨《さが》天皇が保護したのが**真言宗《しんごんしゅう》**です。この時代は国家仏教の最盛期で、ここから**新仏教**の時代に入っていきます。天台宗の開祖は**最澄《さいちょう》**で、その弟子に**円仁《えんにん》**・**円珍《えんちん》**がいます。真言宗の開祖は**空海《くうかい》**。共通点は唐に留学したことで、それぞれ仏教改革を進めていきます。

最澄は法華経《ほけきょう》重視です。そして自分たちの新しい勢力として大乗戒《だいじょうかい》壇《だん》というものを設立しようとします。これは何かというと、それまで出家には受戒をして得度をするという厳格な手続きが必要だったのですが（16頁）、「大乗戒」という多くの人にとって守りやすいルール、それを守ればOKだよとするものです。これは大きなパラダイムシフトで、だから最澄は仏教史に名を残しているんですね。ただ当然、既存勢力である南都六宗から大反発を受け、存命中にそれは叶いませんでしたが、のちに比叡山も僧侶の身分決定の場と認められていきます。

空海（弘法大師）は大日経《だいにちきょう》という法典を大事にし、「すべてのものは大《だい》日如来《にちにょらい》が姿を変えたもの」、つまり仏と人は本来一つだよという教え（即身成仏《そくしんじょうぶつ》）を根幹とします。仏になる（成仏）には修行が必要というそれまでの考えに対し、自分の中に仏さまが存在すると思えば、それに向き合うために自発的に修行できるよね、とした点が画期的な考えだったのです。これが**密教《みっきょう》**、実践を重視する教えです。

また、**加持祈祷《かじきとう》**という方法を伝えます。この加持祈祷が仏教の歴史を大きく変えます。【加持祈祷・密教・9世紀】、これはもうセットでおさえてください。何をするかというと、燃え盛る炎の前で、ひたすら印を結びながら、大日如来さまに祈るわけです。それまでの仏教はお経を読み

新仏教の時代へ

最澄
〈天台宗〉

◎**法華経重視**
◎**戒律を簡素化！**

↑

既存仏教から大反発！

空海
（弘法大師）
〈真言宗〉

◎**大日経重視（密教）**
◎**加持祈祷**

↓

現世での願いをかなえる！

上げて国家の大事を祈る形だったのが、たとえば身の回りのちょっとしたこと、子どもの病気を治してとか、より現実世界での利益を期待することもできるようにシフトチェンジされたのです。

そして空海は嵯峨天皇と仲良くなり、高野山《こうやさん》を与えられます。仏の加護を得るには、しっかりと山岳修行をして、超自然的な能力を身につけないといけません。以降、次第にそういう僧侶も多くなります。

天台宗は**比叡山延暦寺《ひえいざんえんりゃくじ》**、真言宗は**高野山金剛峯寺《こうやさんこんごうぶじ》**。

天台宗はのちの円仁・円珍の時代に加持祈祷を受け入れ、密教化していきます。

円珍の一派は比叡山のふもとに**園城寺《おんじょうじ》**をつくり、天台宗は山門派と寺門派に分かれます。

ここがパラダイムシフト

◎最澄→儀式の簡略化を求め、それまでの仏教に革命をもたらした！
◎空海→加持祈祷という現実世界の願いをかなえる最先端技法を伝え、国家の保護を受けた！

国風《こくふう》文化 10世紀～11世紀前半

「日本らしさ」の芽生え

続いて国風文化期です。弘仁・貞観文化が「唐風文化」だったのに対し、中国の文化を日本風にアレンジするという動きが起きてきた時代です。

ただしこの時代ではまだ、「日本オリジナル」とまでは言えないよ、そこまで国内文化が成熟したわけではないんだよ、という認識を持っておきましょう。要は、中国文化に日本人の好みが徐々に加味されていく時期なんです。中華そばがだんだん日本人好みの家系ラーメンになっていく、そんなイメージが近いかもしれません（笑）。

現実逃避、からの浄土教の流行

さて、天台宗・真言宗はこれまでと同じく、朝廷・貴族と結びつき、加持祈祷による鎮護国家をめざしていました。ところが、社会の混乱とともに、**【末法思想《まっぽうしそう》】**という新しい考え方が広まります。「1052年＝末法元年」、これはぜひ覚えておいてください。釈迦の入滅《にゅうめつ》（亡くなること）からちょうど2000年にあたるときで、ここから先は仏法の力が衰え、祈りに期待できなくなるという考えのことです。じゃあどうすればよいの？というところから、**浄土教《じょうどきょう》が流行**します。その教えは、念仏によって極楽往生を願うことによって、死んだ後に極楽浄土に行けるという確約をとっておくということです。現実は苦しすぎる、でも来世が楽しけりゃ、こんなつらい現世も前を向いて生きていけるだろうという、プラス思考の塊のような宗派です（笑）。密教は現世での御利益、つまり願えば今の世の中で願いがかないますよという教えですから、対照的ですね。

浄土教の僧・**空也《くうや》**は、南無阿弥陀仏《なむあみだぶつ》と唱えるだけならだれでもできるよね、と平安京の一般ピープルに称名念仏《しょうみょうねんぶつ》を説きました。厳しい修行を積む必要はないよ、誰もが救われるよと説いたのが宗教史上のパラダイムシフトで、だから名前が残っているんですね。ちなみに、このように在野で活動するフリーランスの坊さんを「聖《ひじり》」と言います。

念仏サークルのようなものを作った**源信《げんしん》**や**慶滋保胤《よししげのやすたね》**という僧もいます。彼らは決まった日に集まり、念仏を唱えました。

そして、阿弥陀堂をつくって阿弥陀如来に祈る、つまり極楽浄土の世界を再現することも行なわれます。たとえば、藤原道長《ふじわらのみちなが》が建てた**法成寺《ほうじょうじ》**（現存せず）、藤原頼通《よりみち》の建てた**平等院鳳凰堂《びょうどういんほうおうどう》**などの阿弥陀堂があります（54頁）。また、経塚《きょうづか》といって、経典を筒に入れて地中

末法思想

（1052年＝末法元年）

↓

浄土教の流行

◎天国、地獄という概念が定着

◎怨霊を恐れる考えも浸透

に埋めるということもなされました。藤原道長が奈良の金峯山《きんぷせん》に埋納したのが有名です。

こうして浄土教の考えが広まると、「極楽浄土に行きたい、行けるよ」という考えが根付いていく一方、じゃあ行けなかったら地獄に落ちるよ、という考えにもつながります。源信はこの「天国・地獄」という概念を広めようとしました。

さらにこの時代、地方で武士が蜂起《ほうき》したことに加え、疫病も流行ります。祈っていてもつらいことばかり、仏さまの加護なんてないじゃん、祈りの効果なんてないじゃん、と不満が募《つの》ります。そうなると、祈りが通じないことに対し理由が欲しくなり、それは**怨霊のせい**なんだ、という考えが広まっていくのです。そして怨霊、疫神を鎮めるためのお祭り「**御《ご》霊会《りょうえ》**」が祇園社《ぎおんしゃ》や、北野天満宮《きたのてんまんぐう》などで行なわれるようになります。京都で今も行なわれている有名な祇園祭もこれにあたります。

この時代の仏教は、比較的バラエティに富んでいて、色々な考え方が生まれていました。一方、仏教以外では、吉凶を占う陰陽道《おんみょうどう》もさかんになり、凶の方角を避ける「**方違《かたたがえ》**」や、日取りや夢見が悪い日は門を閉ざして謹慎する「**物忌《ものいみ》**」が行なわれて、人々の生活を制約しました。

ここまでの時代区分が古代で、次の区分から中世になります。

! ここがパラダイムシフト

◎「末法思想」によって、仏法の力は衰えると考えられていた

→ 末法が近づくと、浄土教が流行した！

◎武士の台頭や疫病の流行などで、祈りが通じない

→「それは怨霊のせいだ、怨霊を鎮めよう」という考えに至り、そこからさまざまな儀礼や祭礼が生み出された！

院政期《いんせいき》文化 11世紀後半～12世紀

拡大する末法思想

この時代は、子や孫に天皇の位を譲った上皇が、治天《ちてん》の君《きみ》として政治を裏から動かした時代です。白河《しらかわ》院、鳥羽院、後白河院による**院政**は有名ですね。院が権力のよりどころとしたのは仏教でした。出家した上皇は法皇と呼ばれ、仏教振興を進めていきます。そしてその財源を獲得するために、多くの**荘園《しょうえん》**からの寄進《きしん》（寄付）を募ります。天皇家は平安京郊外に、**法勝寺《ほっしょうじ》**など「勝」という字の入った寺をつくりまくります（のちに六勝寺《ろくしょうじ》と総称されます）。

三徳山　三仏寺奥院（投入堂）

また、庶民レベルにまで仏教が広まっていくことも大きな特徴です。民間の布教者である聖《ひじり》の活動により浄土教は京都以外にも波及し、地方にも阿弥陀堂が作られていきます。奥州藤原氏によって作られた岩手県平泉、**中尊寺金色堂《ちゅうそんじこんじきどう》**が有名ですね。あと大分県の**富貴寺大堂《ふきじおおどう》**、福島県の**白水阿弥陀《しらみずあみだ》堂《どう》**なども知られます（55頁）。一方、山岳修行を積む**修験道《しゅげんどう》**（34頁）も各地に広まり、様々な道場が建てられました。山の断崖に建てられた鳥取県の**三仏寺奥院《さんぶつじおくのいん》（投入堂《なげいれどう》）**はインパクトのある建物ですね。

ここがパラダイムシフト

◎荘園の寄進により得た財源をもとに仏教振興が進められる

→浄土教の地方普及につながる！

→庶民レベルまで仏教（浄土教）が広まっていく！

鎌倉《かまくら》文化 12世紀末〜14世紀初頭

厳しいルール化で仏教の力を強めようとした主流派

平安時代末期、保元《ほうげん》の乱（1156）、平治《へいじ》の乱（1159）、そしていわゆる源平合戦である**治承《じしょう》・寿永《じゅえい》の乱**（1180-85）と戦乱が続きました。こうした争乱を経て鎌倉幕府が段階的に成立していくわけですが、内乱が続くこと自体、「祈りの力が通じていない」と考えられるようになっていきます。仏教の効果ないやん、と。平家が滅亡する前にも、西日本一帯で**養《よう》和《わ》の飢饉《ききん》**が起きます（1181）。餓死者続出のひどい有様で、鴨長明《かものちょうめい》も『方《ほう》丈記《じょうき》』に飢饉の様子を克明に記録しています（208頁）。このような時代背景のなか、仏教の主流グループは、【祈りの力が天に通じないのは、戒律が守られていないからだ】という考えを強めていくようになります。

こうした戒律復興の中心メンバーに、**貞慶《じょうけい》**、**明恵《みょうえ》**がいます。ほかにも、俊芿《しゅんじょう》という僧侶は、新しい戒律を中国から伝来させました。叡尊《えいそん》や忍性《にんしょう》も、新しい戒律をかかげながら、**北山十八間戸《きたやまじゅうはっけんど》**というハンセン病の医療施設を作るなど、社会事業につとめていきました。弱者に恵みを与えると、自分も救われるという教えからの行動です。

鎌倉幕府に保護された禅宗派

次に、禅による護国《ごこく》を説いた**禅宗**をみていきましょう。その代表者は**栄西《えいさい》**です。戦国時代以降、栄西派は臨済宗《りんざいしゅう》という独立の宗派として公認されます。栄西派は、鎌倉幕府の保護を受けることに成功しました。朝廷が南都六宗を保護するんだったら、じゃあ俺たち幕府は栄西を保護するよという、まあそんなノリだったのかもしれません（笑）。

多くの禅宗系の僧は留学し、喫茶の文化や頂相《ちんぞう》（禅僧の肖像画、100頁）など、大陸から新しい文化を持ち帰りました。そして何と言っても朱子《しゅし》学《がく》（思想史で詳しく触れます）。当時は宋学《そうがく》と言ったのですが、ここからは政治を学ぶこともできます。政治を主導する立場に立っていた鎌倉幕府は、その点に注目したということをおさえておいてください。

また南宋《なんそう》からの渡来僧として、**蘭溪道隆《らんけいどうりゅう》**や**無学祖元《むがくそげん》**がいます。蘭溪道隆は北条時頼《ほうじょうときより》の帰依《きえ》（すがること）を受けて**建長寺《けんちょうじ》**をひらき、無学祖元は北条時宗《ときむね》の招きを受けて**円覚寺《えんがくじ》**をひらきました。彼ら渡来僧は大陸から多くの情報をもたらします。言ってみれば、外交顧問的な役割も務めていたのです。

ここがパラダイムシフト

◎戦乱や飢饉がたびたび起こり、人々は新たな救済を求めた
→仏教主流派は、より厳密な祈りの形を求めた！
◎禅宗は大陸の新しい文化に多く触れる
→鎌倉幕府に保護され、さらに勢力を強めた！

救われない民が求めた鎌倉新仏教

そして、これらと一線を画した、新しい一派が登場します。それらは「鎌倉新仏教」なんて呼ばれ、授業でもしっかり習うのでメジャーなイメージがあるかもしれません。でも実は、これまで見てきた派が主流なんだよ、ここから挙げるほうは、当時はむしろマイナーだったんだよという認識を持ってほしいと思います。

まず浄土教系に注目しましょう。**法然《ほうねん》**の浄土宗は専修念仏《せんじゅねんぶつ》、つまり本当に「ただ念仏だけ唱えていれば救われる」という教えです。空也の時代では、加持祈祷や経典など色々やっても良いという教えでした。それに対してひたすら念仏だけでOK、戒律なんかクソくらえと言っているわけです（笑）。だから主流派の貞慶とか明恵から、法然はかなり批判されます。朝廷にチクられたりして、徹底的に批判されるんです。

法然の弟子で浄土真宗を開いた**親鸞《しんらん》**は、【悪人正機説《あくにんしょうきせつ》】を唱えました。悪人とはワルいやつという意味ではなく、「善人ではない」という意味です。では善人とは何か。それは「仏教的な徳を積める人、厳しい修行を自力で行なえる僧」などのことです。そうではない悪人とは、「殺生《せっしょう》を行なう武士や農閑期に狩りを行なう庶民」などのいわゆる一般ピープルのこと。それを「絶対他力」の人と言いますが、阿弥陀仏はそういう悪人でも救ってくれるよ、他力本願の君たちでも大丈夫だよと言って、あくまで人間の平等を説いたのが画期的だったわけです。親鸞の弟子の唯円《ゆいえん》は、**『歎異抄《たんにしょう》』**で師の教えをわかりやすくまとめました。

あとは**一遍《いっぺん》**。東北から九州まで遊行して、リズムよく床を踏み鳴らしながら念仏をする**踊念仏《おどりねんぶつ》**を広めていきました。お寺の外で活動する僧は聖・上人と呼ばれるので、「一遍上人《しょうにん》」という呼び名でよく知られます。

そして法華経系の**日蓮《にちれん》**は、お経も文字も読めない人は題目《だいもく》を唱えるだけで救われるよという教えを広めます。題目とはつまりタイトルのことで、「妙法蓮華経」に南無を付けて言うだけでよいとするんです。めちゃくちゃ画期的ですね。ただ、日蓮は徹底的に他宗を嫌い、悪口ばっかり言います（笑）。だから日蓮宗は弾圧されてしまいます。

同じ禅宗でも、戒律を取り入れた栄西は幕府の保護を受けましたが、**只《し》管打坐《かんたざ》**といって、座禅しか認めなかった**道元《どうげん》**は保護を受けられず、その教えである曹洞宗《そうとうしゅう》は地方武士の間に広まっていくことになりました。

これらの急進派はいずれも、国家権力と結びついた仏教界をなんとかしよう、ふつうの人だって救われる権利があるんだという考えから生まれたのだということをポイントとしておさえておいてください。

ここがパラダイムシフト

◎政治と結びついた仏教界をなんとかしよう、ふつうの人を救いたい

→そんな思いが新・鎌倉仏教を誕生させた！

◎「だれでも救われる」「難しいことはない」という画期的な教え

→多くの民衆に広まった！

南北朝《なんぼくちょう》・北山《きたやま》文化 14世紀半ば〜15世紀前半

乱れた時代だから、宗教文化も大きく変化した

ここからは室町時代です。室町時代は前半の南北朝・北山文化、後半の東山・戦国文化に分けて整理しましょう。

南北朝時代と言えば、**足利尊氏《あしかがたかうじ》**によって擁立された光明《こうみょう》天皇をはじめとする北朝が京都に、後醍醐《ごだいご》天皇とその子孫の南朝が吉野に、それぞれ分立・並存した時代です。朝廷が分裂しているわけですから、一言で言ってしまえば内乱の時代です。

南北朝時代に入ってまもなく発足した室町幕府は、鎌倉幕府と同じように、禅宗を保護しました。この時代の禅僧は、幕府の政治的なブレーンになれるくらいの知識を持った人ですから、重宝されたのです。

足利尊氏の政治顧問になった禅僧の**夢窓疎石《むそうそせき》**は、後醍醐天皇が亡くなったのちに**天龍寺《てんりゅうじ》**を建て、その冥福を祈ることを建議しました。一方、南北朝時代に亡くなった武士たちのために、国ごとに安国寺《あんこくじ》・利生塔《りしょうのとう》を作りました。

1392年、**足利義満《あしかがよしみつ》**の時代に南北朝が合一されます。義満は将軍を辞めた後は太政大臣となり、その後は出家しますが、法皇に準じた地位となって実権を握り続けました。この義満の治めた時代に栄えた文化を「北山文化」と言います。南北朝文化とほぼ同じ時期、同じ傾向なので、セットで扱われることが多い時代です。

まず義満は、禅宗系寺院のランク付けをしていきます。それが**五山《ござん》・十刹《じっさつ》の制**です。これは中国・南宋で行なわれていたものを真似て作られた制度です。後醍醐天皇は亀山法皇が作った南禅寺《なんぜんじ》を第一と考えていましたが、義満は**相国寺《しょうこくじ》**を五山に入れたかったようで、南禅寺は五山之上、つまり別格扱いとされます。京都五山、鎌倉五山とありますので、名前くらいはおさえておきましょう。この五山の禅僧たちにより、禅宗文化が発展していくのが北山文化の特徴です。

一方、法華経（日蓮宗）では**日親《にっしん》**という人が出ます。しかし、足利将軍家に対して日蓮宗への改宗をせまったため、幕府から迫害を受けました。日蓮宗はいつも弾圧されていますね（笑）。でも心配ご無用。のちの江戸時代にも、幕府権力に屈せず我が道を突き進んだため、ちゃんと江戸幕府からも弾圧されてしまいます（笑）。

五山之上
南禅寺

京都五山	
第一位	天龍寺
第二位	相国寺
第三位	建仁寺
第四位	東福寺
第五位	万寿寺

鎌倉五山	
第一位	建長寺
第二位	円覚寺
第三位	寿福寺
第四位	浄智寺
第五位	浄妙寺

東山《ひがしやま》・戦国《せんごく》文化 15世紀後半〜16世紀前半

禅宗の衰退と新興宗教の登場

では、室町時代後半の仏教の動きをみていきましょう。

東山文化というのは、足利義政《あしかがよしまさ》が京都東山に建てた別荘に由来します。この時代の大きな出来事と言えば、1467年に始まった**応仁《おうにん》の乱**ですね。室町幕府が衰退すると、保護を受けていた禅宗の五山派も衰退していきます。

一方、これまで保護を受けていなかったのが、民間布教につとめていた「**林下《りんか》**」という勢力です。のちに曹洞宗と呼ばれる系統の**永平寺《えいへいじ》**や総《そう》持寺《じじ》、そして臨済系の**大徳寺《だいとくじ》**や妙心寺《みょうしんじ》が中心です。この林下が地方に普及活動をし、五山派に取って代わって勢力を拡大していきます。

ところで、1459〜61年間には、長禄《ちょうろく》・寛正《かんしょう》の飢饉《ききん》が日本全国を襲いました。こうした社会不安を背景に布教を進めた人物に注目しましょう。それが**蓮如《れんにょ》**です。彼は浄土真宗の**一向宗《いっこうしゅう》**とも呼ばれる本願寺派《ほんがんじは》で、講《こう》（お互いがお互いを助け合っていくグループ）や御文《おふみ》（教えをわかりやすく伝えるための、簡単なかな書きの手紙）を用いて、爆発的に信者を拡大していきます。

北陸・東海・近畿など、のちに対立する織田信長の領土に近い地域で、一向宗はさかんに普及されていきます。

そして法華宗（日蓮宗）。どうせ弾圧されるんでしょって？　はい、されます（笑）。1536年、京都で**天文《てんぶん》法華《ほっけ》の乱**が起きます。これは戦国時代最大級の宗教戦争と言えるものです。どんな戦争だったか、その発端を説明するには約200年前にさかのぼる必要があります。そのころ、日像《にちぞう》という僧が京都に日蓮宗（法華宗）を広めていたのですが、延暦寺とは長年にわたって犬猿の仲でした。そこから200年、ずーっと対立関係が続くなか、日蓮宗が比叡山延暦寺を宗教問答で言い負かしてしまうという事件が起こります。これをきっかけに（負けたことの腹いせに？）、なんと比叡山延暦寺は、京都市内の日蓮宗の寺院を焼き討ちしてしまうのです！

これが世に言う天文法華の乱で、なんとこのようなお坊さん同士のいざこざで、一万人近くの犠牲者が出てしまいました。日蓮宗は負け、ほとんどが堺の町に落ち延びていきます。

日蓮宗は鎌倉新仏教の中では後発組ですが、ほかの宗教を否定するその独自のスタイルが災いして、ほんとうに不遇な環境にあり続けました。ちなみにこの乱のなか、あの本能寺が焼かれています。それから30数年後、今度は比叡山が織田信長によって焼き討ちされてしまいます。そして信長は最後、本能寺で襲われますね。こうしてみると、不思議な歴史の因縁めいたものを感じてしまいます。

！ここがパラダイムシフト

◎応仁の乱や飢饉などの社会不安のすえ、五山派が衰退
→わかりやすい布教を進めた一向宗が大きく勢力を拡大していった！

桃山《ももやま》文化 16世紀後半

信長により一向一揆が鎮圧される

ここからは近世です。日本史では、織田信長や豊臣秀吉が統一政権を誕生させようとしたことを境に「近世」という区分が割り当てられます。宗教史的にも、それまでの戦国時代のワチャワチャしていた頃はまだ「中世」の区分ですが、近世に入ると「なんでもかんでも仏さまにすがる」時代はいよいよ終わりを迎えます。それは**儒学**が広まり、武士や庶民も合理的・実証的な考え方をするようになるからです。詳しくは思想史で触れますのでご参照ください（140頁）。

そして、宗教史のなかで仏教が占める割合は、桃山期以降はこれまでの時代に比べガクンと減ります。仏教史の流れは、ここからは駆け足で見ていきましょう。

まず、浄土真宗本願寺派の一向宗は、織田信長と抗争を起こします。伊勢長島、越前、加賀で一向一揆が起きますが、いずれも信長軍によって解体されます。そして本願寺の**顕如《けんにょ》**が大坂から追放されます（1580）。これによって信長と一向宗との対立は終わりました。信長は、キリスト教を保護する一方で、敵対する仏教勢力は容赦なく滅ぼそうとします。ただし、信長は仏教そのものが嫌いなのではなく、あくまで「対立する勢力はたとえ仏教信徒でも何でも許さない！」というスタンスなんだということをおさえておきましょう。

ここがパラダイムシフト

◎儒学の教養が広まると庶民にも合理的な考え方が広まる

→仏教は宗教史の中心から次第に外れていくことに！

寛永《かんえい》文化 17世紀前半～半ば

全宗教が幕府の「アンダーコントロール」に

いよいよ江戸時代に入ります。

中世においては、鎌倉幕府や室町幕府によって禅宗が保護・統制されることはあっても、それ以外の宗派は統制の対象ではありませんでした。ところが江戸幕府はちがいます。幕府がしっかり宗教統制をし、宗派ごとに中心となる本山と本寺の地位を保障して、そこに末寺を組織させていき、それを寺社奉行が追認するということをします。これを**本末《ほんまつ》制度**と言います。

四代家綱《いえつな》の時代の1665年には、**諸宗寺院法度《しょしゅうじいんはっと》**が制定されます。これにより、江戸幕府は全ての流派の僧侶を、宗派を超えてしっかり統制していきました。

また、禅宗はこの時点で7つほどの派閥があるのですが、新たな一派として**黄檗宗《おうばくしゅう》**が伝わります。その背景にあるのは17世紀中ごろ（1644～83）の、明から清への政権交代です（明清交替《みんしんこうたい》と言います）。明の亡命者たちが多数日本に来た時期なんですね。その亡命者の一人、**隠元《いんげん》（隆琦《りゅうき》）**が黄檗宗を伝えました。まず長崎にやってきてそこで崇福寺《すうふくじ》を建立し、その後京都での布教を目指しましたが、都での布教は難しかったため、郊外の宇治に**万福寺《まんぷくじ》**を作り、拠点としました。

ここがパラダイムシフト

◎中世（室町～戦国時代）は宗教の統制が比較的ゆるかった

→江戸時代、幕府はこれをしっかりコントロールした！

宝暦・天明文化以降 18世紀後半～

仏教に代わり神道が国家の「推し」に

先にも述べたとおり、江戸時代には、儒学の発達により合理的で現実的な考え方が広まり、仏教による鎮護国家の思想は薄らいでいきました。江戸時代後半には儒教や仏教を批判的に捉える**国学《こくがく》**が広まる一方、神道に由来する数々の民衆宗教が生まれました（このあたりは、神道史・思想史のパートで詳しく説明します）。

明治初期には新政府が神道の国教化（国のオフィシャル宗教化）を目指そうとしたため、民間で**廃仏毀釈《はいぶつきしゃく》**運動（39頁）が進み、仏教界は大打撃を受けます。しかしその後、海外の宗教を視察した浄土真宗の僧侶、**島地《しまじ》黙雷《もくらい》**の努力によって仏教革新運動が進められます。黙雷はキリスト教を学びますが、この宗教が日本で平和的に共存できるとは思えない、日本でキリスト教に対抗できる宗教は仏教しかない、と思いを固めます。そして何をしたのかというと、仏教の復興のために、政府に信仰の自由、政教分離《せいきょうぶんり》の考え方を進言したのです。国もキリスト教という「敵」がコワいという思いもあったのでしょう、これが受け入れられ、以降仏教も近代宗教としてふたたび勢いを取り戻します。

仏教史の大枠は以上です。

さて次からは、仏教以外の宗教史を見ていきたいと思います。神道史が中心になります。

宗教史——神道史

ここからは宗教史のうち、仏教史以外をまとめておさらいします。まずは神道の歴史を中心に見ていきましょう。

日本人にとって神社はすごく身近な存在です。みなさんも、お正月に初詣に行っておみくじを引き、神さまに願いごとをしますよね。でも、何か特定の宗教を信じているかと聞かれたら、ほとんどの人が「無宗教」と答えるでしょう。なんとも変わった国民性ですが（笑）、実は神道の歴史を追うことは、日本人のこういう精神性がどう根付いていったのかを知ることにもつながるのです。それでは乞うご期待！

縄文《じょうもん》文化 約2500年前まで

神道の根っこにあるのはアニミズム

古来、日本には自然界のあらゆるものに霊魂が存在するという考え方が根付いていました。これは**アニミズム**と言って、神道のいちばん根っこにある考え方です。自然崇拝は全世界で見られる原始人類共通の考えですが、特に日本人なら、この考え方がしっくりくるという人は多いんじゃないでしょうか。この影響により、人々は**土偶**《どぐう》を作るなどして、豊かな収穫を祈りました。

古《こ》墳《ふん》文化 3世紀半ば〜6世紀

鉄の加工技術の発展が与えた大きな影響とは？

この時代、渡来人により、鉄をU字型に曲げる技術が列島に伝わりました。実はこれが神道史においても大きなパラダイムシフトになったんです。なぜだかわかりますか？　実は、この技術は農具に応用されます。すると農業生産力が向上し、あわせて農耕祭祀も発達、各地に聖域である社《やしろ》が作られます。山や岩そのものを神としてあがめることもありました。そして、村々では新穀を神にささげる農耕祭祀や、ケガレをはらったりする呪術的風習が確立され、行なわれていったというわけなのです。

天平《てんぴょう》文化 8世紀

神さまと仏さまのドッキング

ここでぜひ覚えてほしいのが**【神仏習合《しんぶつしゅうごう》】**というキーワードです。

奈良時代になって国際交流がさかんになり、仏教はアジア各国に広まっていき、仏さまはその国々の神さまたちと様々な形で融合しました。もともとアニミズム信仰があり、八百万《やおよろず》の神がいるんだという神話も生まれていた日本では、仏さまは山や太陽など自然に宿る神さまたちと融合していきます。これを「神仏習合」と言います。神さまと仏さまを「同じもの」（同体）だとする考え方です。唯一神を崇《あが》めるキリスト教やイスラム教だったらまずこんなことは許されません。多神教の仏教だから、他の宗教（神）と共存できるのです。仏教ならではの特性ですね。

ただ、「同じもの」とは言っても、初期の神仏混合の考え方では、神と仏はちょっと違う扱いをされます。神さまは仏さまを護る、ボディガードみたいなものとされていたのです（護法善神《ごほうぜんしん》と言います）。たとえば有名なあの阿修羅《あしゅら》さま（70頁）は、古代インド神話においては神と対立する存在でしたが、仏教に取り込まれてからは、仏教の守護神として扱われるようになります。

ちょっとわかりにくいかもしれませんが、様々な国の神さまたちが仏さまを護っているよ、その中の一つに日本の神さまも含めようよ、という考え方から神仏習合はスタートしたんだとイメージしてもらえればと思います。そして、神社の境内の中にお寺を作ったりするようになりました（これを神宮寺《じんぐうじ》と言います）。

ここがパラダイムシフト

◎多神教が許される仏教　→「神仏習合」の考えが浸透していった！

弘仁《こうにん》・貞観《じょうがん》文化　9世紀

この時代に密教が広がったことはすでに述べましたね（18頁）。神仏習合の思想は密教の普及とともにさらに広がりをみせます。そして、原始的な山岳信仰と密教の実践主義が合わさって、**修験道《しゅげんどう》**が生まれます。修験道は、山岳修行により呪力を得ようとするもので、紀伊半島の熊野《くまの》・大峰《おおみね》・金峯山《きんぶせん》などが中心となりました。

国風《こくふう》文化～院政期《いんせいき》文化　10世紀～12世紀

「仏が本体、神は仮の姿だ」という解釈の発明

平安時代になると、神仏習合がさらにちがった展開をみせるようになります。

【本地垂迹説《ほんちすいじゃくせつ》】、出ました、重要ワードです！　受験生に、「説明してと言われたら困る用語ランキング」を聞いたら、常時ベスト3に入るんじゃないでしょうか（笑）。

まずこれは何かと言うと、広い意味では「神仏習合」の一つに含まれる考え方で、ガラパゴス日本でさらにそれをつきつめて発展したオリジナルな宗教解釈と言えるものです。

その中身は、神さまは仏さまの「化身」（仮の姿）としてこの世に現れたものなんだよとする説です。つまり神＝仮（むずかしい仏教用語でいうところの「垂迹」）で、仏が本体（「本地」）だよと解釈したのです。

では、なぜこんな考え方をする必要があったのでしょうか？　その謎を解くカギは、天皇家と神さま、仏教のビミョーな関係性にあります。

律令制の時代に国史が編さんされると、天皇は神さま（天照大神《あまてらすおおみかみ》）の血を引く存在と考えられるようになりました。ただ、聖武天皇のように、天皇が率先して仏教を崇めるようになると、仏教と神さまの立ち位置が変わっていきます。道鏡のように、天皇の寵愛を受け皇位をねらった仏教僧も出てきます。仏が神さま（天皇）よりエライなんてあってはならない、でも国教である仏教を軽んじることもできない。優劣つけがたいものを、どちらも立てるにはどうしたらよいか？　そんなジレンマに落としどころをつけるため、神さまも仏さまも同じだよという「神仏習合」の考えが必然的に生まれました。そして院政期に、法皇による仏教振興策が進められるなかで、「神さまは人々を救うため、仏さまの化身としてこの世に現れた」というこの本地垂迹説の考えが生み出されたのです。

自分の信じる神さまのこと、そしてその関係性を理論的にきちんと説明できないと、それは宗教とは呼べません。だから宗教者たちはいつの時代もがんばって理論化（言い換えるなら正当化）を試みます。つまりこの説が、この時代の神道学の到達点で、いちばんなじみやすい考え方だったというわけです。この時代においては、仏教の力を借りなければ、神道を理論化することはまだできなかったということを理解しておきましょう。

ほか、この時代の覚えておきたい神道の一派として、**両部神道**《りょうぶしんとう》を挙げておきます。これは真言宗の教えを取り入れたもので、天照大神は、大日如来《だいにちにょらい》の仮の姿なんだよという解釈をしています。

ここがパラダイムシフト

◎日本古来の神と、新しい宗教である仏教を共存させたい

➔【神仏習合】の考えが生まれた！

◎神道と仏教の関係性に論理的な道筋をつけたい

➔ひとつの到達点として【本地垂迹説】が生まれた！

鎌倉《かまくら》文化 12世紀末～14世紀初頭

「神が本体」だとする新説あらわる！

鎌倉時代後期の1274年・1281年には**モンゴル襲来**、いわゆる**元寇**があります。暴風雨の影響もあって元軍を撤退させることができたわけですが、ときの亀山《かめやま》上皇が一心に神仏、とくに神さまに祈りを捧げたから撃退することができたんだよという思想が生まれ、これが**【神国思想《しんこくしそう》】**が広まるきっかけとなります。日本は神に護られている、いざというときには神風が吹く神の国だという考えですね。太平洋戦争でスローガンとしてよく使われた「選民《せんみん》」的思想の原型は、このころにはすでに形づくられていたのです。

そしてこの時代、伊勢神宮（外宮）の神職だった**度会家行《わたらいいえゆき》**という人は、【反：本地垂迹説】とも言うべき**伊勢神道《いせしんとう》**という説を唱えます。これは「神さまが本体で仏のほうが仮の姿だよ」、つまり仏さまという仮の姿を借りてこの世に現れたのが実は神さまなんだよとする、神道の側に重きを置いた説です。日本を作った神さまが一番偉いという考え方なので、これは唯一神を崇める一神教に近い考え方と言ってよいでしょう。

ただ、仏を本体としていたそれまでと真逆の内容ではあるのですが、まだいちおう神仏習合の枠組みの中で考えられた理論ではあります。

ここがパラダイムシフト

◎元寇の際、「神風」によって国難を回避できた

→日本は神の国だという「神国思想」が生まれていった！

東山《ひがしやま》文化 15世紀後半

一神教のような神道が生まれる

室町後期になると、神仏習合の考え方の枠を超える、新たな神道の宗派が登場します。**吉田兼倶**《よしだかねとも》という人が唱えた**唯一神道**《ゆいいつしんとう》というもので、これはそのものずばり、日本の神さまがオンリーワン、唯一神だとする説のことです。儒教や仏教をどんどん神道の中に統合していくというイメージで、本地垂迹説にもとづく両部神道と対立するものとして登場します。最初は弾圧を受けましたが、江戸時代になると一つの流派、いやそれどころでなく、本流として認められるようになっていきます。

元禄《げんろく》文化 17世紀後半〜18世紀前半

神道は儒学と結びつく

江戸時代の人々は、既に現実的・即物的に物事を見るようになっていきました。その背景として、儒学がさかんになったことが挙げられますが、儒学については別で詳しくまとめます（140頁）。いずれにせよ、もう神さま仏さまに祈りを捧げれば疫病も退散するよということを盲目的に信じる時代ではありません。**山崎闇斎**《やまざきあんさい》という人が、神道理論として神話を作ってみたり、仏の力を借りずに神の存在を理論的に説明してみたり、神の道と天皇の徳を結び付けたりする**垂加神道**《すいかしんとう》を生み出しました。

このようにして、神道は仏教より、むしろ儒学と結びつくようになっていきます。

化政《かせい》文化 19世紀前半

明治維新のダイナモ、「国学」の誕生

江戸後期になると、幕藩体制が盤石ではなくなり、また欧米列強が接近してきたことをバックグラウンドとして、幕政は批判され、逆に天皇の権威が高まっていきました。こうしたなか、日本古来の精神に立ち帰ればこの苦境を乗り越えられるよ、という考えが生まれます。これを**国学**《こくがく》と言います。神道は国学と結びつき、国学者の**平田篤胤**《ひらたあつたね》により**復古神道**《ふっこしんとう》が創始されました。天皇を崇拝し、排他的な考え方が示され、これがのちの**【尊王攘夷**《そんのうじょうい》**思想】**に連なっていくのです。詳しくは思想史の項で触れます（163頁）。

この時代、いくつかの神道系の民衆宗教も生まれてきます。**天理教**《てんりきょう》、**金光教**《こんこうきょう》、**黒住教**《くろずみきょう》などです。世が乱れている時代なので、世直し一揆だとか、民衆の間で救いを求める声が高まり、それに応える形でこういう宗派が生まれるのです。今言うところの新興宗教の走りですね。これらは、かつての浄土教が「来世の幸せを願う」考えだったのに対し、「いやいや、現世を何とかしてもらわないと」「現世で救われたい」という民衆の求めに応じて生まれたことをおさえておきましょう。

明治《めいじ》文化 1868〜1912年

国家神道が国づくりの要に

いよいよ明治時代に入りました。江戸時代は儒学が中心でしたが、江戸が終わって新政府となってからは、この神道が宗教史の主役に躍り出ますので、ここからは神道によく注目してください。明治以降、神道の国教化、つまり国の宗教として神道の採用をめざそうという動きが起き

ます。明治維新で勝ったのはどういう人たちでしたか？　そうです、尊王派の人々です。その流れから、天皇は神として扱われます（現人神《あらひとがみ》）。天皇が統括する国家をつくるために、復古神道系の思想を利用するのがうってつけだったというわけです。そのベースには、江戸末期に広まった平田篤胤の復古神道があることを忘れないでくださいね。明治政府がそれをうまく利用したんです。

1868年には**神仏分離令**《しんぶつぶんりれい》が出され、神仏を混ぜこぜに信仰することが禁じられました。それまで神仏習合でしたから、神社の中にお寺があって仏さまを祀っていた、なんてぜんぜんフツーのことだったわけですが、それが急に禁じられました。翌年には**神祇官**《じんぎかん》が設置され、神道の国教化がめざされます。しかし、神道の教養が成熟されていないことや、信教の自由を要求する外国の圧力により挫折しました。

一方、政府は1870年に**大教宣布**《たいきょうせんぶ》**の 詔**《みことわり》を出して、天皇を神格化し、天皇崇拝を国民に押しつけました。「宗教は何でも自由に信じてくれていいけど、天皇崇拝だけは忘れるなよ！」という理屈です。

こうした国家の政策を背景に、民間では**廃仏毀釈**《はいぶつきしゃく》運動が起こるようになります。これは普通の人たち、一般ピープルが自らお寺を焼いたり、仏像を壊したりする、「暴動」と言ってよいレベルのムーブメントです。これによって多くの貴重な仏教遺産が壊されてしまいます。

『開化乃入口』（1873年〈明治6〉刊）より、経典が焼却される様子の挿画**

それにしても、これまでの仏教文化はすべてゴミ箱にぶち込んでしまえ、そんな空気がこのとき作られてしまったのはなぜなのでしょうか？

大きなきっかけは神仏分離令の発布ですが、文明開化直後のこの時代は、それまでの日本の伝統文化全般を軽んじる傾向が強まっていました。そして江戸時代後期からの尊王攘夷につながる復古神道の思想のたかぶり、いい思いをしている一部の仏教僧侶たちへの民衆の反感など、複合的な要因があったと言われます。それでもその実態はタリバンによるバーミヤン大仏の破壊と似たようなもので、日本史上、最低最悪の大惨事と言われるのもやむを得ないところです。

結果、全国の寺院の半分程度が無くなり、多くの貴重な文化財は破壊されるか海外に流出しました。しかも、明治政府がもくろんだ神道中心の国家づくりは結局うまくいきませんでした。仏教側の力を借りなければ立ち行かなくなり、外国からの反発も受け、布教もうまくいかず断念されました。ただ文化財を失っただけという、なんともやりきれない結果になったわけです。ただ仏教側も改革を進め次第に復興します（31頁）。

その後は、「富国強兵」主義のもと、ふたたび国家神道を形づくることがめざされます。これは、日本は天皇中心の国だよ、ということを国民たちにさらに知らしめようという教えで、天皇誕生日（**天長節**《てんちょうせつ》）とか神武天皇即位の日（**紀元説**《きげんせつ》）とか、天皇にまつわる祝祭日なんかを設定していきます。天皇はしっかり崇拝して、それ以外の宗教は自由だ、黙認しようという体制がまた整えられていくのです。天理教や金光教などの一部の新興宗教も政府公認にされていきます。

！ ここがパラダイムシフト

◎文明開化によって、伝統を軽んじる空気、復古神道を尊重する流れが生まれる　→廃仏毀釈運動が起きてしまう！

◎明治政府は神道を用いて天皇中心の国家を形成しようとする
→国家神道が誕生する！

戦後文化 1945年～

敗戦により、神道中心の国づくりは終わる

戦前は国家と神道が一体となっていましたが、第二次世界大戦に負けた日本では国家と神道の分離がさけばれ、国家神道は消滅します。1946年元日、天皇は「**人間宣言**」を行ない、みずから神として扱われることを否定されました。

神道を軸とした、宗教史のざっくりとした流れは以上になります。

神仏習合という解釈によって、神道の「神」は「仏」と一体化され、長い年月を経て、その考え方は多くの日本人の心に根付きました。「神さま仏さま」、何かにすがろうとするとき、私たちが思わず口にしたくなるその気持ちは、このような土壌のもと育まれてきたものなのです。

近代以降、日本は国力を高めるために神道中心の国づくりを行ないました。しかし戦後はそれが解体され、戦争の引き金になりかねない国粋主義者・ナショナリストを生むような思想教育はしないよう、国家神道を教育には利用しないよう国の方針は変わりました。

現代の私たちの多くは、「葬式は仏式、初詣は神社。仏教も神道も生活には根付いているけれど、でも自覚としては無宗教」という不思議な感覚のもと生きています。なぜそうした風習が根付いたのか、それはこのような歴史背景が大きな要因になっていると言えます。歴史を学ぶことは、今の自分たちの生きる社会について改めて知るきっかけにもなるのです。

宗教史——キリスト教史

戦国《せんごく》・桃山《ももやま》文化 16世紀

ヨーロッパ宗教革命が日本も動かした！

さあ、ここからは日本のキリスト教史です。

このジャンルは、多くの宣教師がヨーロッパからやってきた戦国時代に本格的に幕が上がります。ではまず問題。Q. 日本に最初にキリスト教を伝えたとされるのはだれでしょう？

そうです、みなさまよくご存じ、A. **フランシスコ・ザビエル**（イエズス会／耶蘇会《やそかい》）です。

では、Q. ザビエルはなぜわざわざ日本に布教に来たのでしょうか？

この答えを導くには、世界史にまで視点を広げる必要があります。

16世紀前半、ヨーロッパでは**宗教改革**が起きました。それまで、ローマ教皇を信仰の対象とする教えを広めていた教派【カトリック】に対して、いやいや、本当のよりどころは聖書にあるんだよと主張する新教派【プロテスタント】が急激に信者を増やしたのです。そこで、カトリック側は海外に活路を見出しました。つまり、A. 自国の領土拡大政策がからみ、日本やアジアに多くのカトリック系の宣教師が布教に訪れた、ザビエルもその一人だったというわけなのです。

ザビエルはインドやマレーシアを回ったあとの1549年、鹿児島にやってきて九州中心に布教します。その後京都でも布教を試みますがなかなか許可がおりず、そこで山口に布教に行き、1551年には日本を去ります。

ザビエルは日本を気に入り、更なる布教のための援軍を頼み、追って多くの宣教師や巡察師《じゅんさつし》が来日します。代表的な宣教師を挙げると、まず**ガスパル・ヴィレラ**。彼は京都での布教を許され、また通信文書で母国ポルトガルに、「堺の町はまるでベネチアのような自治都市だ」と当時の様子を伝えます。

ルイス・フロイスは、織田信長の保護を得ます。そして当時の日本の文化風俗を表す第一級の史料『日本史』という滞在記録を残します。

次に巡察師の**ヴァリニャーニ**は、ローマ教皇に謁見《えっけん》して普及活動が順調だったことを報告させるため、日本の少年使節団、**天正《てんしょう》遣欧《けんおう》使《し》節《せつ》**を率います。また、帰国して活字印刷機を伝えます。これがのちにキリシタン版（布教のための活字本の総称）の普及につながっていきます。

南蛮屏風（部分） 東京国立博物館蔵*

ほか、学校が作られ、宣教師や信者の養成が行なわれました。まず、**「コレジオ」**というもの。これは大学とか高等教育の場を表す「カレッジ」が語源です。それに対して、初等・中等教育の場として**「セミナリオ」**というものも作られます。また、教会も作られます。当時はお寺を教会代わりに使っていたので、**「南蛮《なんばん》寺《じ》」**と言われます。

キリスト教と南蛮貿易はニコイチだった

では、ここで再び問題です。Q.キリスト教はなぜ日本で受け入れられたのでしょうか？

それは南蛮貿易と強い関わりがあります。布教を許された国しか、宣教師たちは貿易船を紹介してくれなかったんです。つまり、A.経済的な理由で、九州など西日本の一部の戦国大名が、キリスト教を受け入れるようになったのです。そしてその教えに共感する大名も増えていきます。織田信長はまさに経済的な目的からキリスト教を保護しました。

一方、豊臣秀吉は1587年に**バテレン追放令**を出しました。ただ、間違えやすいので気をつけてほしいのですが、これは宣教師によるキリスト教の布教を禁止するもので、一般人がキリスト教を信じることを禁止するものではないんです。ただし、発信力の強い大名なんかがバンバン布教するのはやめてくれ、許可をとってくれという感じなんです。

さらに当時のキリスト教は、仏教の寺を破壊するなどけっこう攻撃的でした。それをするのはやめてくれと、仏教との共存を促します。ただ結局秀吉も南蛮貿易の利益を優先しますので、キリスト教をそこまで厳しくは取り締まれませんでした。

その後、秀吉の晩年の1596年には、**サン＝フェリペ号事件**というものが起こります。スペインの宣教師の乗った船がつかまり、そのとき宣教師が「キリスト教の布教は日本征服の一歩だ」と言ったことから、多数のフランシスコ会宣教師が殺されたという事件です。その背景には、布教をめぐるイエズス会とフランシスコ会の対立があったとされています。

ここがパラダイムシフト

◎ヨーロッパの宗教改革、領土拡大政策による大航海時代が到来

→ザビエルら宣教師が日本に来てキリスト教を布教した！

◎南蛮貿易の生み出す莫大な利益が欲しい

→キリスト教を受け入れる戦国大名も増えていった！

寛永《かんえい》文化 17世紀前半〜半ば

なぜ家康はキリスト教を警戒したのか？

江戸時代に入ると、秀吉のユルい規制とは真逆に、幕府はキリスト教を徹底的に弾圧していきます。**徳川家康**は大御所《おおごしょ》になったあとの1612年、幕府領地に**禁教令**《きんきょうれい》を出します。翌年にはこれを全国に発布、キリシタン大名の**高山右近**《たかやまうこん》ら約300名がマニラに追放されます。

では、Q.家康はなぜ秀吉よりさらに厳しく、キリスト教を取り締まったのでしょうか？

一つには、信者の団結を警戒した面があると思います。でもそれだけではありません。家康は、A.宣教師がもたらす南蛮貿易によって全国の大名が力を持つことを警戒していました。また、A. カトリック系のキリスト教布教が「領土拡張」、つまりあわよくば日本を征服したいという裏の顔をもつことにも気づいていたのです。家康はたまたまオランダの漂着船を助けたことから乗組員を要職に取り立てますが、そこでヨーロッパの情勢やカトリック系教派の真の狙いを知ります。オランダはカトリックと対立するプロテスタント系の国で、外交のいちばんの目的は布教や征服ではなく貿易でした。家康はオランダを信頼し、以降幕府はオランダびいきになり、輸入の窓口はすべてオランダを通すようになります。これはカトリック系の国々をしめ出して侵略を予防するだけでなく、貿易の利益を幕府が独占するための策でもありました。

二代将軍**徳川秀忠《ひでただ》**の時には、長崎で55名ものキリシタンを処刑した「**元和《げんな》の大殉教《だいじゅんきょう》**」があり、また**絵踏《えふみ》**を始めています。弾圧のなか、「潜伏キリシタン」と呼ばれるひそかにキリスト教を信じる人も現れました。

三代将軍**徳川家光《いえみつ》**の代の大きな出来事は、鎖国《さこく》政策の整備です。1633年、**奉書船《ほうしょせん》**（幕府が許可した船）以外の海外渡航禁止が徹底されます。1635年には日本人の海外渡航、帰国が禁止され、1639年、ポルトガル商船の来航が禁止されます。そして1641年には、オランダ商館を平戸《ひらど》から出島《でじま》に移します。こうして段階的に鎖国体制に入っていきます。

その間、1637〜38年には**島原《しまばら》・天草一揆《あまくさいっき》**が起きます。キリシタンの一揆を鎮めて、この禁教の方針をさらに強めていきました。

九州では、一般ピープルの信仰する宗教を把握するために、お寺を利用して、「**宗門改帳《しゅうもんあらためちょう》**」というものに記録をすることが始まります。

四代将軍**徳川家綱《いえつな》**の時代にはこれが全国的に徹底して行なわれていきます。これを**寺請制度《てらうけせいど》**とも言います。

ここがパラダイムシフト

◎江戸時代はキリスト教受難の時代 → 徹底的に弾圧を受けた！

◎南蛮貿易は莫大な利益を生み出す

→ 幕府は他の大名が潤うことを警戒し、禁教令を出した！

明治文化 1868〜1912年

近代国家として、しぶしぶ認めた宗教の自由

明治時代も、キリスト教への政策は江戸時代のまま継承されます。つまり禁教政策ですね。1868年には**五榜《ごぼう》の掲示《けいじ》**という、政策を伝えるための広報用のカンバンを立て、これによって「キリスト教禁止」のルールがはっきりと打ち出されます。

ただ、欧米はキリスト教国家ですから、「宗教の自由のない国なんて近代国家じゃないじゃん」と受け取られ、これが大きな外交問題になっていきます。国内のキリシタンたちの抵抗、それに外国からの圧力もあって、結局キリスト教は解禁されました。欧米各国を視察して回った**岩倉使節団**のリーダー岩倉具視《いわくらともみ》も、キリスト教が西欧にいかに根付いているか痛感したと言います。そして帰国後の1873年、キリスト教禁止を掲げた高札《こうさつ》（カンバン）は正式に撤廃されます。ただしこれも、「これからはおおっぴらにどうぞ信じてくださいね」というほど前向きなものではなく、現実は「黙認」レベルだったというニュアンスはおさえておいてくださいね。

1889年に発布された**大日本帝国憲法**（明治憲法）では、「信教の自由」が認められます。ただし、「秩序をさまたげない」という条件付きでした。つまり、国がそれを「都合が悪い」と判断したら規制しちゃえるよという内容です。その一方で、国家神道による天皇崇拝は広められていきます。この時代、キリスト教の信仰はいちおう認められてはいたものの、結局のところ大きな制限がかかっていたとも言える状況だったのです。

そんななかでも、いくつかのミッションスクールが作られ、多数のキリスト教徒が輩出されます。表をご覧ください。

輩出された主なキリスト教信者

熊本洋学校	ジェーンズ（招聘）	海老名弾正《えびなだんじょう》
札幌農学校	クラーク（招聘）	内村鑑三《うちむらかんぞう》、新渡戸稲造《にとべいなぞう》
同志社英学校	新島襄《にいじまじょう》（設立）	森有礼《もりありのり》
明治学院	ヘボン（設立）	井深梶之助《いぶかかじのすけ》

ここがパラダイムシフト

◎明治時代に入り、外国から信教の自由について圧力がかかる

→ キリスト教は「なし崩し」的に解禁になった！

◎信仰の自由は大日本帝国憲法によって保障された

→ 実際は大きく制限されていた！

戦時・戦後文化

第二次世界大戦が始まると、キリスト教もほかの宗教と同じく、戦争に協力させられるようになります。戦時中は、国の要請を断った宗教団体は徹底的に弾圧され、また宗教活動自体も厳しく監視されました。そのため、平和主義を唱えたキリスト教の団体も次々に弾圧されました。

第二次世界大戦が終わると、ほぼ完全な形での信教の自由が日本国憲法で保障され、ようやく不自由のない布教が認められるようになります。

2章

美術史

建築史／彫刻史／工芸史／絵画史

美術史—建築史

さあ、続きましては美術史です。

まず大前提として、美術史では、作品のビジュアルと名前を頭の中で一致させることがどうしても必要になってきます。つまり、残念ながらある程度は暗記しないといけない（笑）。ただ、もともと美術が好きな方はともかく、「一般常識として最低限おさえておきたい」というくらいの人にとっては、ただ作品と名前が並んでいても味気なくて覚えられないですよね。

そこで気にかけてほしいのは、やはり「時代背景」です。なぜその時代にその技法、工法、作風が流行ったのか？　そのわけを常におさえておくことが、理解の助けになるはずです。そうやって、作品誕生の背景にあるもの、流行の移り変わりをつかんでほしいと思います。

そしてもうひとつ、なぜその作品がスゴイと言われるのかを考えてください。スゴイと評価されるだけの何かがあったから、名品としてその都度大切にされ、現代に残っているんです。技法のパイオニアだった、成立過程が前代未聞だった、同じようなものがほかに残っていない、大物たちの手に渡ったなどなど、その理由を楽しんでみてくださいね。

この本では日本文化史を大きくテーマ別に割って見ていますが、美術史では更にジャンルを細かく分けて見ていくとわかりやすいです。建築・彫刻・工芸・絵画、この4ジャンルです。これはもうリズムに乗って覚えてください。

そして、美術史で肝心なのはやっぱり作品のビジュアル。画像検索しながら読むことをお薦めします。そこで役立つのがジャパンサーチというサイト（https://jpsearch.go.jp/）。これは幅広い分野のデジタルアーカイブ・コンテンツをまとめて検索・閲覧・活用できるプラットフォームです。もちろんグーグル先生にも頼ってください（笑）。社会科資料集がお手元にある人は、引っ張り出してきても良いかもしれません。

ではまず建築史から、時代順に見ていきましょう。

飛鳥《あすか》文化　6世紀末～7世紀前半

建築界のパラダイムシフトも「仏教伝来」から

仏教史のパートでも触れましたが、飛鳥文化のいちばんの特色、覚えていますか？　それは中国の南北朝時代の文化の影響です（14頁）。これが根底にあることをまず覚えておいてください。

この時代の美術史として語られる建築はほぼ「寺」です。つまりどういうことかと言うと、仏教文化が入ってきたことにより建築の「文明開化」が起こった、仏教伝来は建築界にとっても大きなパラダイムシフトだったということです。

それまでの建物は、掘立柱《ほったてばしら》（土を掘って木を立てただけの簡素な柱）に板《いた》葺《ぶ》き、茅葺《かやぶ》き屋根の簡素なものだったのが、寺院建築は礎石《そせき》（土台となる石）の上に柱を立てて、屋根には瓦を使う形になります。あと、柱は朱色、壁は白、瓦は碧（あおみどり）と、色も鮮やかになります。

この時代の代表的な仏教建築としておさえておきたいのは、**法隆寺《ほうりゅうじ》金堂《こんどう》**、**五重塔《ごじゅうのとう》**です。ところで、みなさんが教科書や資料集で見た法隆寺、あれって実は、再建された後なんです。法隆寺の境内に、若草伽藍《わかくさがらん》という焼け跡が発見されています。厩戸皇子《うまやとのみこ》によって建立されたオリジナルの法隆寺は670年に火災で焼失しました。その後に再建されたのが現在の法隆寺なのです。

法隆寺金堂　五重塔

ここがパラダイムシフト

◎仏教伝来により、有力者はお金をかけて寺院を建てるように
→日本の建築はより重厚かつ強固に変わっていった！

天平《てんぴょう》文化 8世紀

ものまねから発展した建築文化

8世紀の奈良時代は、唐を参考に、唐のものまねから国づくりを始めていった時代でした。だから**遣唐使**《けんとうし》にしたがって唐に留学した僧や学生たちが帰ってくるたびに最先端文化・技術が入ってきます。それら大切なもの＝宝物《ほうもつ》を収める倉庫として東大寺に作られたのが**正倉院宝庫**《しょうそういんほうこ》です。正倉院には日本のみならず中国・朝鮮、さらにシルクロードを経て伝えられた世界的な宝物約9000点が収められています。その建築技法は、三角の木材を重ねた造りで、校倉造《あぜくらづくり》と言います。

正倉院（1872年）*

法隆寺夢殿

あと、八角形の建物である**法隆**《ほうりゅう》**寺**《じ》**夢殿**《ゆめどの》・**伝法堂**《でんぽうどう》もこの時代に作られました。夢殿には「内転《うちころ》び」という建築技法が用いられています。これは、建物の安定感を増すために柱をちょっとだけ内側に傾ける技法です。

東大寺転害門***

東大寺法華堂《とうだいじほっけどう》（三月堂）や**転害門**《てがいもん》が作られたのもこの時代です。これらは建築当時のまま現存する、大変貴重な文化財です。

弘仁《こうにん》・貞観《じょうがん》文化 9世紀

密教が山岳寺院建築を必要とした

「弘仁・貞観」なんて長い名前だから、この時代が苦手という受験生がとても多いんです（笑）。覚えにくい人は「コーニン・ジョーガン＝唐風文化」、つまり中国風の文化という認識で良いと思います。

この時代は、奈良の僧侶が政治に口出ししてきたことを嫌がった桓武《かんむ》天皇が、新仏教にシフトチェンジしていった頃です（17頁）。新仏教とはつまり天台宗・真言宗のこと。**密教全盛の時代**ですね。密教は山岳修行が中心ですから、お寺も山岳地方に建てられ、伽藍配置もある程度自由な形で作られます。比叡山《ひえいざん》に作られた粗末な僧堂はのちに**延暦寺**《えんりゃくじ》になりました。ちなみに、延暦寺派とケンカした一派がふもとに降りて作った寺が**園城寺**《おんじょうじ》（三井寺《みいでら》）です（19頁）。

真言宗のほうの総本山は高野山《こうやさん》の山中に作られました。それが**金剛峯寺**《こんごうぶじ》です。ただし、空海のパトロン（経済的な支援者）の嵯峨《さが》天皇（桓武天皇の子）は京の都に建てられた**教王護国寺**《きょうおうごこくじ》（**東寺**《とうじ》）を空海に与え、東寺は真言宗の根本道場とされました。

この時代の建築界で特筆すべきことは、桓武天皇が平安京への遷都の際に、奈良（平城京）の大寺院の移転を禁じたことです。なので京の都には当初、王城鎮護のための**東寺・西寺しか作られませんでした。**

このころ、密教の山岳修行の舞台として、**室生寺**《むろうじ》が奈良の山奥に建立されました。高野山が「女人結界」、つまり女性の参詣は許さなかったのに対し、ここは参詣が許されたので、「女人高野」とも呼ばれます。山奥なので伽藍配置は自

室生寺　金堂***

由になっており、豪華な瓦葺きではなく、簡素な柿葺《こけらぶ》き、檜皮葺《ひわだぶ》きの寺院建築が残っています。

ここがパラダイムシフト

◎平安京に遷都されるも、桓武天皇は奈良の僧侶が政治にからむことをけむたがる

➔しばらくの間、都では大寺院は建築されなかった！

国風《こくふう》文化 10世紀〜11世紀前半

浄土教の広まりが「阿弥陀堂」「寝殿造」に！

弘仁・貞観文化は中国風の文化が全盛期だった時代ですが、その唐風文化を日本風にアレンジしたのがこの国風文化の特色です。

建築としては、阿弥陀如来を祀る阿弥陀堂が多く作られました。その背景にあるのは浄土教の広まりです。詳しくは仏教史のパートを見てください（20頁）。その阿弥陀堂を代表するものに、あの藤原道長が出家後に作った**法成寺《ほうじょうじ》**（現存しません）、そして道長の息子の藤原頼通《よりみち》が宇治に作った**平等院鳳凰堂《びょうどういんほうおうどう》**があります。そう、10円玉に描かれたあの建物です。

平等院鳳凰堂

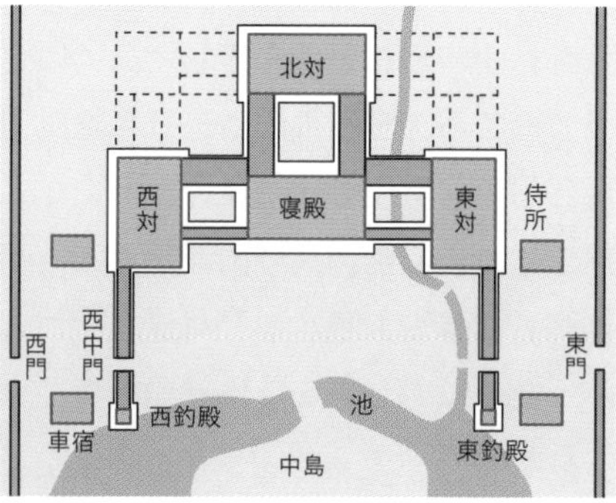

寝殿造の配置（参考図）

そして、極楽浄土の世界を再現したような貴族の邸宅は**寝殿造**《しんでんづくり》と呼ばれます。浄土教の広まりが建築様式にも大きく影響を及ぼしているのですね。

典型的な寝殿造は、周囲に土塀をめぐらし、正殿（寝殿）を建て、その南には中庭を作り、それを囲むようにコの字形に建物が配されます。建物内部に目を向けると、壁などは設けられず、屏風や御簾《みす》などの建具《たてぐ》で間仕切りがされています。これはなぜかと言えば、貴族の大事なお仕事のためです。しょっちゅう行なわれるさまざまな儀式・年中行事に合わせ調度品の配置を変える必要があり、そのような開放的でフレキシブルな空間になったのです。また、「自然（外部）との明確な区切り・境界を作らない」ということは、つまりは自然との調和を大切にしたということ。これは日本建築の大きな特徴と言えるでしょう。

このように、浄土教の影響は建築様式にも及びますが、なかには**曼荼**《まんだ》**羅**《ら》（93頁）が描かれた醍醐寺五重塔も作られるなど、まだまだ密教の影響も根強いんだよ、ということは頭の片隅に置いておいてください。

ここがパラダイムシフト

◎浄土教が広まる

→阿弥陀堂や寝殿造の建物が多く作られるようになった！

院政期《いんせいき》文化 11世紀後半〜12世紀

浄土教は地方へ！

仏教史でまなんだように、この時代の特色は浄土教の地方波及でした。地方の阿弥陀堂としては藤原清衡《きよひら》によって建立された**中尊寺金色堂**《ちゅうそんじこんじきどう》などが有名です。九州最古の木造建築とされる**富貴寺大堂**《ふきじおおどう》や藤原清衡の娘徳《とく》姫《ひめ》が建立したとされる**白水阿弥陀堂**《しらみずあみだどう》も阿弥陀堂の一つです。

中尊寺金色堂***

白水阿弥陀堂***

鎌倉《かまくら》文化 12世紀末〜14世紀初頭

「奈良の復興」が生んだ技術革新！

鎌倉文化のポイントは、禅宗の影響が強いということです。

この時代、いわゆる源平合戦である治承《じしょう》・寿永《じゅえい》の乱がありましたね（23頁）。南都《なんと》の僧兵たちもその乱に参加したので、奈良の多くのお寺が焼き打ちにあってしまいます。そして奈良の寺院の復興が必要になったこと、そこで建築界のパラダイムシフトが起こります。復興の中心人物は**重源《ちょうげん》**というお坊さんです。彼は朝廷や幕府から絶大な信頼を受け、大勧進職《だいかんじんしき》というプロジェクトリーダーのような立場になり、全国から資金や資材を集め復興事業を進めます。そして、南宋の技法を取り入れた建築様式を広めていくのです。

たとえば**東大寺《とうだいじ》南大門《なんだいもん》**は、巨大な柱を用いてめちゃくちゃ豪華で壮大に見える建築様式です。これは**大仏様《だいぶつよう》**（**天竺様《てんじくよう》**）と呼ばれ、南宋から伝わった様式です。これ、実は「意外と簡単に作れるんだけれど、すごくゴージャスに見える技」なので、そのようにイメージしてください。

それに対して、細かな材を用いて屋根を大きく作る仕様は**禅宗様《ぜんしゅうよう》**と言って、代表的なものに山口県の功山寺《こうざんじ》仏殿《ぶつでん》などがあります。どちらかと言えば、こちらの方が日本人の好みに合ったようで、その後、大仏様に比べ多く作られるようになりました。

このほか、平安時代から続いてきた伝統的な建築様式としての**和様**《わよう》、そしてそれらを混ぜた**折衷様**《せっちゅうよう》などの様式もあります。

ここがパラダイムシフト

◎内乱によって奈良のお寺が焼ける

➔その復興のために建築界の技術革新が起きた！

東大寺南大門

功山寺仏殿***

南北朝《なんぼくちょう》・北山《きたやま》文化 14世紀半ば〜15世紀前半

武士と公家のトップが建てた「金閣」

政権を握った室町幕府は、鎌倉幕府と同様に禅宗を保護します。**足利**《あしかが》**尊氏**《たかうじ》のブレーンになった**夢窓疎石**《むそうそせき》は、後醍醐天皇が亡くなったのち、**天**《てん》**龍寺**《りゅうじ》を建ててその冥福を祈りました。一方、南北朝時代に亡くなった武士たちのために、国ごとに安国寺《あんこくじ》・利生塔《りしょうのとう》を作りました。

北山文化の時代に入ると、**足利義満**《あしかがよしみつ》が別荘として北山山荘を建てます。いわゆる**金閣**《きんかく》ですね。鹿苑寺《ろくおんじ》とも呼ばれます。金閣には、階層によって寝殿造や禅宗様の技法が複合的に用いられています。武士の反乱を鎮めて南北朝合一をはたし、貴族とサムライをともに治めた義満の立場を表した建築と言えるかもしれません。そして散歩しながら景色を愛でることができる**回遊式庭園**《かいゆうしきていえん》が生まれました。この時代の建築庭園は、豪華な印象を与えるものが多いです。

ここがパラダイムシフト

◎武士と公家、両者を治めた足利義満が頂点に
→両者の特徴を備えた金閣の建築様式が生まれた！

上／京都名所之内　金閣寺**
左／金閣寺

東山《ひがしやま》・戦国《せんごく》文化　15世紀後半〜16世紀前半

「侘び寂び」の美意識が生み出した名建築

東山文化期になると、**足利義政**《あしかがよしまさ》の別荘として東山山荘、**銀閣**《ぎんかく》（のちに慈《じ》照寺《しょうじ》と称される）が作られます。一見、金閣に比べていかにも質素に見えますが、個人的には雪化粧の銀閣は、金閣に勝るとも劣らないくらい美しいと思います。このような、まるで現実離れしたような趣深さは「幽《ゆう》玄《げん》」という言葉で表現されます。

この時代、武士たちが都に定住するようになり、その住宅の様式は、茶や禅宗といった新たな文化にマッチする**書院造**《しょいんづくり》へと変わっていきます。その特徴は、床《とこ》の間《ま》・違棚《ちがいだな》・付書院《つけしょいん》などといった、いわゆる座敷飾《ざしきかざり》と呼ばれる設備があることです。これ、「飾り」の名のとおり、貴重な美術品なんかを飾っておく場所のことです。

文芸・ジャーナリズム史のところでも触れますが、この時代は連歌《れんが》や茶会《ちゃかい》などの「インドア芸能」が流行る時期で（213頁）、唐物《からもの》（中国製の名品のこと）を飾ってお客に見せることが一流のたしなみのようになっています。書院造は、お客さんを呼ぶことが前提の建築なのです。客の目を意識することが、ほかの空間より格式の高い床の間を設けたり、名品を飾ってドヤ顔したりする（？）ための棚を作ることにもつながっています。難しく言えば、格式を重んじ、接客を重視する文化の表れと言えるでしょう。なお、書院造の建築様式は次第に庶民層にも浸透していきます。こうして、「和室」と聞いて多くの人が思い浮かべるこの様式が、日本建築の主流になっていきます。

慈照寺東求堂同仁斎には、書院造の最古の建築として**慈照寺東求堂同仁斎《じしょうじとうぐどうどうじんさい》**があります。同仁斎というのは部屋に付けられた名前です。当時は部屋に名前を付けるのが当たり前に流行っていたんです。書院造では、それまで部分使用だった畳を、全面に敷くようになります。また、障子で外光をうまく取り込む工夫がされるようになっています。

庭においても、回遊式庭園のような豪華なものとは対照的に、簡素なつくりが流行ります。岩石や砂で季節や水の流れを表現する「**枯山水《かれさんすい》**」の技法がそれです。臨済宗妙心寺派《みょうしんじは》の寺院である**龍安寺石庭《りょうあんじせきてい》**に残るものが有名ですね。

銀閣寺

書院造（参考図）

ここがパラダイムシフト

◎住宅内部において「インテリア」「飾り」が意識され始める

➔いわゆる「和室」の代表格、書院造が誕生する！

枯山水の庭園（参考）

桃山《ももやま》文化 16世紀後半

豪華と侘び、両極端の世界観

いよいよ近世に入りました。桃山時代以降の文化のキーワードは、【豪華と侘びの共存・コントラスト】、これに尽きます。文化の担《にな》い手は、成長著しい新興武士（211頁）。そして、**千利休《せんのりきゅう》**らをはじめとする堺の豪商たちです（212頁）。

豪華なほうの代表格は城郭《じょうかく》建築。簡単に言えば城、そしてその天守《てんしゅ》ですね。現存するものだと**姫路城《ひめじじょう》**、現存しませんが部分部分が遺っている遺構としては**伏見《ふしみ》城《じょう》**、そして豊臣秀吉が京都に作った邸宅である**聚楽第《じゅらくだい》**が挙げられます。

姫路城

侘びの建築の象徴的な存在としては茶

室があります。千利休が手がけた**妙喜庵**《みょうきあん》の**待庵**《たいあん》はわずか二畳余りの極小空間ですが、それ以上の広がりをも感じさせる、侘び建築の一つの到達点です。小さな出入口である「躙《にじ》り口」は、刀を外し、頭を下げないと入ることができません。武士も刀を置いて一礼することで、入り口の向こう側の幽玄の世界（非日常の世界）へいざなわれるのです。

待庵（参考図）

ここがパラダイムシフト

◎権力者は自身の権威を示すように豪勢な建物を作る

→それとは違う価値観の証明のように、究極の侘びの空間・茶室も作られる！

寛永《かんえい》文化 17世紀前半～半ば

豪華と侘び、両極端パート2

この時代の特色は京都中心だということ、そして桃山文化を継承していることです。【豪華と侘びの共存】の文化が引き続いています。その視点から、おさえておくべき建築を挙げていきましょう。

豪華なほうで言うと、真っ先に**日光東照宮**《にっこうとうしょうぐう》が挙がります。これは徳川家康を東照大権現《とうしょうだいごんげん》という神さまとして祀った神社です。本殿と拝殿を「石の間」でつなぎ、真上から見ると「エ」の字のように見えるその建築様式は**権現造**《ごんげんづくり》と言います。陽明門《ようめいもん》は、想像上の動物や古代中国の聖人の彫刻が施されており、一日中見ていても飽きないことから「日暮《ひぐらし》の門」と呼ばれます。まさに豪華絢爛《ごうかけんらん》という建築物です。

日光東照宮

侘びたものとしては、**桂離宮**《かつらりきゅう》。八条宮智仁親王《はちじょうみやとしひとしんのう》の別邸で、その建築技法は**数寄屋造**《すきやづくり》と言います。数寄屋とは「茶の湯を行なえる建物」という意味です（そもそも「数寄」＝風流を好むという意味で、「数寄屋」は風流好みの家ということから、ほぼイコール茶室を意味するようになったのです）。数寄屋造とは、書院造をベースに、そこに侘びた茶室風味を取り入れた建築なんだよとイメージしてください。書院造は格式重視でしたね（59頁）。数寄屋造はそこに茶の湯の侘びの思想が入って、「格式よりも、大事なのは中身だよね」という考えから、自然そのままの皮《かわ》付丸太《つきまるた》や土壁《つちかべ》など、自然の素材感を生かした自由な作りがなされます。そこが書院造との大きなちがいです。

その他の数寄屋造の代表的な建築物としては、修学院離宮《しゅがくいんりきゅう》（後水尾《ごみずのお》天皇の山荘）が挙げられます。

元禄《げんろく》文化 17世紀後半〜18世紀前半

大仏殿の再建が幕府の首を絞める

元禄の年号が使われたのは1688〜1704年間だけですが、文化区分としてはその前後を含めた100年近い長期間を「元禄文化期」と言います。だいたい四代将軍徳川家綱《いえつな》から、八代将軍吉宗《よしむね》の時代と覚えておいてください。

この時代の特色を説明すると、中国大陸での明《みん》から清《しん》への王朝の移行＝明清《みんしん》交替（1644〜83）によって東アジア全体が安定し、幕藩体制も安定しています。そして東西廻り海運が整備され、日本全国で貿易がさかんになり、経済が発展しました。それによって金持ちになった全国の豪商たちが文化の担い手となったのです。

公家だけでなく、お金持ちの町人たちが文化の主役になる時代がやってきたことが重要なポイントです。

建築界の大きな出来事としては、この時代に、戦国時代に焼損した**東大寺大仏殿の再建**が行なわれます。ただしこれは江戸幕府の財政難の一因にもなってしまいます。

五代将軍**徳川綱吉《つなよし》**のブレーンで幕府重鎮の柳沢吉保《やなぎさわよしやす》は、自邸の庭園として**六義園《りくぎえん》**を作ります。自分で設計して指揮もとったそうですから、その文化素養のすごさがわかります。そこには紀州和歌山の名勝に見立てた景色がちりばめられ、「回遊式築山泉水庭園《かいゆうしきつきやませんすいていえん》」と呼ばれます。

また、水戸藩邸の庭園である**後楽園《こうらくえん》**もこの時期にできます。どちらも今に残る名園です。

ここがパラダイムシフト

◎東大寺大仏殿が再建される
→ 江戸幕府の財政ひっ迫をまねく！

明治《めいじ》文化、大正《たいしょう》文化 1868～1912年、1912～1926年

「西洋に追いつけ追い越せ」が一大テーマ！

さて、新たな時代になり、当時最先端の文化・技術・思想が各方面から導入され日本が大きく変化していきます。西洋に追いつけ追い越せ、いわゆる殖産興業《しょくさんこうぎょう》ってやつですね。そのために必要な文化資本がどんどん導入されます。銀座通りには煉瓦造《れんがづくり》の建物が立ち並ぶなど、東京の中心地にモダンな洋風建築が次々と建てられ、横浜ではガス灯もつけられます。電灯じゃなくガス灯です。電灯が普及するのは大正時代です。

御《お》雇《やとい》外国人《がいこくじん》の一人として、イギリスからやってきた建築家の**コンドル**は**鹿鳴館**《ろくめいかん》を設計しました。これは1880年代、井上馨《いのうえかおる》外務卿が行なった欧化政策、つまり「ヨーロッパ風の文化もなんなく取り入れちゃえるくらい、日本はしっかりした文明国なんだぜ」というアピールのために、外国人を接待する場として用いた場所です。たしかに表面的には西洋的になったかもしれません。でもその実情としては、中身は全然追いついていません。当時はその欧化政策に反発して、様々なナショナリズムが強まってくる時代でもありました。ナショナリズムには様々な形態がありますが、それは学問思想教育史でゆっくり解説します。

なお、コンドルはその後の1890年代には、ビザンチン様式を主体とした煉瓦造の**ニコライ堂**も設計しています。さらにコンドルは、ロンドンの煉瓦街をモデルにした丸の内オフィス街の建設を指導します。この一帯は「一丁倫敦《いっちょうろんどん》」と呼ばれました。

この時期に活躍した日本人建築家は、コンドルの弟子の**辰野金吾**《たつのきんご》です。彼は**日本銀行本店**を設計しました。ちなみに、受験界では「辰野銀行」と覚えるように言っています（笑）。あとメジャーどころで言うと、1914年に竣工した**東京駅丸の内駅舎**も彼が設計しています。

1900年代になると、これまたコンドルの弟子の**片山東熊**《かたやまとうくま》が、迎賓館としても使われる**赤坂離宮**《あかさかりきゅう》（現・迎賓館《げいひんかん》）を設計しました。ちなみに、彼は東京国立博物館表慶館も設計しています。

こうして見ると、明治時代のたかだか3、40年の間に、国の威信をかけた重要な西洋式建築を、日本人建築家が主導して作れるようになっていることがわかります。これ、よく考えるとなかなかすごいことだと思いませんか？　そして今では、世界を舞台に活

鹿鳴館（『東京景色写真版』〔1893年〈明治26〉刊〕より）**

躍する日本人建築家も多数輩出されています。狭い敷地のなか、周囲との調和や自然との共生を生活の中で意識せざるを得なかった日本には、優秀な建築家を生み出す土壌が元々備わっていたのかもしれません。

日本文化史の中で特筆すべき建築史は以上になります。

ニコライ堂（『東京大観』〔1935年〈昭和10〉刊）より）**

日本銀行本店***

赤坂離宮（『明治大正建築写真聚覧』〔1936年〈昭和11〉刊）より）**

ここがパラダイムシフト

◎近代に入り、西洋化が押し進む

→ わずかな期間のうちに、西洋建築を建てる日本人建築家が輩出された！

美術史——彫刻史

さてさて、美術史の次のテーマは彫刻です。

日本文化史の中で「彫刻」と言えば、明治になって西洋彫刻が入ってくるまでは、もうほぼ100%仏像！　それしか出てこないと言っても過言ではありません。安心して仏像に向き合いましょう（笑）。

「仏像の名前とか超ウザイ、苦手」とか思ったそこのあなた、ちょっと待ってください！　多くの人は、仏像の名前を暗記することが彫刻史の勉強だと思い込んでいます。でも、実はポイントはそこではないんです。**仏像は彫刻技法や材質、制作の背景などに注目してください。**生徒さんは「名前、覚えなきゃ」なんてプレッシャーはいったん忘れて、大人の方は学生時代にそんな不毛な勉強をしたことはもう水に流して（笑）、その時代にどんな様式が流行ったかなどを追ってみてください。それはつまり、その時代がどんな時代だったから、その仏像の形が求められたのかを考えることにつながります。そこまで想像力が働けば、もう勝ったも同然です。仏像から透かして見える、時代の流れを意識してくださいね。

飛鳥《あすか》文化　6世紀末〜7世紀前半

「人間離れ」した仏像たちの時代

では、仏像の特色を様式ごとに見ていきましょう。何度も書きましたが、飛鳥文化のいちばんの特色は、中国の南北朝時代の文化の影響です（14頁）。

この時代の仏像様式としては、【北魏《ほくぎ》様式】【南朝《なんちょう》様式】、この2つの言葉がよく出てきます。この言葉、聞いただけで「なんか難しそう」と敬遠してしまうその気持ちもよくわかります（笑）。でもこれ、実は単純なことで、北魏とは南北朝の北朝のこと。南朝は文字通り南朝のこと。それらに影響を受けた様式がそう名付けられているという、ただそれだけのことなのです。

北魏様式のほうの仏師としては**鞍作《くらつくりの》鳥《とり》**がいます。この名前、授業でも習う有名人ですが覚えていますか？　彼には別名があって、止利仏師《とりぶっし》とも呼ばれます。「テストで止利仏師と解答してもいいんですか？」なんて先生に質問できたらちょっとカッコいいですね（笑）。

それはさておき、彼が所属するグループを「止利一派」と呼びます。そして、彼らが作る仏像様式のことを北魏様式と言うのです。

代表的な作品としては、**法隆寺《ほうりゅうじ》金堂《こんどう》釈迦《しゃか》三尊像《さんぞんぞう》**が有名です。この像は、正面から見ると迫力がありますが、実は横から見ると非常に胸板が薄い。これが止利一派の彫刻技法の特徴の一つです。また、この像には光背《こうはい》が付けられています。光背とは仏の身体から発する光を表現したもので、ここに「飛天《ひてん》」（仏像の周りを飛んでほめたたえる天女）が取り付けられています。仏像を鑑賞する時は、ぜひこういう細部にも注目してみてください。

法隆寺金堂　釈迦三尊像

中宮寺　半跏思惟像

南朝様式は、百済様式かもしれないという説もあって、今は南朝という言葉を使わない教科書もあります。要は「止利グループ以外の仏師たちが作る仏像だよ」とイメージしてください。中宮寺と広隆寺にある**半《はん》跏思惟像《かしゆいぞう》**が有名です。片方だけ足を組み、ものうげな表情で一点を見つめている。とても神秘的で美しい仏像です。

この時代に作られた仏像の特徴を挙げると、まるでウルトラマンのような（笑）、けっこう超人的というか、人間離れした近寄りがたい神々しさ、威厳を感じさせるものが多いです。とくに、素材が金銅であることと、仏像のからだ（体躯《たいく》）にひねりがないのが「人間的に見えない」点を強調していると言えるでしょう。仏教は当時伝わったばかりの最新文化ですから、その「拝みの対象」として、畏敬《いけい》（おそれ、うやまうこと）の念を抱かせる造形が求められたのかもしれません。

ここがパラダイムシフト

◎最先端文化として仏像が伝来

→ 人々に「おそれうやまう」思いを抱かせる存在だった！

白鳳《はくほう》文化 7世紀後半〜8世紀初頭

若々しくて肉付きの良い様式

白鳳文化期の仏像の表情に注目すると、「童顔《どうがん》に見える」という特徴があります。こうした若々しさは初唐《しょとう》文化の影響だと言えます。ちなみに初唐とは、中国の唐の時代（618〜907）を四分した最初の時期（618〜712）を指します。

この時代の代表的な作例として現存しているのが、**興福寺仏頭《こうふくじぶっとう》**です。1187年、興福寺の再興に際して、山田寺から興福寺に移された仏像のものです。その名の通り頭以外は焼損して残っておらず、見た目はちょっと、いやかなりコワいです（笑）。ただ、この頭からだけでも当時の様式がわかります。実際の人間に近い形で、目鼻立ちの肉付きにも立体感があります。

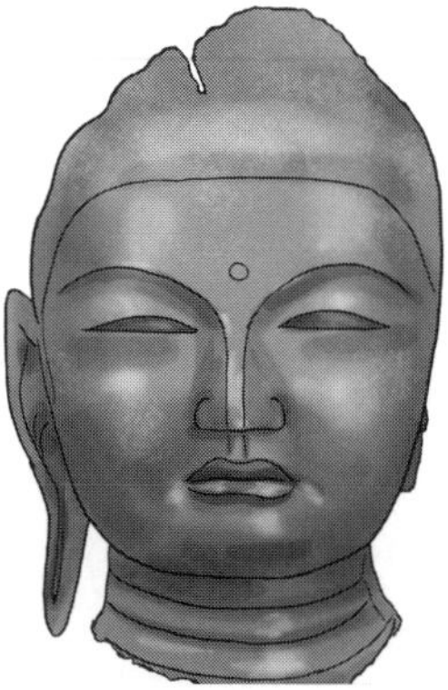

興福寺　仏頭

天平文化《てんぴょう》 8世紀

新技法により「人間ぽい」表現が可能に！

奈良時代は、**聖武天皇《しょうむ》**による国家仏教が最盛期を迎え、仏教文化が花開いた時期でしたね。もうとにかく、国のマックスパワーが仏教に注がれています。あの奈良の大仏さま、**盧舎那仏《るしゃなぶつ》**も作れるくらいですからね。聖武天皇がなかやまきんに君みたいに仏像に向かって「パワー！」って叫んでる、そんなイメージです（笑）。冗談はさておき、盧舎那仏は毘盧《びる》遮那仏《しゃなぶつ》とも呼ばれ、華厳経《けごんきょう》という経典の中で中心とされる仏のことです。聖武天皇は鎮護国家《ちんごこっか》思想（16頁）のもと、国分寺の総本山とされる東大寺に、「全宇宙を守る」くらいとんでもないパワーの持ち主である盧舎那仏を安置することで、国家の安泰を目指したのでしょう。

この時代の技法としては、**塑像《そぞう》**と**乾漆像《かんしつぞう》**という種類が出てきます。塑像とは、木材で作った芯《しん》に荒縄《あらなわ》を巻き付けて、その上から粘土を塗り重ねて作られた仏像のことです。一方、乾漆像は粘土や木で作った原型に麻布《あさぬの》を貼り付け、さらに漆《うるし》を塗ってコーティングしたものを言います。後で中の粘土を取り除いたものは脱乾漆像《だつかんしつぞう》と言われます。

これらの技法の出現によって、これまでの銅像と比べて素材が柔らかく、**より写実的な表現が可能となりました**。つまり、ウルトラマンみたいだった前の時代に比べて、より人間っぽい姿になったのです。手が込んでいる主役クラスは乾漆像だよ、脇役は塑像で作っているよという理解で良いかと思います。

乾漆像の覚えておきたいも

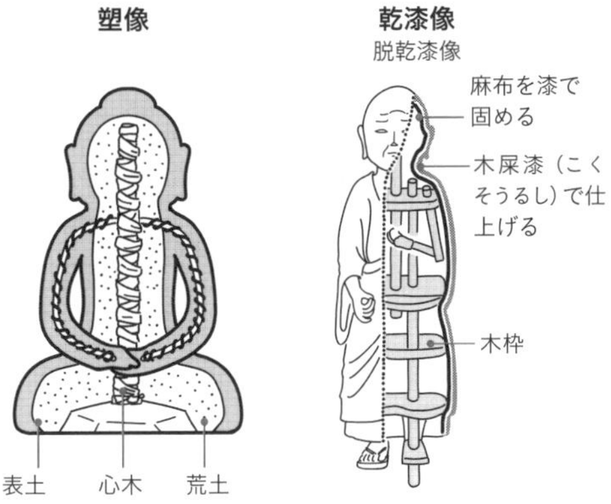

塑像と乾漆像の工法

のとして、東大寺法華堂《ほっけどう》の本尊、**不空羂索観音像《ふくうけんじゃくかんのんぞう》**があります。

この時代は、遣唐使によって唐の文化がバンバン伝わっていますから、流行の最先端である写実主義によって作られた像だよとイメージしてください。

そしてその不空羂索観音像と同じ東大寺法華堂に置かれている**執金剛《しつこんごう》神像《しんぞう》**は、この時代の塑像の代表例です。ただし本尊の背後に隠れているので、普段は見ることができません。

ほか、興福寺には有名な**阿修羅像《あしゅらぞう》**があります。古代インドの神を仏教の護り神にしたもので、神道史のところでも書きましたが、まさに神仏習合（33頁）そのもの！　と言える仏像です。写実的で思わず拝みたくなるような、フィギュアにもなるくらいめちゃくちゃ人気の像ですね。

また、日本における最初の肖像彫刻である唐招提寺の**鑑真《がんじん》和《わ》上像《じょうぞう》**もこの時代に作られています。

東大寺　不空羂索観音像　伝日光月光菩薩像

月光菩薩立像（模造）　東京国立博物館蔵＊

興福寺　阿修羅像

鑑真和上像

ここがパラダイムシフト

◎塑像と乾漆像、新たな技法が登場

→ 素材が柔らかいため、より写実的で人間っぽい仏像表現が可能に！

弘仁《こうにん》・貞観《じょうがん》文化 9世紀

唐の最先端技術の影響を受ける

弘仁・貞観文化は「唐風文化」、つまり中国風の文化がその特徴でしたね。そしてこの時代は、天台宗・真言宗、いわゆる**密教**が広まり始めた頃です。密教は山岳修行が中心ですから、お寺は山のほうに建てられることになり、仏像が作られる数も減ったという時代背景があります。

この時代の仏像としては，**大日如来像**《だいにちにょらいぞう》に注目しましょう。密教の世界は大日如来を中心

大日如来坐像（平安時代）重文　東京国立博物館蔵＊

としていますからね。

そんな時代に多く広まった技法は、頭と胴体が一本の木で作られているので、**一木造《いちぼくづくり》**と呼ばれます。平安初期はほとんどの仏像がこの技法で作られています。一本の木をそのまま使うので重たく扱いづらく、大きな像を作ったり、腕を伸ばすなど、複雑な形を作ったりすることは難しかったようです。ただ、厚みはあるので像の表面は加工しやすく（刻みやすく）、衣のひだ（文様）を出すような技法が生まれました。これを**翻波式《ほんぱしき》**と言います。一木造が流行した理由としては、仏教の広まりとともに仏像の需要が高まったこと、香木を用いることで仏像の霊力を高めようとしたことなどが考えられます。

この技法を使っている仏像には、**観《かん》心寺如意輪観音像《しんじにょいりんかんのんぞう》**があります。大変ふくよかで神秘的な形をしていて、不遜な私なんかは「仏像界のグラビア系」なんてひそかに思っちゃったりしています（笑）。

一木造の工法

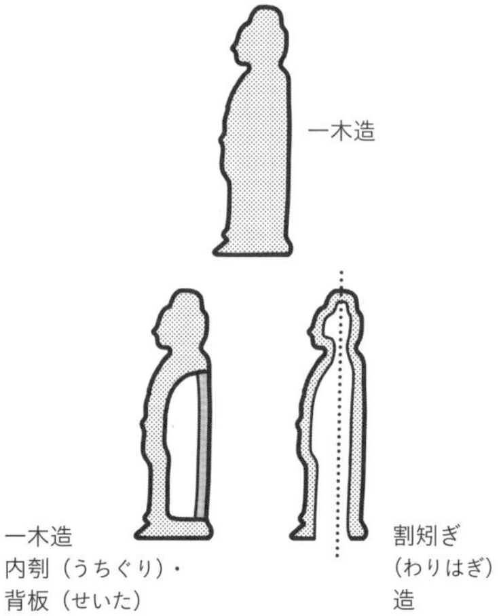

観心寺　如意輪観音像

その他の例を挙げると、密教ってそもそも「密」というくらいですから、神秘的なイメージがありますよね（ちなみに密教とは「秘密仏教」の略のこと。ふつうの仏教〔顕教《けんきょう》〕が経典などですべての教えを明示しているのに対し、密教は言語化できない感覚を大事にし、神秘的なものや説明のつかない世界にこそ真理が溢れていると考えます。だから「密」なのです！）。「密」の字の通り、この時代の仏像には神秘的なものが多い印象です。たとえば、**薬師寺僧形八幡神像《やくしじそうぎょうはちまんしんぞう》**は、文字通り「僧の形をした八幡神」ですから、神仏習合を具現化したものとして知られています。

まとめると、この時代の仏像は、前の時代の写実主義を受け継ぎながら、唐の流行最先端の様式にも大きく影響を受けていたと考えられます。

ここがパラダイムシフト

◎新たな技法、一木造が登場

→ ほぼすべての仏像がその技法で作られるように！

国風文化《こくふう》 10世紀〜11世紀前半

新技術、プラモのような「寄木造」登場！

この時代の文化は、前の時代の唐風文化と対比的に見ることでわかりやすくなると思います。この時代、国家の中枢、つまり朝廷では密教の加持祈祷《かじきとう》が変わらず行なわれていますが、加えて**浄土教**が生まれ、発展していく時でもあります。

彫刻も、先の唐風時代の技法と対比的に見ていきます。この時代は仏教文化がピークを迎えています。皇族や貴族のみならず庶民までもが仏像を欲しがったため、「うちにも仏像を作ってくれよ」と大量に注文が入り、生産が追いつきません。

さて、そこでどうしたか。そのニーズに応えるべく、一木造に対して**寄木造《よせぎづくり》**という手法が生み出されます。これは頭や胴体、腕を別々に作ってからプラモデルのようにくっつける技法で、効率よく分

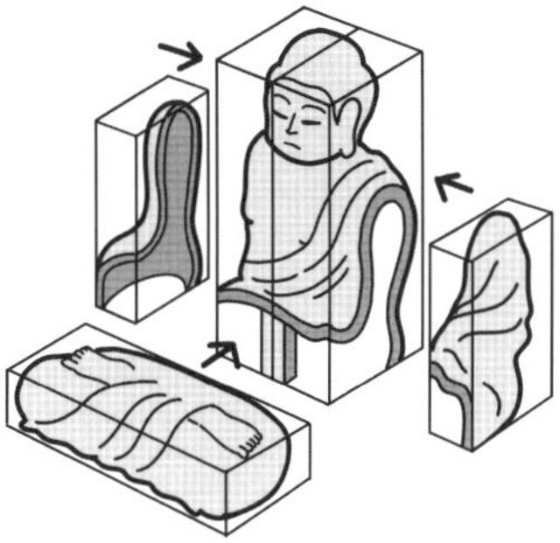

寄木造の工法

業でき大量生産に向いた技法です。おまけに内側が空洞で軽いため、簡単に持ち運べたこともポイントです。当時は火災が多く、そのたびに仏像を運び出せるよう備える必要があったのです。

仏師としては**定朝**《じょうちょう》の一派が貴族の人気を一心に集めました。「定朝風の作品じゃなければいらないよ、定朝じゃなければ仏像じゃないよ」と言うくらい、この一派が一大旋風を巻き起こします。定朝は、**平等院鳳凰堂阿弥陀如来像**《びょうどういんほうおうどうあみだにょらいぞう》の制作者です。

平等院鳳凰堂　阿弥陀如来像

ここがパラダイムシフト

◎仏像を求める大量ニーズが発生
➔より簡単に大量生産ができる寄木造の技法が発明される！
◎定朝という仏師が貴族の心をわしづかみに
➔「定朝じゃなければ仏像じゃない」くらいの一大ブームに！

鎌倉《かまくら》文化 12世紀末～14世紀初頭

新たな人気仏師グループ・慶派が登場！

鎌倉文化の特色の一つに、武家文化の基盤が形成されつつあることが挙げられます。これは鎌倉幕府が開かれ、初の武家による政権ができたことからも容易にイメージできると思います。武士と言えば質実剛健、素朴なものを好む気風もあります。この武士たちの好みが、彫刻界の流行に大きな影響を与えます。具体的には、**【慶派】**《けいは》と呼ばれる仏師グループ

東大寺南大門　金剛力士像

興福寺　天燈鬼・龍燈鬼像

六波羅蜜寺　空也上人像

が存在感を増すのです。

定朝の工房からは様々な仏師集団が分かれていきましたが、そのなかの一つが慶派と呼ばれるグループです。慶派は鎌倉初期の東大寺復興事業で活躍したあと，鎌倉幕府と結びつき，関東に多くの仏像を残しました。彼らは主に寄木造の技法を用いて、まるで動き出しそうな写実的な仏像を作り、鎌倉武士たちの間で評判を呼びます。「メジャーな定朝派には頼まない俺ってばカッコいい、公家の奴らとは一味ちがうだろう」と考える武士たちが、そんな流行を作り出したのかもしれません。

慶派の有名な作品は、**運慶《うんけい》・快慶《かいけい》**によって作られた**東大寺《とうだいじ》南大門《なんだいもん》金剛《こんごう》力士像《りきしぞう》**です。運慶の子どもたちも有名作を残しました。**康弁《こうべん》**はコミカルさを演出した興福寺《こうふくじ》天燈鬼《てんとうき》・龍燈鬼《りゅうとうき》像を、**康勝《こうしょう》**は六波羅蜜寺《ろくはらみつじ》に置かれた空也上人像《くうやしょうにんぞう》を制作しました。例の、口から何か出てるやつです（笑）。

ここがパラダイムシフト

◎新しく力強い作風を持つ奈良仏師が台頭
➔ 武士の好みをおさえた慶派の仏師がメジャーに！

元禄《げんろく》文化 17世紀後半〜18世紀前半

仏像界久々のスター、その名は円空！

さてさて、南北朝期〜北山・東山文化期〜戦国桃山期〜寛永文化期と、一気にすっ飛ばしてしまいました。ダメでしょって？（笑） いや、いいんです。平安時代の定朝にはじまり、鎌倉時代の慶派が主流になって以来、実は仏像って、ほぼ同じパターンのものしか作られていません。まあそれってつまり、そういうお決まりの仏像しか必要とされなかったということなのです。

鎌倉時代以降、慶派の仏師は「僧綱《そうごう》」という位を与えられて社会的に認められました。一方、それ以外の仏師グループも登場しましたが、慶派の仏師ほどの技術はなく、社会的に認められることはありませんでした。戦国時代にも注目すべき仏像は残されなかったのです。

ただ一つ、例外的に「黄檗様《おうばくよう》」については触れておきましょう。

17世紀の中頃、明から清への政権交替の動乱のなか、日本へ渡ってきた**隠元《いんげん》（隆琦《りゅうき》）**は禅宗の一派である**黄檗宗《おうばくしゅう》**を伝えます。隠元は四代将軍徳川家綱《いえつな》から京都宇治に領地を与えられ、万福寺《まんぷくじ》を開きました。隠元は長崎の中国人仏師を招き、明の様式を取り入れた仏像を制作させますが、万福寺の韋駄天像《いだてんぞう》や達磨像《だるまぞう》など、それら主要な仏像の様式を「黄檗様」と呼ぶのです。江戸時代初期、こういう大陸の影響を受けた仏像様式が一部で広まり、作られていきます。

その後時代が下り、元禄文化期に入ってついに、久々に特筆すべき人が登場します。それが**円空《えんくう》**という僧です。円空は諸国を巡って庶民のために多くの仏像を作りました。ナタやノミで荒々しく彫り出されたその仏像は円空仏と呼ばれます。なんの飾り気も色付けもない、ザ・木彫りという素朴な形ですが、円空はこれらを「仏さまにすがりたい」、悩み苦しむ民衆の求めに応じるまま彫りまくり、生涯12万体もの像を彫ったと伝わります。円空の慈愛の心の表れのような温かい表情のその像は、300年以上の時を経た今も、多くの人の心を惹きつけています。

円空作　如来立像　東京国立博物館蔵＊

円空の登場は、仏像彫刻史の大きな枠の中で見ても、停滞していた流れに一石を投じたものと言えます。日本には古来、木など自然物に神聖なものが宿るとするアニミズム的思想が根付いていますが、そういうきわめて日本的な土壌から生まれた仏像だということも、文化史的に意義深いことと言えるでしょう。

ここがパラダイムシフト

◎慶派という定型しか求められない時代が続く

→ 円空が登場、素朴かつ荒々しい作風が彫刻史を変える!!

明治《めいじ》文化、大正《たいしょう》文化 1868～1912年、1912～1926年

仏師の枠を超えたアーティストの誕生

さて、またまた時代が飛んであっという間に明治後期（笑）。もうこの頃になると西洋から新技法が取り入れられていますが、そんな中、**高村光雲**《たかむらこううん》が登場し『**老猿**《ろうえん》』という作品を作ります。

彼は仏師出身で、それこそ円空など江戸時代からの正統的な木彫技法を受け継いでいます。ただ、写実的で緻密な西洋的技法をベースにしつつ、ところどころは写実の域も超えて誇張するような、大胆な表現方法も取り入れています。

これが大きなパラダイムシフトで、だからこそ近代彫刻界のパイオニアと呼ばれるのですね。

1900年代になると、ついに100%西洋彫刻の系統を受け継いだ作品が登場します。それが、ロダンの作品に影響を受けた**荻原守衛**《おぎわらもりえ》の銅像『**女**』です。鎌倉時代から始まり、江戸時代もずっと引き継がれていた仏像彫刻の技法とはまったく違

高村光雲作　老猿（1893年〈明治26〉）　重文　東京国立博物館蔵 *

う立ち位置から生まれた、これぞ近代日本彫刻界のパラダイムシフトというべき、記念すべき作品です。

大正期は、高村光雲の息子の**高村光太郎《たかむらこうたろう》**が『手』というブロンズ彫刻を作ります。彼は『道程』『智恵子抄』などを出した詩人・文筆家としても有名ですね。

彫刻史として挙げておきたいトピックスは以上です。

荻原守衛作　女（1910年〈明治43〉）　重文　東京国立博物館蔵＊

ここがパラダイムシフト

◎文明開化により西洋の技法が導入される

➔ 伝統的な木彫技法と融合し日本独自の彫刻が生まれる！

➔ さらに時代が下り、仏像技法とはまったく違う文脈から銅像『女』が生まれる！

美術史──工芸史

飛鳥《あすか》文化 6世紀末〜7世紀前半

建築・工芸・絵画の技術の結晶「玉虫厨子」

さて、美術史3つ目のテーマは工芸です。

何度も繰り返して恐縮ですが（笑）、飛鳥文化のいちばんの特色は、中国の南北朝時代の文化の影響です（14頁）。

工芸品としては、まず法隆寺にある**玉虫厨子**《たまむしのずし》をおさえておきましょう。これは現存する日本最古の工芸品のひとつで、その名の通り、七色に光る玉虫の羽根をふんだんに使って装飾がなされています。

厨子とは仏像や経典、仏舎利《ぶっしゃり》（お釈迦さまの骨）などを収める仏具のこと。元々は台所で使う調度品だったと言われています。玉虫厨子は、法隆寺金堂に安置されていて、おそらく釈迦像が収められていたのでしょう。推古天皇が身近に置いて崇拝していたとの言い伝えもあります。

玉虫厨子（模造）大正時代制作　奈良国立博物館蔵

これ、実は建築資料としてもとても貴重なんです。というのも、飛鳥時代の仏教建築はほとんど現存していないので、当時の姿は遺跡から推測するしかありません。しかしこの厨子の宮殿部は「仏堂のミニチュア版」とも言える精巧なつくりがなされているのです。

屋根の途中に段差を設ける「錣葺《しころぶき》」と呼ばれる様式や、棟の両端につけられた鳥の尾羽を模した「鴟尾《しび》」など、今は失われてしまった古い様式がここからわかります。

ほどこされた絵もまた見事なもので

す。宮殿の側壁やその下にある須弥座《しゅみざ》と呼ばれる部分には、さまざまな仏教絵が描かれ、これが単なる工芸品ではなく、仏教の教えを忠実に伝える調度品であることを物語っています（90頁）。

玉虫厨子は工芸の域にとどまらず、飛鳥時代の絵画・建築についても知ることができる大変貴重な遺産です。礼拝のために作られたこの作品は、当時の文化のすべてが結集した「総合芸術」なのです。

ここがパラダイムシフト

◎建築、工芸、絵画など、当時の技術の集大成
→ 玉虫厨子の存在によって判明した技法・様式もあった！

天平《てんぴょう》文化 8世紀

シルクロードの名品に影響を受ける

8世紀の奈良時代の特徴と言えば、唐を参考に、「唐のものまね」から国づくりを始めていった時代でしたね。だから遣唐使、唐に留学した僧や学生たちが帰ってくるたびに最先端文化・技術が入ってきます。それら大切なもの＝宝物《ほうもつ》を収める倉庫として東大寺内に作られたのが**正倉院《しょうそういん》宝庫《ほうこ》**です（52頁）。ここには聖武天皇や光明皇后ゆかりの品の数々が収められています。そのうちの一つ、**螺鈿《らでん》紫檀五弦琵琶《したんごげんのびわ》**は、ボディにラクダが描かれていることからも、西アジアの影響をバリバリに受けていることがわかりますね。「螺鈿」とはアワビや夜光貝《やこうがい》など、裏側がキラキラした貝で飾ったもののことで、「紫檀」というのはインド産の木材のことです。

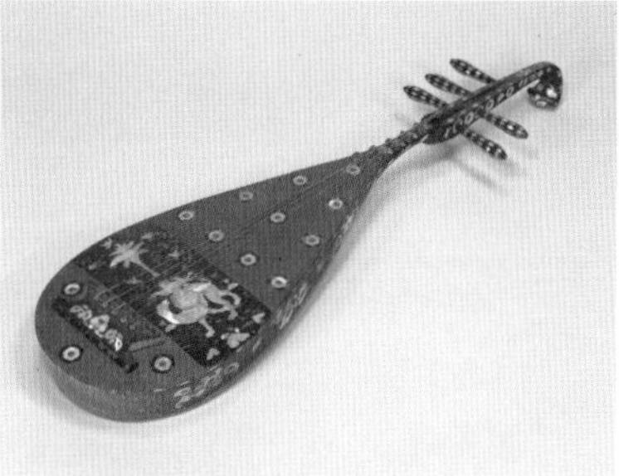
螺鈿紫檀五弦琵琶（模造） 東京国立博物館蔵＊

ほか、東南アジアやインド、ペルシャから伝来した作品も多いです。そう、それはつまり、シルクロードを通って日本にまでたどり着いたものが多いということです。

国風文化《こくふう》 10世紀〜11世紀前半

アレンジが得意な日本の本領発揮！

続いて国風文化期まで時代が飛びます。弘仁・貞観文化が「唐風文化」だったのに対し、中国の文化を日本風にアレンジするという動きが起きてきた時代です。

工芸の分野では、漆《うるし》や金粉・銀粉で文様《もんよう》を描く**蒔絵《まきえ》**という技法がさかんになります。これは、黒い漆塗りの上に金や銀の優美な絵を描く技法で、おせち料理などを入れる重箱をイメージしてもらえれば間違いないでしょう。

あと、先にも触れましたが、夜光貝などの綺麗な貝を漆器に埋め込んだ**螺鈿《らでん》**（81頁）という技法を使った作品も多く作られるようになります。

漆器は英語で「Japan」と呼ぶことはご存じでしょうか？　まさに「ザ・ジャパン」、日本を象徴する工芸技法はこの時代から育まれてきたのです。

波兎蒔絵旅櫛笥　東京国立博物館蔵*

ここがパラダイムシフト

◎唐の文化を日本風にアレンジしようという動きが生まれる
→ 蒔絵」「螺鈿」などの技法がさかんに

鎌倉《かまくら》文化 12世紀末〜14世紀初頭

大陸から導入された新たな陶芸技術

鎌倉文化の特色はいくつかありますが、なかでも禅宗の影響が強まり、南宋や元に留学した禅僧たちが最先端の文化を持って帰ってきたことが陶芸文化にも大きな影響を与えます。新たに伝わった陶芸技法の一番の特徴は、うわぐすり（釉薬）を掛けて焼くようになったことで、愛知県東部地方にこの産地ができたことから、これを**瀬戸焼《せとやき》**と言います。のちの時代、「瀬戸物《せともの》」と言えば陶器そのものを表すくらい一般的な言葉になりました。瀬戸焼は日本六古窯《ろっこよう》の一つです（ちなみに六古窯の他の窯には備《び》前《ぜん》、常滑《とこなめ》、信楽《しがらき》、丹波《たんば》、越前《えちぜん》があります）。

なお、瀬戸焼が広まる前に使われていた器は、**土師器《はじき》・須恵器《すえき》**と呼ばれます。土師器は粘土をこねて野焼きで焼かれた弥生土器のような赤茶色の土器です。須恵器は5世紀頃、朝鮮渡来人から窯の技術が伝わってより高い温度を出せるようになり、硬く焼き締めて作られた土器です。

ここがパラダイムシフト

◎禅宗の影響が強まり多くの僧が大陸に留学する
→ 持ち帰った技法が伝わり、新たなやきものの技術が生まれる！

桃山《ももやま》文化 16世紀後半

豪華な意匠を実現する技術が向上

桃山文化は豊臣秀吉の時代が中心です。そして桃山文化のキーワードは【豪華と侘びの共存・コントラスト】でしたね。文化の担い手は、成長著しい新興武士たち（211頁）、あとは、**千利休**（215頁）らをはじめとする堺の豪商たちです。経済力のある人が文化の担い手になります。

この時期はポルトガルやスペインとのいわゆる南蛮貿易がさかんになっています。南蛮文化の影響を大きく受け、また秀吉の朝鮮出兵がらみで、朝鮮から新しい工芸技術が入ってきています。

松御簾蒔絵硯箱（高台寺蒔絵）　東京国立博物館蔵*

木工芸の分野では、天井と鴨居との間の開口部に付ける建具、**欄間**《らんま》に彫刻をすることで、建物全体を豪華にするような趣向が好まれるようになります。

また、**漆工芸**の分野では、漆塗りの平面に金粉や銀粉を蒔いて文様を浮かび上がらせて描く「平蒔絵《ひらまきえ》」の技法を使った**高台寺蒔絵**《こうだいじまきえ》がさかんになります。高台寺は、秀吉の妻・北政所《きたのまんどころ》が秀吉を弔《とむら》うために建てた菩提寺《ぼだいじ》で、その建物や調度品に施されていた蒔絵が独特なことからこの名が付いています。

長次郎作　黒楽茶碗　銘むかし咄　東京国立博物館蔵*

ところで、この時代は茶の湯が流行していますね。陶芸の分野でもいわゆる「茶陶《ちゃとう》」（茶の湯向きの陶磁器）が好まれるようになりますが、それまで重宝されていたのは「唐物《からもの》」（中国由来の器）ばかりでした。その価値観を変えたのが**千利休**です。利休は茶の湯で使いやすいこと、美味しいお茶が点てられることを第一に求めますが、唐物はもちろん、国内にもそのお眼鏡にかなうものはありませんでし

黒織部沓形茶碗　銘鶴太郎　東京国立博物館蔵*

た。そこで京都の腕の良い陶工・長次郎《ちょうじろう》に自分好みの茶碗を焼かせます。こうしてできたのが楽茶碗《らくぢゃわん》です。一品一品、ろくろを使わず手づくねで作られるその形はシンプルの極みで、一切の無駄がありません。利休が追求した「侘び茶」をまさに具現化したような茶碗です。

一方、美濃《みの》地方（今の岐阜県土岐市近辺）の陶工たちは、茶人たちの求めに応じる形で、彼らの好みに合うさまざまなタイプのやきものを作っていくようになります。これを総じて美濃焼《みのやき》と言います。美濃は瀬戸物の生まれた瀬戸（愛知県瀬戸市近辺）に近い場所で、良い土も取れ昔から陶芸がさかんな土地でした。そうしてできたものの一つに、利休の弟子で織田家家臣の茶人・**古田織部**《ふるたおりべ》が指導して作らせた織部焼《おりべやき》があります。ほか志野《しの》・瀬戸黒《せとぐろ》なども生まれ、それらは従来の唐物とはまったくちがう、日本オリジナルの斬新な器として今も人気を集めます。唐物ばかり重宝された時代から、次第に日本製のやきものにも価値が見出されるようになるのです。

ここがパラダイムシフト

◎千利休が登場し、「舶来品だけがお宝」という概念を打ち破る
→ 国内でまた新たなやきものの技術が生まれる！

寛永《かんえい》文化 17世紀前半〜半ば

やきものが独自進化を遂げる！

さて、江戸時代に入りました。

寛永文化、その特色の第一は、桃山文化を継承していることです。つまり一言で言えば、【豪華と侘びの共存】の時代が引き続いています。また、徐々に鎖国体制が作られていく時代なので、桃山文化期と比べ南蛮文化の影響はやや薄くなっていきます。一方、朝鮮の影響はまだ大きく受けている時代です。そしてこの時代の文化の担い手は、京都に住む公家たちや、町衆と呼ばれる裕福な商人層が中心です。

この時代に現れたスーパースターとして、**本阿弥光悦**《ほんあみこうえつ》を扱わないわけにはいきません。彼の本職は刀鍛冶ですが、蒔絵も描ける、茶の湯に通じ茶碗も焼ける、書も巧い（光悦、近衛信尹《このえのぶただ》、松花堂昭乗《しょうかどうしょうじょう》の三人で「寛永の三筆《さんぴつ》」と呼ばれます）。そして一族や芸術仲間らと移り住んだ京都の郊外・鷹ヶ峰《たかがみね》村で人材育成も行なうなど、まさにマルチアーティストと呼べる人です。絵画のところで紹介する俵屋宗達《たわらやそうたつ》（108頁）も、彼と組んで多くの作品を作りました。光悦の蒔絵の代表作としては、**舟橋蒔絵硯箱**《ふなばしまきえすずりばこ》があります。

磁器の分野では、**有田焼**《ありたやき》が生まれます。桃山期に秀吉の朝鮮出兵が行なわれますが、そのときに多くの陶工が日本に連れてこられます。その流れで、佐賀県の有田に新しい技法が伝わってきたのです。こうして、日本国内で初めて磁器が大量生産できるようになります。それまでは瀬戸

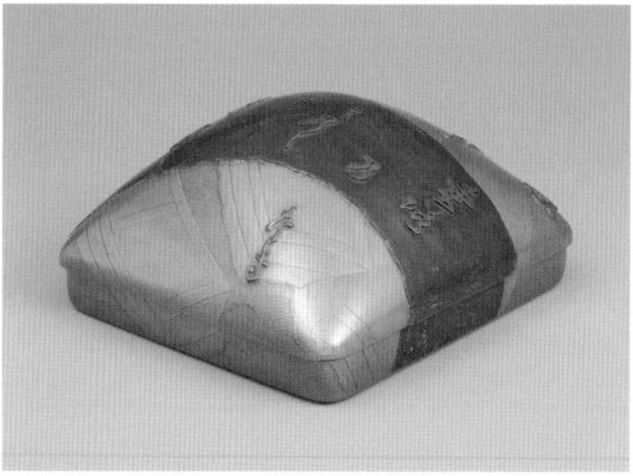

本阿弥光悦作　舟橋蒔絵硯箱　国宝　東京国立博物館蔵＊

伝本阿弥光悦作　赤楽筒茶碗
京都国立博物館蔵＊

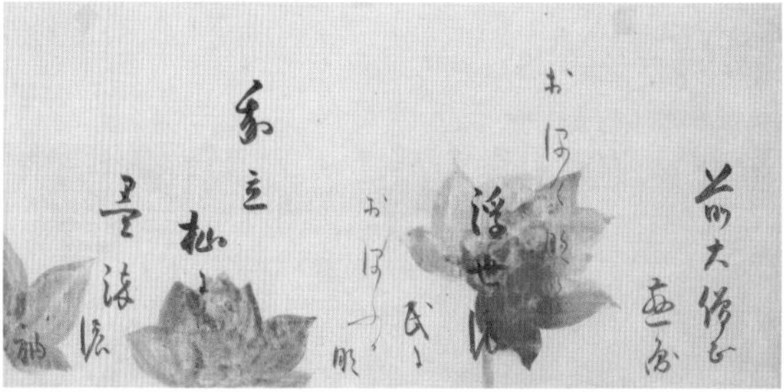

本阿弥光悦筆　伝俵屋宗達下絵　蓮下絵和歌巻断簡
東京国立博物館蔵＊

焼などの陶器が中心で、磁器はほぼ輸入物、メイドインチャイナでした（ちなみに、陶器と磁器って何が違うかわかりますか？　実は陶器も磁器も、鉱物を含んだ粘土を使うのですが、磁器の方がその割合が高い特別な粘土を使い、また磁器の方が陶器より高温で焼かれます。だから磁器のほうが堅く焼き締まって薄く作れ、またガラス成分が多めなので透明感があるように見えます）。

有田焼は別名、伊万里焼《いまりやき》とも言います。この有田焼、もともとは青磁《せいじ》や白《はく》磁《じ》、つまりブルー、ホワイトの色合いが中心でした。ですがこの時代、**酒井《さかい》田柿右衛門《だかきえもん》**という人が現れ、絵柄を描いて焼く赤絵《あかえ》を創始します。そしてとてもカラフルになって、外国で好まれるようになります。つまり格好の輸出品になったのですね。なお、この時代の有田焼にはVOCというマークが入れられます。これはオランダ東インド会社の略です。そこ向けに輸出したことの証です。

陶器のほうも、各地で色々な新しい技法が生み出されます。これにも朝鮮出兵が大きく影響しています。九州・中国地方の多くの大名たちは朝鮮の陶工たちを連れ帰り、自分たちで藩の特産品を作って儲けちゃおうぜと目論んだのです。こうして染付《そめつけ》の技法が伝来したほか、唐津焼《からつやき》、薩摩焼《さつまやき》、萩焼《はぎやき》などが生まれます。これらはそれぞれの国で焼かれたやきものだという意味で、「**御国焼《おくにやき》**」と呼ばれます。

色絵金襴手唐花文皿（伊万里）
東京国立博物館蔵*

伊万里染付芙蓉手ＶＯＣマーク皿
京都国立博物館蔵*

彫唐津茶碗　銘巌　東京国立博物館蔵*

ここがパラダイムシフト

◎朝鮮出兵をきっかけに、多くの陶工が日本に連れてこられる
→またまた新たなやきものの技術が生まれる！

元禄《げんろく》文化 17世紀後半〜18世紀前半

工芸界でも「琳派」が活躍！

元禄文化期の特徴をもう一度おさらいしますと、明清《みんしん》交替（1644〜83）によって東アジア全体が安定し、幕藩体制も安定しています。そして東西廻り海運が整備され、日本全国で貿易がさかんになり、経済が発展しました。それによって金持ちになった全国の豪商たちが文化の担い手となったのです。公家だけでなく、お金持ちの町人たちが文化の主役になる時代がやってきたことが重要なポイントです。彼らがパトロン（経済的な支援者）になったからこそ、多くの作家たちがこぞって良い作品を作ることができるようになったというわけですね。

なお、明治以前の作家たちのことを、現代で言うところのアーティスト、つまり「自分の中にあるおさえきれない衝動を表現しました！」というような人たちと同じようには捉えないほうが良いと思います。工芸だけに限りませんが、昔の美術作家たちは、大半が注文主（パトロン）からの発注を受けて作る「職人さん」です。職人ですから作品に名を刻んだりするほうが稀なんだよ、名前が残っているほうが珍しいんだよ（つまり今名前を覚えさせられるのは皆とんでもなくスゴイ人たちなんだよ笑）ということを念頭に置いておきつつ、この先の美術史を読み進めていってほしいと思います。

さて、まず蒔絵の分野においては、**尾形光琳《おがたこうりん》**が**八橋蒔絵《やつはしまきえ》螺鈿《らでん》硯箱《すずりばこ》**を作製します。尾形光琳と言えば、絵画の項で詳しく説明しますが「琳派《りんぱ》」

の人ですね（110頁）。彼は絵画だけでなく、この工芸の分野でも後世に遺る作品を手掛けているのです。硯箱は立体的な作品ですが、蓋の表など平面の箇所も多くて、三次元のキャンバスのようなものですからね。

陶磁器においては、寛永文化でも登場した酒井田柿右衛門、彼の生み出した赤絵という技法（87頁）によって、さまざまな絵付けが行なわれていくようになります。これを発展させ、カラフルで美しい陶磁器を作り人気を博したのが**野々村仁清**《ののむらにんせい》です。彼は京都に工房を構え、その作品は京都を代表するやきもの、略して**「京焼」**《きょうやき》とも呼ばれるようになります。仁清は「京焼の祖」とも言われます。

ちなみに、尾形光琳の弟である**尾形**《おがた》**乾山**《けんざん》も陶工として名を馳せます。仁清に続いて京焼を発展させ、兄・光琳と合作で絵皿を作るなど、「絵画とやきものの融合」を試みて、革新的な器を生み出しています。「琳派のやきもの」なんて呼ばれ方もしています。

以上、工芸の文化史を駆け足でざっとおさらいしました。

尾形光琳作　八橋蒔絵螺鈿硯箱　国宝　東京国立博物館蔵＊

野々村仁清作　色絵月梅図茶壺　重文
東京国立博物館蔵＊

尾形乾山作　色絵石垣文角皿
京都国立博物館＊

美術史——絵画史

飛鳥《あすか》文化、白鳳《はくほう》文化　6世紀末〜7世紀前半、7世紀後半〜8世紀初頭

古代の絵画は仏具や壁画に残っている

さて、絵画史の勉強に入ります。古代の絵画史は、なにより仏教との関わりを見ていくのがポイントになります。

この時代のもっとも重要な絵画は、**玉虫厨子《たまむしのずし》**です。あれ、でもこれって工芸品じゃなかった？　と気づいた人は素晴らしい。その通りなのですが（80頁）、実は厨子（仏像の収納部）に描かれた扉絵や須弥座《しゅみざ》（仏像を安置するための高く設けられた台座部分）に描かれた絵が、現存する飛鳥時代の絵画として大変貴重なものなのです。飛鳥時代の絵画は玉虫厨子だけおさえておけばバッチリです。

白鳳期の絵画として残っているものは、現在のところ壁画しかありません。代表例が**法隆寺金堂壁画《ほうりゅうじこんどうへきが》**。実はこれ、1949年に焼損してしまっています。ただそれをきっかけに、有形・無形を問わず文化財は人類共通の貴重な財産だからしっかり守っていかないといという考えが確立され、**文化財保護法《ぶんかざいほごほう》**の制定（1950）につながっていきます。また、1968年には文化庁も発足しました。

法隆寺金堂所置玉虫厨子須弥壇画（模写）
東京国立博物館蔵＊

この壁画の何がスゴイのかというと、第一にとんでもなく規模が大きいこと。阿弥陀浄土図など複数の仏さまを描いた大壁（高さ約3メートル、幅約2.6メートル）が4面あり、加えて菩薩を単独で描いた小

壁が8面あります。これだけのものがぐるりと、金堂内の壁に描かれていたわけです。これは間違いなく日本の絵画のなかでも最大クラス。一部しか現存していないのですが、インドのアジャンター壁画や中国の敦煌《とんこう》石窟壁画《せっくつへきが》とよく似ていて、それらの影響を受けたのではと言われています。

そしてもうひとつ、奈良県にある**高松塚古墳壁画《たかまつづかこふんへきが》**。古墳の壁面に四神図、つまり青龍《せいりゅう》・白虎《びゃっこ》・朱雀《すざく》・玄武《げんぶ》の、天の四方の方角を司《つかさど》る霊獣や、男女の群像図が描かれています。

ここがパラダイムシフト

◎火災には遭ったものの、法隆寺金堂壁画の一部は現存
➔ 敦煌石窟などと類似、つまり大陸文化に大きな影響を受けていたことがわかる！
➔ 火災を機に、「文化財保護法」の制定につながる！

法隆寺金堂壁画（複製）　東京国立博物館蔵＊

高松塚古墳壁画　国宝　重文

天平文化《てんぴょう》 8世紀

正倉院の宝物、絵巻物の原型

この時代は、唐の文化に強く影響された、とても国際色豊かな作品が残っています。その一つが、正倉院宝物庫に所蔵されていた**鳥毛立女屏風《とりげだちおんなのびょうぶ》**という有名な絵です。美人画と呼ばれる作で、中国のトルファンで見つかった樹下美人図《じゅかびじんず》と構図がよく似ています。一方、**薬師寺吉祥天《やくしじきちじょうてん》像《ぞう》**はヒンドゥー教の女神が仏の世界に取り入れられたもので、つまり南アジアの影響を強く受けています。

鳥毛立女屏風　正倉院宝物

また、のちの時代に絵巻物（95頁）と呼ばれるものの基になる作品がこの時代に生まれています。「**過去現在絵因果経《かこげんざいえいんがきょう》**」というもので、仏教の経典に挿絵が入ってるものだと思ってください。

弘仁《こうにん》・貞観《じょうがん》文化 9世紀

大日如来の姿を描くことが主目的だった！

弘仁・貞観時代は「唐風文化」、つまり中国風の文化の全盛期だよという認識をしておけば、まず間違いありません。

この時代は、密教がさかんになっていますね（18頁）。ところで、密教がもっとも崇拝する神さまは何かわかりますか？　それは大日如来《だいにちにょらい》さまです（71頁）。大日如来は宇宙の真理を体得した、すべての仏の頂点に立

両界曼荼羅（鎌倉時代） 奈良国立博物館蔵＊

つ最高の仏さま、キングオブ仏（王なのか仏なのか……笑）で、すべての命は大日如来から生まれたと考えます。

密教を信じ広める僧たちは、そんな大日如来に近づくよう修行すること、「自分が仏になるくらい立派になって、民を現実の苦しみから救うこと」を重視しています。「大日如来と一体になること」が求められるので、「大日如来さまはどんな姿をしていたのか？　どんな表情でどんな服を着て、どんなアクセサリーを付けていたのか？」がとても重要になってきます。だから、それをイメージする手助けのために、多くの絵画が描かれたんだよ、ということを覚えておいてください。

また密教は「経典を広める」という考えにもとらわれていません。経典（書き文字）ではなく口伝えであったり、仏の世界を絵に描いたり、さまざまな儀式を行ったりして教えを継承する道を進んだのです。だからいわゆる【密教美術】というものがさかんになりました。その代表的なものが**曼荼羅《まんだら》**です。これは仏を集合的に描いた、言わばお経の物語を絵画化したようなものですね。神護寺《じんごじ》両界曼荼羅《りょうかいまんだら》、教王護国寺《きょうおうごこくじ》両界曼荼《りょうかいまんだ》羅《ら》などが有名です。

あとは天台宗寺門派（山のふもとに降りたグループ）の祖の円珍《えんちん》が、夢に出てきた不動明王を黄色い彩色で描かせたという仏画の**園城寺《おんじょうじ》不動明《ふどうみょう》王像《おうぞう》**をおさえておきましょう。「黄不動《きふどう》」と検索すれば画像が出てきます。

ここがパラダイムシフト

◎密教がさかんになる

➔「大日如来」がどんな姿をしているかが大きな関心ごとに！

➔ それを想像しやすいように曼荼羅などが多く描かれるように！

国風《こくふう》文化 10世紀〜11世紀前半

日本風アレンジの出現

弘仁・貞観文化は中国風の文化が全盛期だった時代ですが、その唐風文化を日本風にアレンジしたのがこの国風文化の特色です。そして密教も変わらずさかんですが、浄土教が広まっていったこともこの時代のポイントでしたね。

絵画の世界でもこの「日本風へのアレンジ」が行なわれ始めます。唐から伝わった唐絵を、花鳥風月《かちょうふうげつ》を題材として日本風（和様《わよう》）に仕立てた、**大和絵**《やまとえ》という絵画の技法が**巨勢金岡**《こせのかなおか》という絵師により広められます。彼は平等院鳳凰堂の扉絵を描いたことでも有名です。巨勢という家は代々絵師を継ぎ、「大和絵の巨勢派」として、日本最古の画家の家系として長く名前が残ります。

阿弥陀聖衆来迎図（鎌倉時代）
奈良国立博物館蔵＊

密教の世界観を表した曼荼羅も多く描かれますが、これに加えて、浄土教が広まった影響から、**来迎図**《らいごうず》が描かれるようになります。これは、極楽浄土の世界から仏の使いが迎えにやってくる場面が描かれたものです。代表的なものに、「**高野山**《こうやさん》**聖衆来迎**《しょうじゅらいごう》**図**《ず》」があります。

ここがパラダイムシフト

◎浄土教が広まる

→ 極楽浄土から仏の使いがやってくる「来迎図」が描かれるように！

院政期文化《いんせいき》 11世紀後半〜12世紀

絵巻物が描かれた理由は何か？

この時代の絵画は、**絵巻物《えまきもの》**が増えていきます。絵巻物は、詞書《ことばがき》（説明文）と絵画（大和絵）を交互に見せる仕組みになっていて、順を追って見ていくと、作品の中に時間の流れを感じることができる作りになっています。写真だけの時代から、映画（動画）が生まれたみたいなものですね。当時の住民の生活や風俗も描かれた貴重な史料でもあります。

長年講師をしていてわかったことが一つあります。それは、受験生はこの【絵巻物】というジャンルがものすごく苦手だということ（笑）。なので根本的な話からおさえていきましょう。

絵巻物にもいくつかジャンルがあって、そのうちの一つに**縁起絵巻《えんぎえまき》**というものがあります。これは、荘園領主が絵師に描かせたものです。荘園領主とは、簡単に言えば院とか貴族、大寺社などのこと。皆さん、自分が領主で、自分の寺や神社にもっと人が来て欲しいと思ったらどうします？　自分たちのお寺にまつわる素敵なエピソードがあったらいいなって思いませんか？　もし自分の寺社に霊験あらたかな由来があって、すばらしい成り立ちの物語があったら、多くの信仰を集めることができますよね。「うちはこんな神さまに護られていますよ」とアピールするために描かせたもの、それが縁起絵巻なんです。たとえば「**信貴山縁起絵巻《しぎさんえんぎえまき》**」。

信貴山縁起絵巻（模本）
東京国立博物館蔵＊

これは大和の朝護孫子寺《ちょうごそんしじ》が、自分の寺にまつわる奇跡のストーリーをまとめたものです。人を惹きつける確かな物語の力で、多くの信仰を集めたのです。荘園領主となった寺社が、民衆との結びつきを強めるために、その由来を絵師に描かせたというわけです。

ここがパラダイムシフト

◎中世前期に荘園が広がる
→多くの信仰を集めるための「縁起絵巻」が描かれるように！

「源氏物語絵巻」は何のパイオニア？

これに対し、**風刺絵巻《ふうしえまき》**というジャンルもあります。有名な**「鳥獣《ちょうじゅう》（人《じん》物《ぶつ》）戯画《ぎが》」**がこれにあたります。カエルやウサギが弓矢を射っていたり相撲をとったりしている絵、見たことありますよね。あのようなユーモラスな動物の絵を通して、貴族社会や仏教界はムチャクチャやってるよ、堕落しているよということを間接的に風刺、つまり皮肉っているんです。

政変ものというジャンルもあります。**「伴大納言絵巻《ばんだいなごんえまき》」**、これは応天門《おうてんもん》の変《へん》（天皇の居所の門が放火されたことに発端した政治事件）を題材としています。今で言うニュースのような役割でしょうか。

他にも、平安時代には物語や説話など多様な文学作品が生まれました。文字の読めない庶民に対してその内容をわかりやすく伝えるために描かれた絵巻物もあります。

鳥獣戯画（模本）　東京国立博物館蔵＊

それが、絵巻物の傑作と言われる**「源氏物語絵巻《げんじものがたりえまき》」**です。これ、何がすごいのかというと、いくつか画期的な表現技法が使われている点です。たとえば、室内の様子を描

源氏物語絵巻断簡（「若紫」の場面） 東京国立博物館蔵＊

源氏物語絵巻（模写　江戸時代）＊＊

くのに邪魔になる柱を描かない「吹抜屋台《ふきぬけやたい》」という表現手法を採用したこと。また、私たちが「平安時代のお公家さま」「平安美人」と聞いてイメージする細い目にぷくっとした頬、細い鉤鼻といったあの顔の描き方。あれは「引目鉤鼻《ひきめかぎばな》」と言って、実はここで表されたものだったのです。

またそれ以外に、経典、つまりお経の表紙などに装飾をほどこしたり美しい文様をちりばめたりした**装飾経《そうしょくきょう》**というものもこの時代に生まれました。これは、お経を単に書き写すだけでなく、豪華でぜいたくな料紙《りょうし》（かな書き用に装飾された染紙などの加工紙）を使って美しく書くことによって、さらなる布教につなげようとしたものです。

またそれだけでなく、お経を綺麗に装飾すること自体が徳を積むことにつながるよ、極楽浄土自体が荘厳《そうごん》（重々しくおごそかに飾り付けること）された世界なのだから、装飾することは極楽往生につながるんだよ、という考えも広まっていたのです。

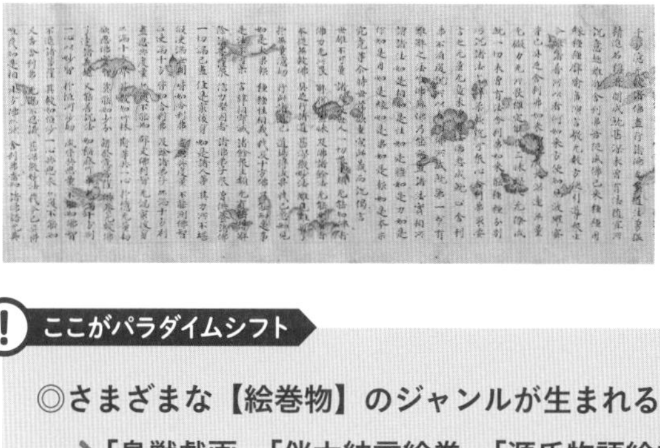

法華経 方便品（竹生島経　平安時代） 国宝　東京国立博物館蔵＊

ここがパラダイムシフト

◎さまざまな【絵巻物】のジャンルが生まれる

➔「鳥獣戯画」「伴大納言絵巻」「源氏物語絵巻」など傑作が誕生！

鎌倉文化《かまくらぶんか》 12世紀末～14世紀初頭

大陸文化が多く伝わるなか、日本独自のジャンルも確立

鎌倉文化の特色は大きく三つありましたね。おさらいしますと、まず一つ目は【公家文化・伝統文化の継承】です。有職故実《ゆうそくこじつ》（136頁）や、貴族の間で和歌が流行しました。

二つ目は、【武家文化の基盤の形成】。これは鎌倉幕府が開かれ、初めての武家による政権ができたことからもわかりやすいですね。武士といえば、質実剛健。素朴なものを好む気風もあります。

そして三つ目は、【禅宗の影響大】。南宋や元の文化が入って来ています。禅僧や商人が大陸にわたり、最先端の文化を持って帰ってきました。

鎌倉文化期の絵画として、まず絵巻物を見ると、**縁起絵巻** としては、菅原道真《すがわらのみちざね》の一生を題材にした「**北野天神縁起絵巻**《きたのてんじんえんぎえまき》」というものがあります。大宰府《だざいふ》に流された道真が雷神として復活し、藤原時平に復讐するという有名なシーンがあります。

「**春日権現験記**《かすがごんげんげんき》」は高階隆兼《たかしなのたかかね》によって描かれた、春日明神の縁起絵巻です。

北野天神縁起絵巻（甲巻　鎌倉時代）　重文　東京国立博物館蔵*

春日権現験記（鎌倉時代）　国宝　皇居三の丸尚蔵館蔵*

一遍上人絵伝（遊行上人伝絵巻　鎌倉時代）　重文　東京国立博物館蔵*

蒙古襲来絵詞（鎌倉時代）　国宝　皇居三の丸尚蔵館蔵*

他にも、高僧にまつわる**伝記絵巻**としては「**一遍上人《いっぺんしょうにん》絵伝《えでん》**」があります。これは時宗《じしゅう》（一遍宗）の祖、一遍の全国遊行の生涯を描いた絵巻物です。

合戦絵巻としては、「**蒙古襲来絵詞《もうこしゅうらいえことば》**」。竹《たけ》崎季長《ざきすえなが》という肥後の武士が、元寇での自分の武功を伝えるために描かせた絵巻です。元側の兵器「てつはう」がさく裂している場面がとても有名ですね。

安東円恵像（頂相）鎌倉時代　重文
奈良国立博物館蔵＊

絵巻物以外のジャンルとしては、日本の伝統的な絵画作品と大陸伝来の作品を対比的に見ると覚えやすいと思います。まず日本のもので言うと、大和絵の肖像画として**似絵《にせえ》**というジャンルが確立されます。**藤原《ふじわらの》隆信《たかのぶ》**、**信実《のぶざね》**親子がその名手として知られます。ちなみに、かつては「源頼朝像」が知られていましたが、近年ではこれは別人じゃないかと指摘されています。

一方、宋から伝来した肖像画のジャンルは**頂相《ちんぞう》**と言います。頂相は、正装した姿で椅子に座った師の全身像で、弟子に教義が伝承された証として描かれました。禅宗では、弟子が師匠の肖像画の前で座禅を組んで修行します。つまり、頂相とは座禅を組む際に「仏具の一つ」としても用いられたということをおさえておきましょう。

！ ここがパラダイムシフト

◎禅宗文化が伝わる

→ 中国の影響を受けた作品と、「日本らしい」作品の双方が生まれる！

南北朝《なんぼくちょう》・北山《きたやま》文化　14世紀半ば～15世紀前半

禅の文化として水墨画が伝わる

ここからは室町時代です。室町時代は前半の南北朝・北山文化、後半の東山・戦国文化に分けて整理しましょう。

南北朝時代と言えば、足利尊氏によって擁立された光明《こうみょう》天皇をはじめとする北朝が京都に、後醍醐《ごだいご》天皇とその子孫の南朝が吉野に、それぞれ分立・並存した時代のことで、1336～92年の期間を指します。

この時代、水墨画の様式が伝わります。水墨画は墨の濃淡だけで絵を描くという新たな試みで、中国から伝来してきた禅宗文化の一つです。最初は宗教的な礼拝画として、主に禅僧を描くことから水墨画もスタートします。南北朝期は、可翁《かおう》の「**寒山図《かんざんず》**」や明兆《みんちょう》の「**五百羅漢図《ごひゃくらかんず》**」をおさえておきましょう。

足利義満《あしかがよしみつ》が政権を握った頃の北山文化期、政権は禅を「国家宗教」的なものとして扱っています。五山《ござん》制度など習いましたね（26頁）。権力という後ろ盾がありますから、禅宗文化は最盛期を迎えます。その一つとして水墨画もたくさん描かれます。有名なのは、**如拙《じょせつ》**による「**瓢鮎図《ひょうねんず》**」という作品。これはツルツルした瓢箪でヌルヌルした鮎（中国でこの字はアユではなくナマズ）を捕まえるという禅の公案《こうあん》（なぞかけのようなもの）を図に表したものです。如拙は五山の一つ、相

伝周文筆　寒山拾得図（室町時代）　重文
東京国立博物館蔵＊

国寺の画僧（絵の仕事もしていた僧）です。また、**周文《しゅうぶん》**による「**寒山拾得《かんざんじっとく》図《ず》**」もあります。これは寒山、拾得という二人の禅僧を描いた画で、彼らは規格外の僧だったことから禅の世界で聖人扱いされたスーパースターです。鎌倉時代以降、多くの画家により禅のお題として描かれました。なお、周文も相国寺の画僧です。

ここがパラダイムシフト

◎武家政権が禅宗を保護したため、禅宗文化が最盛期を迎える
➔ 禅宗文化の一つとして、数多くの水墨画が描かれるように！

東山《ひがしやま》・戦国《せんごく》文化 15世紀後半〜16世紀前半

水墨画界、大和絵界に麒麟児登場！

この時代の特徴は覚えていますか？　そうです、1467年に応仁《おうにん》の乱が始まり室町幕府の財政がどんどん悪化し、豪華なものより簡素なもの、【侘《わ》び寂《さ》び】の文化が芽生える時代です。幕府の保護を受けられなくなり、五山派《ござんは》の禅宗も力が弱まってきています。そして乱によって京の都も荒れ、京都に屋敷を持っていた地方の大名たちも地元に帰るようになります。乱世ですから、「自分とこの足元を固めなきゃ」と思ったんでしょうね。こうして京都以外の地方文化が発展し、各地に「小京都」と呼ばれる文化的にも成熟した都市が生まれるようになったという背景があります。

この時代の絵画では、水墨画に発展がみられます。前の南北朝文化のときは、水墨画は主に禅僧を描いたもの、要は禅の修行に使うためのものでした。そんななか、**雪舟《せっしゅう》**という人が現れ、明に渡って絵を学び、水墨画を大成します。では、ここで言うQ.「大成」ってどういう意味でしょう？　「いい水墨画を描いたんでしょ？」、いえいえ、そんな中途半端

雪舟筆　四季山水図巻（室町時代）　重文
東京国立博物館蔵＊

雪舟筆　秋冬山水図（室町時代）　国宝
東京国立博物館蔵＊

な説明だと笑われてしまいます。「大成」というのは、A.本場の明で培った確かな技術を土台に、そこに日本人独特の感性というスパイスを効かせて、水墨画を禅という宗教から切り離して一つの美術作品の域にまで到達させたという意味です。アーティストとしての先駆け、パイオニアなんだよ、日本絵画界の大きなパラダイムシフトの一つなんだよということが言えるとカッコいいですね。

その特徴は、日本の花鳥風月《かちょうふうげつ》をモチーフにしたことで、「**四季山水図《しきさんすいず》巻《かん》**」「**天橋立《あまのはしだて》図《ず》**」などが有名です。そんな雪舟ですが、禅と関係ないわけではなく、実は五山僧です。相国寺の如拙や周文の弟子だったこともあるのです。

大和絵のほうでは、伝統的な絵を描く**土佐派《とさは》**の**土佐光信《とさみつのぶ》**をおさえましょう。一方、**狩野派《かのうは》**は伝統的な大和絵に、水墨画の技法を取り入れる形で絵画界に革命を巻き起こし、幕府御用（お抱えの）絵師として活躍します。代表的な人物に、**狩野正信《まさのぶ》**、**狩野元信《もとのぶ》**らがいます。

伝雪舟筆　天橋立図（室町時代）　国宝　京都国立博物館蔵＊

徳力善雪筆　雪舟画像（江戸時代）　東京国立博物館蔵＊

狩野正信筆　山水図（室町時代）
重文　九州国立博物館蔵＊

狩野元信筆　禅宗祖師図（室町時代）
重文　東京国立博物館蔵＊

ここがパラダイムシフト

◎雪舟が登場

→ 水墨画を、禅という宗教の枠を超えた「アート」へと変える！

桃山《ももやま》文化 16世紀後半

桃山は侘び寂びと豪華絢爛の両極から見よ

桃山文化は豊臣秀吉の時代が中心です。桃山文化のキーワードは、【豪華と侘びの共存・コントラスト】でしたね。この桃山時代から、知っておきたい絵画の有名作が爆発的に増えていきますが、まさにこの「豪華と侘び」という対比で見ていくと整理しやすいと思います。

まず、豪華を象徴するものから。大きな壁面などに金銀や濃い原色を使って描く、障壁画の**濃絵《だみえ》**というジャンルの中で、狩野派の達人たちが活躍します。中でも**狩野永徳《かのうえいとく》**の「**唐獅子図屏風《からじしずびょうぶ》**」が代表的です。永徳の弟子にあたる**狩野山楽《さんらく》**の「**牡丹図《ぼたんず》**」も有名です。

その狩野派のライバル的な存在に、**長谷川等伯《はせがわとうはく》**という人がいます。彼が描いた濃絵に、「**智積院襖絵《ちしゃくいんふすまえ》**」（楓図）があります。ただどちらかというと等伯は濃絵でなく「水墨画の人」だとイメージしている方も多いんじゃないでしょうか。それまで超絶技巧で彩色豊かな濃絵を描いていた彼は、息子の死をきっかけに作風をガラリと変え、簡素な水墨画を多く描くようになります。その傑作が「**松林図屏風《しょうりんずびょうぶ》**」です。これは豪華の対極、侘びの側の作品です。墨一色で松林が描かれているだけ、余白のほうが多いほどで、無駄を削ぎ落とすことで、かえってそこに空間が立ち

狩野永徳筆　唐獅子図屏風（安土桃山時代）　国宝　皇居三の丸尚蔵館蔵＊

長谷川等伯筆　松林図屏風（安土桃山時代）　国宝　東京国立博物館蔵*

洛中洛外図屏風（江戸時代）　九州国立博物館蔵*

南蛮屏風（江戸時代）　九州国立博物館蔵*

上がるような演出がなされています。これぞまさに寂び・枯淡の極致で、この時代の日本画の、一つの到達点と言えるものだと思います。

　これ以外に、風俗画というジャンルがあります。これは人々の生活などを題材とした絵で、京の町とその郊外を上空から眺め下ろしたような**洛中洛外《らくちゅうらくがい》図《ず》屏風《びょうぶ》**があります。さまざまな人が描いていますが、狩野永徳の描いたものが有名です。あと、この時代はスペイン・ポルトガルとの南蛮貿易がさかんになっていましたね。油絵や銅版画の技法を応用して、南蛮人との交流を描いた**南蛮屏風《なんばんびょうぶ》**もあります。

ここがパラダイムシフト

◎「豪華」と「侘び」、二つの価値観が文化を彩る
→ それぞれに特化した作品が多数生まれるように！

寛永《かんえい》文化 17世紀前半～半ば

狩野派に稀代の天才現る！

　寛永文化、その特色の第一は、桃山文化を継承していることです。つまり【豪華と侘びの共存】の時代が続きます。そしてこの時代の文化の担い手は、京都に住む公家たちや、町衆と呼ばれる裕福な商人層が中心です。

　この時代、絵画の世界で、狩野永徳を超えたとも言われる天才が現れます。永徳を祖父に持ち、若干17歳で狩野派総本家の地位を継いだ**狩野探幽《かのうたんゆう》**です。先に述べたとおり、狩野派は幕府の保護を受け、幕府お抱え絵師として活躍していました。探幽の作品は「**大徳寺方丈襖絵《だいとくじほうじょうふすまえ》**」をおさえておきましょう。余白を上手く活用した実に大胆な描き

伝桃田柳栄筆　狩野探幽像　重文
京都国立博物館蔵＊

方がなされています。ちなみに、その弟子の**久隅守景**《くすみもりかげ》も狩野探幽に勝るとも劣らない天才でしたが、どうも素行が悪かったらしく（笑）、狩野の名は継げなかったようです。「狩野派」は、名前と画法を継承する一派なんです。

一方、大和絵の伝統を引き継ぐ**土佐派**《とさは》は、**土佐光起**《とさみつおき》という優秀な絵師を筆頭に、朝廷お抱えの絵師として活躍します。

また、土佐派の画法をもとに大胆な構図による新しい様式を生み出し、のちに「琳派」と呼ばれるようになる一派が生まれます。「**風神雷神図**《ふうじんらいじんず》**屏風**《びょうぶ》」を描いた**俵屋宗達**《たわらやそうたつ》がその代表格です。宗達は町衆出身の絵師で、「俵屋」とは屋号です。風神と雷神をややユーモラスに描いていて、一度見たら忘れられない絵です。今で言うところの優れたイラストレーター

俵屋宗達筆　風神雷神図屏風（二曲一双　江戸時代）　国宝　建仁寺蔵

的な感じでしょうか、有名人の似顔絵のようなインパクトに残る描き方で知られます。そういう描き方がなされた絵を装飾画と言います。

この宗達の技法を受け継ぎ、まずは模倣（まね）した上でアレンジしていくのが、のちにいわゆる**琳派《りんぱ》**と呼ばれるグループです。次の時代で詳しく説明します。

ここがパラダイムシフト

◎「豪華」と「侘び」の時代の継承

→ 狩野派の大天才や、のちに「琳派」と呼ばれる革新的一派が登場！

元禄文化《げんろくぶんか》 17世紀後半〜18世紀前半

「画風を受け継ぐ」琳派の中に天才現る！

寛永文化は京都の公家さんたち中心の文化でしたが、元禄文化期は、公家・武士・僧侶だけでなく、お金持ちの町人たちが文化の主役になる時代がやってきたのです。

この時代の特徴は、明清《みんしん》交替（1644〜83）によって東アジア全体が安定し、幕府の政治がすごく安定しているということ。東西廻り海運が整備され、日本全国で貿易がさかんになり、経済が発展しました。それによって金持ちになった全国の豪商たちが文化の担い手となったのです。彼らがパトロンやクライアントとして、多様な文化の担い手になっていきます。公家だけでなく、お金持ちの町人たちが文化の主役になる時代がやってきたことが重要なポイントです。

絵画の世界では、**大和絵**に土佐派というグループがいましたね。彼らは朝廷のオーダーを受けて絵を描く職人ですが、色々な派閥に分かれていき、そのうちの一派、住吉派は江戸に向かい、幕府お抱えの絵師へとなっていきます。**住吉如慶**《すみよしじょけい》、**住吉具慶**《すみよしぐけい》らがいます。

そして**琳派**。これは、先の時代に登場した俵屋宗達の画風・技法を受け継ぎ、それをめざしてアレンジしながら研鑽を重ね、次第に自分オリ

紅白梅図屏風（参考図）***

ジナルの絵を確立していった一派です。狩野派とは違って、血筋や家でなく「画風を受け継ぐ」グループだと捉えてくださいね。

宗達から100年後の時代に登場した**尾形光琳《おがたこうりん》**がその代表的存在で、「**紅《こう》白梅図屏風《はくばいずびょうぶ》**」「**燕子花図屏風《かきつばたずびょうぶ》**」で知られます。これまでの日本画の常識をくつがえすような、大胆な構図やデフォルメ（対象の変形・歪曲・省略）の技法がその大きな特徴です。なんと言っても、「紅白梅図」と言っておきながら、一番目立つ中央には梅じゃなく川を配置しているくらいの大胆さ！ です。川の流れを表現する流水文は今で言う「マスキング」の技法も使われているそうで、まさにオリジナリティの塊のような、元禄文化を代表する作品です。

ちなみに「琳派」という呼び名が定着するようになったのは昭和になってからで、1972年の東京国立博物館創立100年記念特別展「琳派」がそのきっかけと言われます。実はずいぶん最近のことなのです。

ここがパラダイムシフト

◎王朝文化復興の気運が高まる

→ 伝統的な大和絵がアレンジされ、さまざまな画風が生まれる！

菱川師宣が仕掛け、大衆が求めて生まれた「浮世絵」

また、**浮世絵** というジャンルが登場します。これは遊女の絵や歌舞伎役者の絵、観光スポットの風景画など、「当時の楽しいこと＝人間の欲望全部」が描かれたものなんだよとイメージしてください。これが一般ピープルにバカ受けしますが、この浮世絵を語る上で欠かせないのが**菱川《ひしかわ》師宣《もろのぶ》**という人物です。

彼は幕府の御用絵師やお金持ちのパトロン絵師としてではなく、フリーのイラストレーターのような形で活動をしていました。つまり彼の顧客は「一般大衆」だったのです。

一つ例を挙げると、彼は**井原西鶴《いはらさいかく》**の『**好色一代男《こうしょくいちだいおとこ》**』（220頁）の挿絵を描いていました。文章メインの出版物が多いなか挿絵をどんどん大きくしてたくさん入れる工夫を凝らし、これが庶民の人気を呼びます。文字ばっかりの本は嫌だけど漫画なら読めるよ、そんな感覚は現代人と変わらないですよね。こうして彼は新たな大衆娯楽メディアの誕生に一役買ったのです。

師宣の関心は、今目の前にある流行や、人々の熱気や欲望が集まる場所に常に向けられていました。老若男女が欲望のおもむくままにバカもやりつつ、それでもたくましく生きているその瞬間に美しさを見出していたのでしょうか、そんな「浮世」そのものを描きとどめる絵師として、自身の居場所を確立していったのです。

「懸命に生きる多くの人に報いたい」、そんな思いが彼を突き動かしたか、師宣はより多くの人に絵を届けるべく、活版印刷の技術を用いて、複製品、つまりコピーを刷って配るようにしました。大量に作るから一枚一枚は庶民にも手が届く金額になります。そして求めに応じて、作風もより大衆好みに変わっていきます。最初に言った「人間の楽しいこと全部」がその題材になっていくわけです。

菱川師宣筆　吉原の体（江戸時代）　東京国立博物館蔵＊

こうしてだれでも安く、欲しい絵が手に入る時代が開けていきます。現代につながる印刷界の大革命ですね。ただ、まだこの時点では一枚一枚刷っていて、フルカラーでなく一色刷りしかできません。それは次の時代を待つ必要があります。

こういう流れを作った張本人として、菱川師宣は「浮世絵版画の創始者」と呼ばれます。もし彼がいなかったら、浮世絵は生まれなかったかもしれない、それくらい彼は浮世絵界の重要人物なのです。

なお、師宣は最晩年に、美人画と呼ばれる肉筆画を描きました（「**見返《みかえ》り美《び》人図《じんず》**」）。切手にもなったくらい有名な彼の代表作です。

菱川師宣筆　見返り美人図（江戸時代）
東京国立博物館蔵*

ここがパラダイムシフト

◎描かれた印刷物の魅力が庶民に伝わる

➔「絵」が新たな大衆娯楽メディアになっていく！

宝暦《ほうれき》・天明《てんめい》文化 18世紀後半

さて、江戸時代後半に入りました。この宝暦・天明文化期の美術史は、絵画の分野がかなりのボリュームを占めますので覚悟してください（笑）。時代区分は、【田沼意次《たぬまおきつぐ》の時代】と【松平定信《まつだいらさだのぶ》の寛政の改革の時代】にあたります。文化史においても、「これは田沼の時代か」「こっちは松平の時代か」と掘り下げて考えると良いでしょう。田沼時代の特徴は「重商主義」だよと授業で習ったとおり、この時代は金持ち商人が文化の担い手です。京都、大坂、そして江戸も加わり、金持ちに加えて下層町民も勢いを付け、大衆受けする作品が多く作られていきます。幕府政治もだんだん行き詰まり、幕藩体制は動揺期を迎えます。

あと一つ、中国（清）やオランダから新しい文化が入ってくる時期ということもポイントです。

浮世絵 グラビアやブロマイドの前身現る

先の元禄期、菱川師宣が一枚刷りの浮世版画を作ったと述べましたね。この時代になると、**鈴木春《すずきはる》信《のぶ》**がカラー版画による美人画を作製して広く人気を集めました。美人画とはその名の通り若くて美しい女性を中心に描いた浮世絵で、カラーグラビアの先駆けみたいなものです。美人画ですから、そりゃあカラーの方がいいですよね（笑）。これを美しい柄の錦の織物にたとえて**錦絵《にしきえ》**と呼びます。

鈴木春信筆　坐鋪八景・時計の晩鐘（江戸時代）
東京国立博物館蔵＊

ちなみに、この錦絵の誕生には「絵暦《えこよみ》交換会」というイベントが大いに関わっています。これは何かと言うと、当時使われていた太陰太陽暦《たいいんたいようれき》（いわゆる旧暦）にはひと月が30日ある「大の月」と29日しかない「小の月」があり、今月がどちらかを知るためのカレンダーは生活必需品でした。そこでその月の大小の数を絵のなかに隠す「絵暦」が生まれ、その出来を見せびらかし合うゲームとして、江戸の裕福な趣味人たちが開いたのがその交換会というわけです。春信もそこに呼ばれ腕を競いました。この雅《みやび》な競争が印刷技術を向上させ、錦絵の誕生につながったのです。

ほかの美人画の作者としては、**喜多川歌麿**《きたがわうたまろ》に加え、役者絵も多く描いた**東洲斎写楽**《とうしゅうさいしゃらく》らが有名です。彼らは上半身を大きく描く「大首絵《おおくびえ》」という手法で人気をゲットしました。いま浮世絵と聞くと多くの人がまさにこの写楽らの絵をイメージすると思いますが、ここまで顔にズームする手法というのは、それまでにない画期的なものだったのです。

！ ここがパラダイムシフト

◎浮世絵が進化、カラー付きに

➔ 大衆の求めに応じて錦絵や美人画、役者絵などが発展！

喜多川歌麿筆　婦女人相十品・ポッピンを吹く娘（江戸時代）　東京国立博物館蔵＊

東洲斎写楽筆　三代目大谷鬼次の江戸兵衛（江戸時代）　重文　東京国立博物館蔵＊

以下、版画以外の肉筆画をジャンル分けして見ていきます。これらは、中国やオランダからの影響が大きいことがポイントです。

文人画《ぶんじんが》　中国のエリートをめざして

文人画というのは、本来は絵以外のジャンルで活躍する文化人たちが描く絵のことです。**池大雅《いけのたいが》**や**与謝蕪村《よさぶそん》**などが有名ですが、実はこれ、中国の影響なんです。主大夫《しゅたいふ》と呼ばれる中国の支配階級・特権階級の人々は、科挙《かきょ》（テスト）に合格するくらいのエリートで儒学の教養もあり、なおかつ詩文や書画などすべてに秀でた風流人でないといけませんから、彼らはそれを目指して絵画も習い修めたのです。

この宝暦・天明時代の文化の特徴の一つに、中国の明清《みんしん》文化の影響があります。当時の中国（明・清）では水滸伝《すいこでん》など、史実をリニューアルして捉える創作歴史文学が流行っていました。国内でも「**南《なん》総里見八犬伝《そうさとみはっけんでん》**」などの文学が人気を博しますが（224頁）、絵画もその影響を大きく受けているのです。

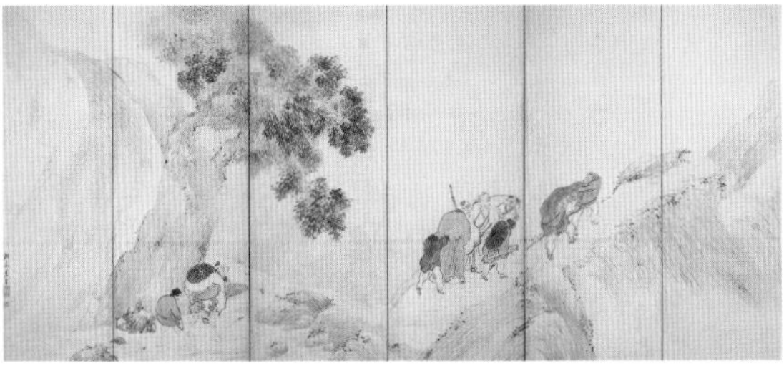

左上／与謝蕪村筆　山野行楽図屏風（江戸時代）　重文　東京国立博物館蔵＊
右上／池大雅筆　那智瀑瀑図（江戸時代）　東京国立博物館蔵＊

与謝蕪村筆　紙本淡彩十宜図（江戸時代）　国宝・重文　公益財団法人川端康成記念会蔵

池大雅筆　紙本淡彩十便図（江戸時代）　国宝・重文　公益財団法人川端康成記念会蔵

写生画《しゃせいが》　世界の細部をリアルに描く

これはその名のとおり、対象をありのままに描くジャンルです。京都の**円山応挙《まるやまおうきょ》**がその筆頭で、遠近法などの新しい技術を取り入れつつ、伝統的な技法も守ります。豪華で精緻な大作からコロコロとした子犬を描いた愛らしい小品まで、そのタッチは多種多彩のオールラウンダーです。身近なモチーフにしっかり向き合って描かれたその作品は新しい物好きの商人らに歓迎され、多くの注文を受けます。彼の一派はのちに**四条派《しじょうは》**と呼ばれるようになります。

一方、鋭いタッチで写実的に、生き物や植物をいかに活き活きと描けるかに命を賭けた**伊藤若冲《いとうじゃくちゅう》**もいます。昔は知る人ぞ知るという存在でしたが、近年ものすごく人気が上がって、今や若冲の展覧会が行なわれたら連日大盛況です。応挙と若冲、彼らはよく比較されるので、セットでおさえておきましょう。

円山応挙筆　朝顔狗子図杉戸（江戸時代）
東京国立博物館蔵*

伊藤若冲筆　動植綵絵（群鶏図）
（江戸時代）
国宝　皇居三の丸尚蔵館*

西洋画　蘭学の影響は絵画にも

オランダの画風を取り入れた西洋画のジャンルでの有名人筆頭は**司馬《しば》江漢《こうかん》**です。彼はもともと浮世絵師の鈴木春信（114頁）の弟子で、のちに中国伝来の写生画法や西洋絵画も学んで銅板画をつくり、日本初となる洋風画「不忍之池《しのばずのいけ》」を描きました。

ほか、**亜欧堂田善《あおうどうでんぜん》**の「浅間山図屏風《あさまやまずびょうぶ》」もおさえましょう。これは江戸時代最大級の、屏風に描かれた油絵です。彼は松平定信によって才能を見出され、その命を受けて洋風画を集中的に制作しました。日本初の銅版画による解剖図や、幕府が初めて公刊した世界地図の制作でも知られます。

ここがパラダイムシフト

◎中国だけでなくオランダ（蘭学）の影響力が強まる
→文人画のほか、洋風画も描かれるように！

司馬江漢筆　不忍之池（江戸時代）　東京国立博物館蔵*

亜欧堂田善筆　浅間山図屏風（江戸時代）　重文　東京国立博物館蔵*

化政《かせい》文化 19世紀前半

この時代の文化の特徴は、【都市と地方の交流】です。庶民がよく旅をするようになり、たいへん元気がある時代です。関所の通行手形を取って旅をするようになり、浮世絵も旅を反映した内容が多くなります。浮世絵版画と肉筆画で分けて見ていくとわかりやすいと思います。

浮世絵 風景画の全盛期が到来！

これまでの浮世絵は遊女の絵や歌舞伎役者の絵が中心でしたが、この化政文化期は庶民の間で旅が大流行しています。これを背景に、旅にまつわる浮世絵、風景画が人気を博します。代表的なものに、**葛飾北斎《かつしかほくさい》**の

葛飾北斎筆　富嶽三十六景・神奈川沖浪裏（江戸時代）　東京国立博物館蔵＊

歌川広重筆　東海道五拾三次之内・池鯉鮒（江戸時代）　東京国立博物館蔵＊

「**富嶽三十六景**《ふがくさんじゅうろっけい》」、**歌川広重**《うたがわひろしげ》の「**東海道**《とうかいどう》**五十三次**《ごじゅうさんつぎ》」などがあります。

また、社会風刺をするものとして、**歌**《うた》**川国芳**《がわくによし》が落書きに似せて描いた、天保の改革を批判するような版画も生まれました。今で言うバンクシー作品のようなものかもしれませんね。

文人画　写生画

文人画は、「絵を専門としない知識人が描いた絵」というジャンルでしたね。この時代の文人画を代表するのは、**渡辺崋**《わたなべか》**山**《ざん》です。崋山は幕府家老として幕末の藩政に力を尽くす一方、絵でも才能を開花させます。また蘭学にも興味をもち外国事情に明るく、高野長英らと活動を共にします。しかしその後、異国船打払令《いこくせんうちはらいれい》によって追いかえした**モリソン号事件**を批判したためにとらえられ処罰されてしまいます。(**蛮社**《ばんしゃ》**の獄**《ごく》・166頁)

その代表作「鷹見泉石像《たかみせんせきぞう》」のモデルは、崋山の蘭学の先輩である古河藩の家老です。西洋画の立体感や遠近法などを日本画に取り入れたのが絵画界のパラダイムシフトでした。

写生画のジャンルでは、**呉春**《ごしゅん》を知っておいてください。中国人っぽい名前ですが、れっきとした京都生まれの日本人です。彼は若いころは与謝蕪村（116頁）に俳諧と画を学びますが、のちに円山応挙

歌川国芳筆　『源頼光公館土蜘作妖怪圖』
（1843年〈天保14〉刊）より **

渡辺崋山筆　鷹見泉石像（江戸時代）　国宝
東京国立博物館蔵 *

(117頁）の弟子になり、応挙の影響を受けます。その軽妙で洒脱な写生画は、応挙らと同様、京都の町人たちに大いに歓迎されました。

呉春筆　山水図屏風（江戸時代）
東京国立博物館蔵＊

ペリーが変えた日本の絵画史

ペリー来航（1853）は、美術界においても大きなパラダイムシフトになります。国防論が高まり、そのためにはもっと洋学を研究しないと！　という流れから、**蕃《ばん》書調所《しょしらべしょ》**が作られます。語学や数学などを学ぶ部門とともに、絵画を学ぶ部門も設けられました。でもそれは、「素敵なアーティストを生み出すため」なんて理由で作られたわけではありません。狙いはズバリ軍事目的です。まだ写真もない時代に精緻《せいち》な絵を描ける人は貴重ですから、軍勢や陣地、地形のスケッチ、武器の設計図、また蒸気機関や建築の図面などを描かせるために学ばせたというわけです。

そして蕃書調所は文明開化後、西洋画の学び場として受け継がれていきます。

ここがパラダイムシフト

◎ペリー来航、開国待ったなしの状況に

➔「精巧な絵を描ける技術者」が軍事的に求められ、絵師養成所がつくられた！

明治文化《めいじぶんか》（前半）1868〜1880年代まで

いよいよ明治時代に入りました。当時最先端の文化・技術・思想が西洋の各方面から導入され日本が大きく変化していく時ですね。絵画の分野においても、油絵技法を駆使した西洋画という新たな技法を多くの人が学ぶようになります。絵画文化史のポイントは、【西洋画】と【日本画】で分けて考え、その上でそれぞれの「先駆者」をおさえることです。

西洋画　日本の近代化には西洋画が必要だった

西洋画の先駆者は、代表作「**鮭**《さけ》」を描いた、日本初の洋画家とも言われる**高橋由一**《たかはしゆいち》です。私もこの絵、大好きです。何が画期的だったかって、小骨の一本一本まで丁寧に描くこの精細な技法です。高橋は幕末に蕃書調所に入って西洋画を学んだ人で、西洋の絵の技法はすごいんだぜ、写真のように正確・リアルに描けるから、日本の近代化に必要なんだぜということを多くの日本人に知らしめるために、だれもが知る鮭を題材に選んだそうです。

1870年代に入り、**工部美術学校**《こうぶびじゅつがっこう》が作られます。これは日本初の美術学校で、イタリアの洋画家フォンタネージや、イタリアの彫刻家ラグーザらが教鞭をとりました。ここで学んだ**浅井忠**《あさいちゅう》は、のちに日本西洋画界をリードしていきます。

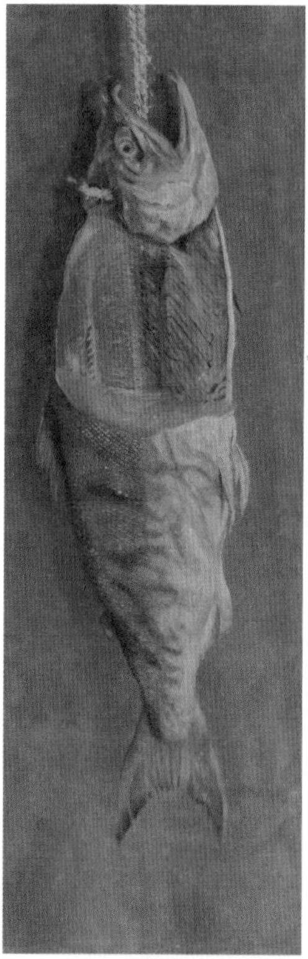

高橋由一筆　鮭（明治時代）　重文　東京藝術大学蔵

ここがパラダイムシフト

◎明治維新により文明開化が訪れる
→ 精緻な絵が描ける西洋画は日本の近代化に必要と求められる！

日本画　日本の美に再注目したのは外国人だった

1880年代に入ると、文明開化の「西洋バンザイ」的考えが落ち着き、ナショナリズム（国粋主義）が高まってくることは思想史の項でも述べています（173頁）。そして文化面でも日本的なものの良さが改めて見直され、多く作られるようになります。

絵画においては日本画が流行しますが、それを広めたのがアメリカ人の**フェノロサ**。このギャップが面白いというか、皮肉的ですね。彼は仏像はじめ日本の美術が大好きになります。とくに法隆寺《ほうりゅうじ》夢殿《ゆめどの》救世観音像《くぜかんのんぞう》に心をうばわれました。しかし当時の日本は西洋文化がすごいと信じるばかり、浮世絵などは紙切れ同然の扱いで、仏像美術も廃仏毀釈運動《はいぶつきしゃくうんどう》（39頁）の影響でひどい扱いを受けています。そんな中、フェノロサは日本美術の保護に立ち上がり、さらに教え子の**岡倉天心**《おかくらてんしん》らとともに、新たな日本の美術を生み出すべく、1887年に**東京美術学校**《とうきょうびじゅつがっこう》を設立します。これは現在の東京藝術大学の前身です。それにしても、フェノロサという西洋人が、西洋画でなく日本画に傾倒したというのが興味深いところですね。私は、彼は目の青い日本人だと思っています。

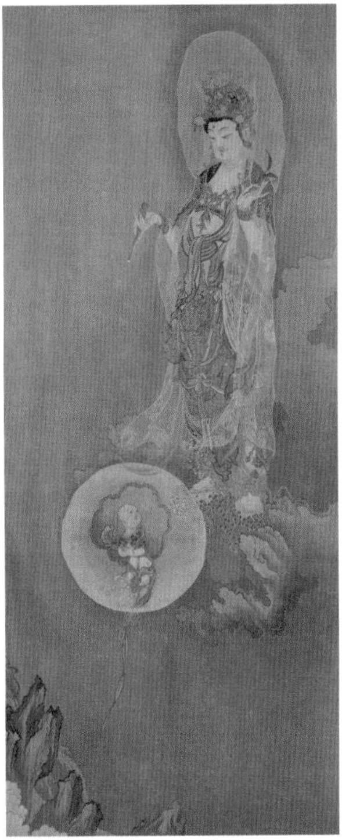
悲母観音図綴織額（参考図）
東京国立博物館蔵＊

フェノロサに見出されていた**狩野芳崖**《かのうほうがい》はそこで教授になる予定でしたが、名画「**悲母観**《ひぼかん》**音**《のん》」を完成させたのち他界。日本画の技術に西洋画の遠近法や鮮やかな色彩を取り入れたその革新的な画風から、彼は「近代日本画の父」と呼ばれます。

日本画の美術家としては、ほか**橋本雅邦**《はしもとがほう》（「龍虎図屏風《りゅうこずびょうぶ》」）、**菱田春草**《ひしだしゅんそう》（「落葉」）などが有名です。西洋化への反動から、日本画が最盛期を迎える時期とも言えます。

ここがパラダイムシフト

◎文明開化の西欧化政策が落ち着く

→ ナショナリズムが高揚し、日本画の人気が戻ってくる！

一方、西洋画のほうでは、1883年、工部美術学校（122頁）が閉鎖されます。御雇外国人はなかなかの高給なので、松方正義《まつかたまさよし》が緊縮財政を実行していたこの時期に、予算がカットされてしまったのがその一因です。ただ、そこで学んだ**浅井忠**によって**明治美術会**が発足します（1889）。この会に所属する画家は暗〜い画風で知られ、「脂派《やには》」なんて呼ばれます。浅井も代表作「収穫」を生み出します。

明治文化《めいじ》（後半）1890〜1910年代まで

西洋画ブーム到来、日本画はいったん下火に

それでは次に明治時代後半を見ていきましょう。

まず西洋画の分野では、1890年代後半になると、フランスで後期印象派の画風を学んだ**黒田清輝《くろだせいき》**が帰国し、**白馬会《はくばかい》**を結成します（1896）。この会は「外光派《がいこうは》」と呼ばれ、その名の通り明るくて立体感のある、いわゆる印象派らしい作風です。黒田は**「湖畔《こはん》」「読書《どくしょ》」**といった作品を生み出していきます。

そして今度は西洋画ブームが到来します。西洋画に生徒が持っていかれるので、岡倉天心やフェノロサの東京美術学校では西洋画科が新設されます（1896）。時を同じく、岡倉天心は人間関係のゴタゴタもあって東京美術学校校長の職を追われてしまいますが、横山大観《よこやまたいかん》や橋本雅邦、菱田春草ら愛弟子が集い、日本画を探究するための**日本美術院《にほんびじゅついん》**が新たに作られます（1898）。

1900年代になると、岡倉天心はフェノロサの誘いに応じて渡米し、彼

が作った日本美術院は衰退していくことになり、それにともない、日本画界はまたいったん下火になっていきます。

西洋画のほうでは、白馬会の新星として**青木繁《あおきしげる》**が登場し「海《うみ》の幸《さち》」を描きます。

白馬会と黒田清輝は「白＝黒」、青木は「海＝青」と、名前と色で連動させると覚えやすいでしょう。

ところで、西園寺公望《さいおんじきんもち》が内閣総理大臣を務めていた1907年に、文部省が主導して、**文展《ぶんてん》**という美術展覧会が開かれます。これは「文部省美術展覧会」の略で、日本画と西洋画、そして彫刻の三部門で賞をもうけ、それぞれ反発せず仲良くしようぜ、美術界全体を盛り上げようぜという画期的な試みでした。ところが、国が主導するものでは起こりがちなことですが、審査方法が保守的だったんです。若手をあまり評価しようとせず、若手が反発して文展と決別します。それについては次の大正時代で詳しく見ていきましょう。

黒田清輝筆　読書（1891年〈明治24〉） 東京国立博物館蔵＊

大正文化《たいしょう》 1912〜1926年

この時代は、第一次世界大戦（1914〜18）の影響で重化学工業が発達した好景気の時。そして、【大正デモクラシー】です。一般市民が主権者として、もっと自由を！　という民権運動が活発化していきます。一言で言えば「自由を求める時代」です。絵画界でも独自の自由な視点から多くの作品が描かれます。

大正時代の絵画も明治時代と同様に、日本画と西洋画に分けて見るようにしましょう。

日本画　岡倉天心の弟子、横山大観らにより復興

岡倉天心が渡米して、彼の作った日本美術院がいったん衰退していったことは述べましたね（124頁）。ただ大正時代になると岡倉の弟子の**横**《よこ》**山大観**《やまたいかん》、**下村観山**《しもむらかんざん》が現れ、1914年、日本美術院は再興されます。そして日本画のための展覧会**「院展**《いんてん》**」**が開催されるようになります。横山の作

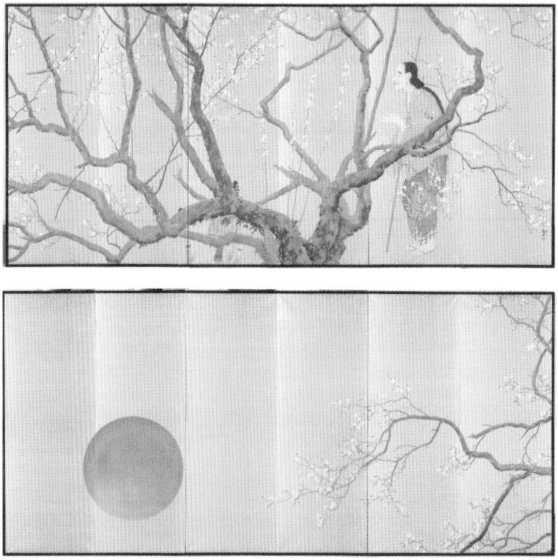

下村観山筆　弱法師（1915年〈大正4〉）　重文　東京国立博物館蔵＊

横山大観筆　瀟湘八景　山市晴嵐（1912年〈大正元〉）　重文　東京国立博物館蔵＊

品は「生々流転《せいせいるてん》」が代表的です。なるべく線を描かないという独特の画法を用いましたが、日本画の伝統を守ろうとする保守派から批判を浴びました。下村のほうは、大和絵・琳派・宗元画《そうげんが》（北宋・南宋・元の時代の絵）を研究し、これらを折衷した画法を形成しました。「弱法師《よろぼし》」「大原《おおはら》御幸《ごこう》」が代表作です。

西洋画　さまざまな派閥が生まれる

文展は保守的で若手にスポットが当たらなかったと述べましたね（125頁）。そうやって反発した**梅原龍三郎《うめはらりゅうざぶろう》**、**安井曽太郎《やすいそうたろう》**らを中心に作られたのが**二科会《にかかい》**です（1914）。これは、文展洋画部を旧派・新派の二科に分けて展示すべきだというのが名前の由来です。梅原龍三郎は浅井忠に師事し、明の永楽帝が北京に造営した「紫禁城《しきんじょう》」を描きました。一方、安井曽太郎も浅井忠に学び、肖像画を得意としました。小田切峰子というモデルを描いた「金蓉《きんよう》」が代表作です。これに対し、日本美術院の洋画部にいた画家たちが脱会してできた**春陽会《しゅんようかい》**（1922）という会もあります。中心人物は**岸田劉生《きしだりゅうせい》**や梅原龍三郎です（梅原は二科会、春陽会の両方に所属していたのです）。岸田は自分の娘ばっかり描いた超親バカで（笑）、「麗子微笑《れいこびしょう》」が有名です。

なお、結局文展は1919年に廃止され、帝展へと継承されていきました。

戦後、東京美術学校は東京藝《とうきょうげい》術大学《じゅつだいがく》に包括され、今に至ります。絵画史のおさえておきたいポイントは以上になります。

岸田劉生筆　『麗子微笑』
（1921年〈大正10〉）　重文
東京国立博物館蔵＊

3章

学問・思想・教育史

学問・思想・教育史

さて、学問・思想・教育史です。

この分野は、江戸時代に入ってからが勝負です。江戸に入って振り落とされないように（笑）、始めは慣らし運転から入ります。

人間が自分の行動を決めるとき、いつの時代も大きなウエイトを占めるのは、「その人がどういうことを思想信条にしているか」という点です。そして、思想は時代ごとに流行《はや》り廃《すた》りがあります。どの時代にどんな思想が流行ったかを追うことは、歴史の流れを捉えるのにかならず役立つはずです！

古墳《こふん》文化 3世紀半ば～6世紀

「論語」などが大陸から伝わる

4世紀以来、大陸との交流が深まるなか、百済《くだら》や新羅《しらぎ》からたくさんの渡来人がやってきて、文字のほかさまざまな先進技術が倭国に伝えられました。『古事記』によると、応神《おうじん》天皇の時代に、**王仁《わに》**が「**論語《ろんご》**」十巻と「**千字文《せんじもん》**」一巻を伝えたとされています。

論語はご存じのとおり、**孔子《こうし》**の教えですね。孔子の死後に弟子が記録した書物です。人間の生きる道や道徳について説いたもので、ものすごく簡単に言えば、「仁・義・礼・智・信」の五徳《ごとく》（五常）が大切だよとする学問思想です。のちの時代、**儒教・儒学**の経典（バイブル的なもの）とされました。儒学についてはのちほど詳しく述べます。

孔子像（狩野山雪筆、江戸時代）
東京国立博物館蔵＊

千字文とは、中国の南北朝時代に、南朝の梁《りょう》（502–549 or 557）という国の帝が作らせたもので、1000字すべて異なる漢字を使って作られた、文字

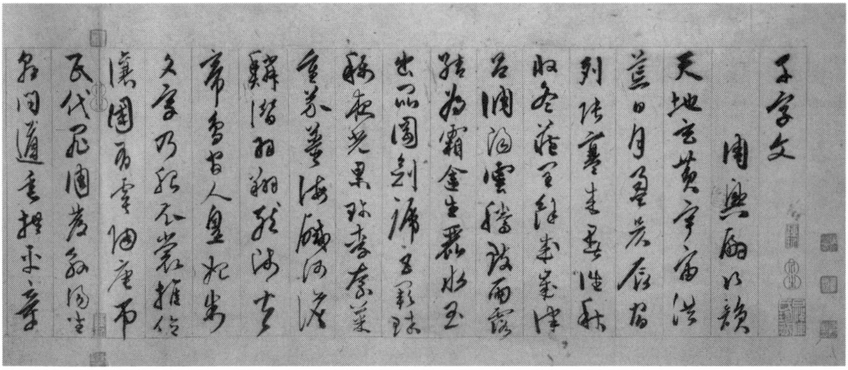

陳淳筆　行草書千字文巻（明時代）　東京国立博物館蔵＊

習得のための教材です。書道の手本として広く利用されました。しかし、応神天皇が在位していたとされる時期は千字文の成立時期よりも前とも考えられるので、確かなことはわかりません。ただ、渡来人がヤマト政権内で重要なポストに付き、漢字文化を日本に広めようとしたことは間違いないようです。

のちに日本を変える思想「儒学」とは何か？

6世紀に入ると、百済からは儒教（儒学）が伝わりました。513年、継体天皇の時代に**五経博士**《ごきょうはかせ》（儒教の基本経典の五経を説く学者）が渡来して伝えたとされています。ただ、日本は国家をあげて「仏教推し」をしていきますから、儒学はあくまで教養の一つ、一部の知識人がたしなむ学問という状態が江戸時代まで続きます。

江戸時代になると、儒学は一気に思想史のトップに躍り出ます。それは追ってお話しするとして（140頁）、ここではまず古代中国で生まれ、のちの日本に大きな影響を与えることになるこの学問がどういうものか、簡単に説明しておこうと思います。

儒学は、「君子」という理想のリーダー像をつくり上げ、その徳の高い君子が世の中を治めれば世界は平和になりますよ、と説く思想です。いや、思想というよりは、官僚が治世のために修めた政治学と言ったほうがよいかもしれません。孔子は世が荒れた春秋戦国時代《しゅんじゅうせんごくじだい》に生きた人で、

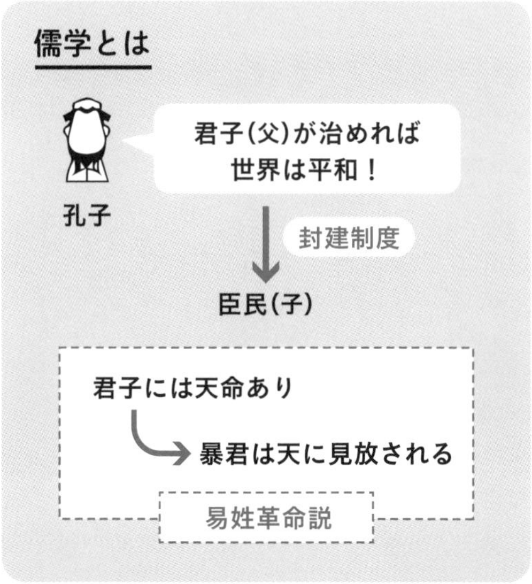

その前の時代、秩序が保たれていた周《しゅう》王朝の時代を理想的な統治の状態だと神聖化しました。周の統治システムは「家族」を理想モデルとしています。君子という父がトップに立ち、一族ファミリーに土地の支配権を与える代わりに、その一族は家来として各地を治めていくというシステムで、これを封建制度《ほうけんせいど》と言います。その統治システムを自分たちの生きる時代にも取り戻そうぜと考え、君子を敬おう、そして家族というものを大事にしようぜと説いたのです。

ちなみに、周という国は、その前の時代である殷《いん》王朝を革命によって倒して成立したといういきさつがあります。儒学は周を理想国家と考える教えですから、その革命には正しい理由があったんだ、殷は滅んで当然だったんだと正統化する理屈が必要になります。そこで生まれたのが、「君主は天命によって国家運営を預かっている。君主が暴君になったら天から見放される。つまりそんな君主はぶっ倒してよい、ぶっ倒されなければならない」という考えです。これを**易姓革命説**《えきせいかくめいせつ》と言います。これ、要はクーデター・下剋上も否定しないよということで、けっこうヤバい思想だとおわかりでしょうか？　余談ですが、中国という国は、この易姓革命説の考えが根底にあるので、革命が起こると新しい政権は前政権の遺産を徹底的に否定し、それまで積み重ねた歴史を完全にリセットし、ゼロから新たな国づくりをするということを何千年も繰り返してきました。するとどういうことが起きるでしょう？　権力を握ったら、誰かに権力をおびやかされないか心配になり、出る杭を打ちまくる独裁政治が行なわれることになります。そうした国家中枢による厳しい統制は現代まで続いていますよね。そこにはこのような思想が根付いているのです。

　これに対して日本は天皇家という家柄があります。君子はコロコロ変わるものではないことを誰もが実感しています。だから日本ではこの易姓革命説は根付かなかったのです。

　さてさて、仏教史でも触れましたが、文化史としては、Q.この時期、なぜ百済からさまざまな学問思想が伝わってきたのか、その時代背景を考えるのがポイントです。

　朝鮮半島には、高句麗《こうくり》、新羅、加羅《から》、百済という４つの国がありました。古墳文化期、日本（倭国）はそのうちの２つ、加羅、百済と仲良くしていて、高句麗と新羅とは敵対していました。百済は高句麗から圧迫を受けていたので、A.倭国との関係を強化したいと思い、仏教をはじめ、さまざまな大陸文化を伝えたのです。

　思想史においても、このように、東アジア情勢をふまえておさえるようにしましょう！

ここがパラダイムシフト

◎日本と友好関係を結び、朝鮮半島の覇権を取りたかった百済

➔日本にさまざまな学問思想などの大陸文化を伝えた！

飛鳥《あすか》文化 6世紀末～7世紀前半

渡来人コンビが暦や陰陽道、紙や墨の製法を伝える

　7世紀初頭にも、朝鮮半島から渡来人が多く日本列島にやってきています。百済の僧の**観勒**《かんろく》は、暦や天文地理、そして陰陽道《おんみょうどう》を伝えたという記録が残っています。

　高句麗からは**曇徴**《どんちょう》という僧が渡来し、紙・墨・絵具の製法を伝えたとされます。観勒と曇徴はセットで覚えてくださいね。

天平《てんぴょう》文化 8世紀

貴族たちが学ぶ大学、豪族たちが学ぶ国学

この時代は、日本において律令国家が形づくられていく時でしたね。貴族たちは、子どもをきちんと大学に通わせるようになります。なぜかと言うと、それが律令国家における出世の一番の道だからです。いつの時代も変わらないですね（涙）。

平城京に住む貴族の子どもは**大学**（正式には**大学寮**と言います）に通います。そして法律や儒教などをしっかり学んで貴族の素養を身につけ、家柄にふさわしい能力を身につけます。一方、地方豪族の子どもが通うのは**国学**《こくがく》という施設です。彼らはそこで学び、郡司《ぐんじ》という言わば地方公務員のような職を世襲していきます。

8世紀の奈良時代は、唐を参考に、唐のものまねから国づくりを進めていった時代で、遣唐使とともに唐に留学した僧や学生たちが最先端文化・技術を伝えました。一方、この時代、**大宝律令**の制定とともに「**日本**」という独自の国号がつくられました。そのため「国家意識」が高まります。これは簡単に言えば、「俺ら日本人だぜ」という気持ちが高まったということ。そうなると、自分の国が形成された由来、なりたちの理由付けが欲しくなってきます。そこで**国史**《こくし》だとか、地名の由来をまとめた**地誌**《ちし》の編さんが進んでいきます。国史としては**『古事記《こじき》』『日本書紀《にほんしょき》』**がこの時期に完成します。詳しくは文芸史を見てください（198頁）。

! ここがパラダイムシフト

◎「日本国」の誕生によって「国家意識」が芽生える

➔ 国が生まれたなりたちについての「正統な理由付け」が必要になり、体系付けるための書物が編さんされていった！

弘仁《こうにん》・貞観《じょうがん》文化 9世紀

国家官僚は漢詩文を学べ！

弘仁・貞観文化は「唐風《とうふう》文化」、つまり中国風の文化という特徴があります。

この時期は、文芸（漢詩文）を学ぶことで国を安定的にしていこうとする動きが強まります。これを**「文章経国思想《もんじょうけいこくしそう》」**と言いますが、文学や学問に長けた文人貴族が官僚として積極的に登用されるようになりました。そして官僚制の社会において出世を望む貴族たちは、子どもたちにいっそう高等教育を受けさせたがります。大学では漢文学や、主に中国史を勉強する「紀伝道《きでんどう》（文章道《もんじょうどう》）」が学生たちにさかんに学ばれました。

有力貴族は子弟を寄宿させるため**大学別曹《だいがくべっそう》**という施設を設けました。この時代に大学に通う学生たちは実家通いではなく、寮みたいなところから通うのが通常です。実はもともと、政府直轄の「直曹《じきそう》」という寮はあるのですが、これに対して藤原氏など力のある貴族は、自分の一族のためだけに私的に寮を作ってそこから通わせました。だから「別」曹という名前が付いているのです。藤原氏が自分たちの一族のために作ったのは**勧学院《かんがくいん》**と呼ばれます。ほかは表をご確認ください。

あと、空海が庶民向けの教育施設を作っています。**綜芸種智院《しゅげいしゅちいん》**という名前です。

大学別曹
勧学院《かんがくいん》（藤原氏）
弘文院《こうぶんいん》（和気氏）
学館院《がっかんいん》（橘氏）
奨学院《しょうがくいん》（在原氏）

鎌倉《かまくら》文化 12世紀末〜14世紀初頭

日本を変えた「朱子学」は、この時代に伝来した

少し時代が飛んで、鎌倉時代までやってきました。鎌倉文化の特色は三つあります。まず一つ目は、公家の伝統文化を継承していること。和歌を詠むことなどが貴族の間で流行しました。

二つ目は、武家文化の基盤が形成されたことです。これは鎌倉幕府が開かれ、初めての武家による政権ができたことからもわかりやすいですね。武士といえば質実剛健。素朴なものを好む気風もあります。

そして三つ目は、禅宗の影響が強いことです。そう、鎌倉幕府は禅宗を庇護《ひご》しましたよね。多くの禅僧や商人が大陸にわたり、当時最先端の、南宋や元の文化を持って帰ってきました

まず、公家文化を代表する学問として、**有職故実《ゆうそくこじつ》**があげられます。有職故実というのは、先例や儀式、年中行事を研究する学問分野です。順徳天皇がまとめた**『禁秘抄《きんぴしょう》』**を覚えておいてください。

一方、武士も学問の担い手となりました。彼らは政権側についていますので、中国の政治学を、漢詩文を通して学ぼうとします。そのニーズに応えるべく、**北条実時《ほうじょうさねとき》**という人が書物を集め、武士たちが政治学を修める場として、武蔵国の称名寺《しょうみょうじ》の中に**金沢文庫《かねさわぶんこ》**を設けます。

鎌倉末期になると、禅僧が**宋学《そうがく》**を伝えます。この宋学とは、のちに「**朱《しゅ》子学《しがく》**」と呼ばれるようになる学問です。これは、南宋の朱熹《しゅき》という人が孔子や孟子の教え、つまり儒教（儒学）をベースにしつつそれを発展させた教えです。

朱子学は「**大義名分論《たいぎめいぶんろん》**」をとります。この大義名分論とは、「君臣（父子）の道徳」「君臣（父子）の区別」を重んじる考え方です。トップ（父）と部下（子）の関係性は入れ替え不可能、それは天が定めた絶対的なものだから、それをよくわきまえ、下の者はトップを尊敬して言いつけを守りましょう、という内容です。

その論理で言うと、将軍は天皇によって任じられるものだから**天皇>将軍**なのは絶対で、やっぱり朝廷が政権を執るのが本来だよねという考え方となります。これが後醍醐《ごだいご》天皇《てんのう》の倒幕運動に大きな影響を与えたと言われています。つまり、鎌倉幕府滅亡を引き起こしたのは朱子学（宋学）の教えだとも言えるのです。朱子学については江戸時代で詳しく触れますが（142頁）、この思想自体は、鎌倉時代に禅僧が伝えていたんだよということは覚えておいてください。

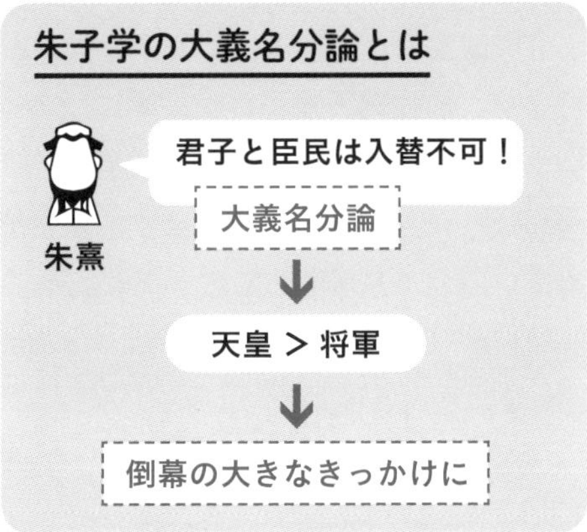

ここがパラダイムシフト

◎のちに朱子学になる「宋学」が伝わる
➔「大義名分論」は後醍醐天皇が倒幕を志す大きなきっかけとなった！

南北朝《なんぼくちょう》・北山《きたやま》文化 14世紀半ば〜15世紀前半

南朝側の人間が、有職故実に深くかかわる

ここからは室町時代です。室町時代は前半の南北朝・北山文化と、後半の東山・戦国文化に分けて整理しましょう。

南北朝時代と言えば、足利尊氏《あしかがたかうじ》によって擁立された光明《こうみょう》天皇をはじめとする北朝が京都に、後醍醐《ごだいご》天皇とその子孫の南朝が吉野に、それぞれ分立・並存した時代のことです。要は内乱の時代です。万世一系《ばんせいいっけい》（ずっと同じ系統・血筋が続いていること）の天皇の系統がこの時代に分裂をした

ということ、そして南朝と北朝、そのどちらが正統なの？　ということは、実はこの時代はもちろん、後の時代でも思想史上の大きな問題になってきます。それについてはまた追って説明します。

有職故実のジャンルは、この時代も重要な学問として位置付けられています。**後醍醐天皇**が有職故実についてまとめた**『建武年中行事《けんむねんちゅうぎょうじ》』**という書物があり、そして**北畠親房《きたばたけちかふさ》**（209頁）が官職制度についてまとめた**『職原抄《しょくげんしょう》』**というものもあります。南朝側の人物が有職故実についてまとめているよ、と理解しておきましょう。

東山《ひがしやま》・戦国《せんごく》文化　15世紀後半〜16世紀前半

地方に下った僧が朱子学の種をまく

この時代は、応仁の乱（1467〜）などにより、室町幕府の権威がどんどん失われていきました。その流れのなか、五山派《ござんは》の禅宗は政府の庇護を受けられなくなってどんどん力が弱まり、五山僧に代表される文化人たちの多くは地方に下向していきます。その代表的な僧に、**桂庵玄樹《けいあんげんじゅ》**がいます。彼は肥後の菊池氏や薩摩の島津氏に招かれ、「**薩南学派《さつなんがくは》**」の人々に朱子学を教えていきます。朱子学は政治学でもあるので、大名たちにも人気が高い学問でした。同じように、南村梅軒《みなみむらばいけん》という朱子学者は土佐でこれを広めたとされます。梅軒は架空の人物という説もありますが、いずれにせよ江戸時代に入ると土佐では朱子学が非常にさかんに学ばれ、のちに多くの幕末志士を生む土壌にもなります。

教育面では、武士たちはよりいっそう政治学を学びたいと思うようになっている時代です。自分たちが国を治め

る役に就ける可能性が高くなりますからね。そのニーズに応える形で、のちに宣教師たちに「坂東の大学」と呼ばれた**足利学校**《あしかががっこう》が、関東管領の**上杉憲実**《うえすぎのりざね》によって下野国《しもつけのくに》（現在の栃木県）に再興されます。

都市においても、町人たちが「読み書きそろばん」を勉強したいと思う風潮が強くなってきます。だいぶ文化が熟してきていますね。そこで使われたのが『**節用集**《せつようしゅう》』という辞書です。あと、読み書きを学ぶために、手紙を題材とした『**庭訓往来**《ていきんおうらい》』が使われます。

一方、公家たちの学問は、引き続き有職故実や古典研究が中心です。この時代を代表する文化人として、**一条兼良**《いちじょうかねら》をおさえておきましょう。この人は、有職故実の分野では年中行事の起源や変遷をまとめた『公事根《くじこん》源《げん》』、古典研究の分野では源氏物語の注釈書『花鳥余情《かちょうよせい》』を著しています。彼は九代将軍足利義尚《あしかがよしひさ》のお母さんの日野富子《ひのとみこ》に招かれた家庭教師でもあり、義尚への政治意見書として『**樵談治要**《しょうだんちよう》』を著しています。これは、政治のことなんか何もわからない樵《きこり》ですが……とへりくだっていることをアピールするタイトルです。これだけとっても、相当の切れ者だということがわかりますね。重要著書が三冊もある、「受験生泣かせの男」だとインプットしましょう（笑）。

また、公家たちは『古今和歌集』の和歌を教養として学んでいきますが、それをバイブルとして、その秘密の解釈を、文字にするとバレるから口で伝えていくということをします。これが**古今伝授**《こきんでんじゅ》というジャンル

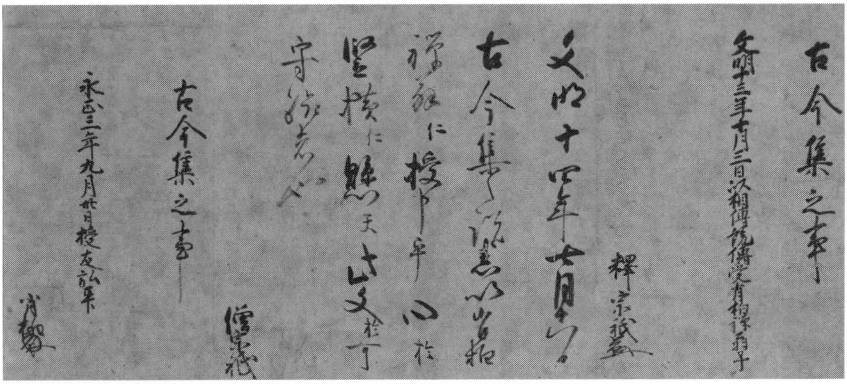

宗祇筆　古今伝授書（室町時代）　東京国立博物館蔵＊

になります。和歌マニアの武士である**東常縁**《とうつねより》という人から**宗祇**《そうぎ》へと、秘密の解釈が伝えられました。

ここがパラダイムシフト

◎室町幕府の力が弱まる
→ 庇護を受けられなくなった禅僧が地方へ
→ 薩摩・土佐などにも朱子学が伝わる → 幕末志士を生み出す土壌に！

寛永《かんえい》文化 17世紀前半〜半ば

江戸時代、儒学が広まったことの効用は？

さあ、いよいよ江戸時代に入りました。学問思想教育史の本番がスタートします。覚悟してください（笑）。

江戸時代になると、それまでの仏教的な信仰に代わって、儒学の教えが多くの人々に浸透していくことをまずはおさえてください。もともと論語や儒学は古墳時代に伝わっていますし（130頁）、儒学の発展形と言える朱子学（宋学）は鎌倉時代に伝わっていますが、この時代に爆発的に広まっていくのです。

Q.ではなぜ、江戸時代に儒学（朱子学）が広まっていったんでしょうか？

この問いを頭の片隅に置きつつ、まずはこの儒学がどんな学問なのか、そしてこれが広まったことにより、日本人の思想にどんな変化が生まれたのかを見ていきましょう。

先にも述べましたが、儒学がいちばん大事にするのは「仁」そして「礼」という、人間の中にある倫理観や道徳心です。えらい人や親を尊敬し忠実であること、そのように自分の行ないを正しく導くことが、ひいては「経世済民《けいせいさいみん》」＝世を治めて民を救うことにつながるんだよと説く学問です（ちなみにこれ、「経済」の語源です）。

つまり儒学の第一目標は「自分を道徳的に高めること」にあります。そのため、日常に起こるさまざまな出来事にどう対処すれば良いんだろう？　という一個人の問いに答える学問なのです。そしてこのような考え方は、机上の空論をふりかざすだけでなく、それを実際に自分で実行することが大事だとする、実践的な価値観の発生につながります。

儒学を学ぶと何が変わる？

一番の目的は
「自分を道徳的に高めること」

↓

自分を高めるため実践的な
解決法に価値が置かれる

↓

論理的思考回路が
身についていく
（鎮護国家思想の薄まり）

そのような形で政治学や人間学、道徳を実践的に学ぶと、どういうことが起こるでしょうか？

それまでの時代、人々に根付いていたのは仏教的信仰心でした。たとえ天変地異が起こっても、多くの人々がそれは「神仏のせいだ」「信仰心が足りないせいだ」と考えていたのです。洪水が起こったらそれは神のたたりだ、というように。でも儒学の普及によって、それは神のせいじゃなくて治水工事を怠った人間のせいだよ、と体系立てて考えられるようになります。そのような論理的思考力を、多くの日本人が身につけるようになっていくのです。

また、頭で考えるだけでなく、実体験から結論を導き出す訓練を積むことで、実証的な思考回路も作られます。具体的に言うと、道端の雑草を実際に食べてみてこれは腹痛に効くぞと分類していくことで薬物学(本草学《ほんぞうがく》) が発達していく、ということが実際に行なわれ始めるのです。

こういう実証的な方法論が、医学から自然科学まで、さまざまな学問を発展させる土台となりました。江戸時代以降の学問全般の普及に、儒学が大きな影響を及ぼしたと言っても過言ではないのです。儒学の発達によって合理的で現実的な考え方が広まり、それまで日本の思想体系の中心にあった、仏教による鎮護国家の思想は薄らいでいったのです。

ここがパラダイムシフト

◎江戸時代に入り、儒学が浸透

→ 多くの日本人に「論理的」「実践的」思考力が身についた！

→ 仏教による鎮護国家の思想は薄らいでいった！

寛永文化期の学問― 朱子学

さて、みなさんそろそろ先の質問の答えが知りたくなってきたころだと思います。

Q.なぜ、江戸時代に儒学（朱子学）が広まったのでしょうか？

これを導くには、もう少し回り道をして、朱子学がどういう学問かを把握しておく必要があります。

朱子学は、南宋の朱《しゅ》熹《き》が提唱した哲学で、儒学をベースにしつつも、それをものすごく拡大解釈しています。どれくらい拡大したかというと、舞台が宇宙になるくらいです（笑）。

その要点はこんな感じです。【この宇宙はすべて「気」という物質で構成されていて、その気は「理」という法則によってコントロールされる。宇宙の一部である人間も、理性（「理」）によって肉体そのものである「気」と、その本能的な欲求である「情」をコントロールできているのが安定した理想的な状態だ。理性の働かない人間は本能のまま生きる動物と同じで卑しい。「理」は「情」より尊いのだ】。

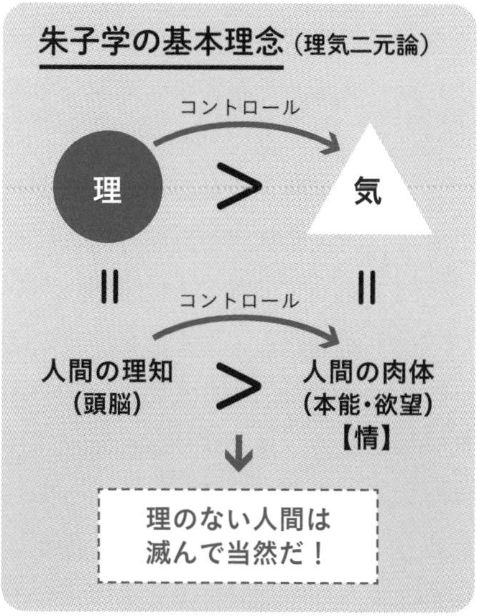

ちょっと何言ってるかわかんない、って言いたくなるかもしれませんが（笑）、人間は理性が大事だ

よ、体より頭で考えたことを尊重する教えだよ、ということは何となく理解できたでしょうか。朱熹は、仏教が「無」の概念を持ち出して世間一般の秩序から外れたところで心の安らぎを求めるのに対し、「世間の秩序の中で悩みが解決しないとそんなの意味ないよね」と異議をとなえて、「理」によって心の安らぎがもたらされることこそが「真の心の安定」だと考えました。もともとは「仏教へのカウンターパンチ」として生まれた朱子学ではあるのですが、結果として到達したこの「理性を重んじる」考えが、やっかいな形でのちの世に伝わっていくことになります。

朱子学が尊重する理性とは、つまり科挙《かきょ》（テスト）で高得点を取れるような漢文の素養です。これが、「漢文を読める自分たち中華民族がエラくて正しくて、それ以外の民族はやっつけてもよい野蛮人だ」という差別思想の正当化につながってしまうのです。「中華」という言葉も、自分たちが宇宙の中心だという排他的な意味がありますからね。そもそも朱子学は南宋で生まれた思想です。南宋がモンゴルによって滅ぼされてしまう（1279年頃）という厳しい現実に直面した時に、「いやいや、今は苦しいけど、俺たちは本来世界を治めるべき中華の民なのだ」と主張し、それが南宋の民衆に響き広まった面があります。ですから、成り立ちからして差別思想、排他的思想に陥ることからは避けられなかったのです。

一方、政治的理由からこの朱子学に着目した日本人がいます。それが天下を治めるようになった**徳川家康**です。儒学はもともと、「人の上に立つ君子を敬《うやま》うこと」「そのためには礼儀を大切に、親を大切にしないといけないよ」ということを説いています（大義名分論・136頁）。これはつまり、君子（＝政権のトップ）に従順で、親や上下関係を重んじる（＝謀反を起こさない、秩序を大切にする）人間を増やすことになります。朱子学はさらに強烈に、【宇宙の「理」は、人間の社会においては身分の上下として現れる】とまで言い切っています。

さあ、ようやく答えにたどりつきました。なぜ朱子学の教えが広く浸透していったか？　それは、A.下剋上が起こる余地が一切ない考えで、統制する側の幕府にとってとても都合がいい思想だったからです。

朱子学は武士のたしなみ・教養として、特に上級武士ほど好んでこれを重んじるようになりました。中に**京学**《きょうがく》という一派があり、その開祖は**藤原惺窩**《ふじわらせいか》という人です。もともと相国寺《しょうこくじ》の禅僧でしたが、朱子学者になって京都で多くの武士や公家と親交を持ちました。禅は「無の境地」に近づくことを目的とするので、何でも理詰めで言語化することとは相性が悪いですから、惺窩にとっては理詰めの朱子学のほうが性に合ったのかもしれません。徳川家康に講義をしたところえらく気に入られて幕府にヘッドハンティングされます。その誘いは断わってしまうのですが、代わって推薦された弟子の**林羅山**《はやしらざん》が徳川四代にわたって侍講《じこう》（主に仕え講義すること）、いわゆる御用学者《ごようがくしゃ》になっていきます。

藤原惺窩像（江戸時代）　東京国立博物館蔵＊

　また、土佐でも朱子学が広まっていたと前に述べましたね（138頁）。これを南学《なんがく》と言います。実質的な祖は**谷時中**《たにじちゅう》という人です。朱子学は次の元禄文化期に一気に花開きます。詳しくはそちらでまとめます。

ここがパラダイムシフト

◎「リーダーは絶対」という教えが広まれば、下剋上は起きにくい
➔徳川家康がそう考え、朱子学が一気に広まった！

元禄《げんろく》文化　17世紀後半～18世紀前半

　先の寛永文化は京都で花開いた、都のお公家《くげ》さんたち中心の文化でした。ただ時代が下ったこの元禄の時代には、江戸・大坂・京都など各地の豪商が文化の担い手となります。つまり公家だけでなく、お金持ちの町人たちが文化の主役になる時代がやってきたのです。なぜなら、幕府の政治がすごく安定し、世の中が平和だから領主たちは自国の経営に専念でき、経済が発展したことが背景にあります。経済力のある人、つまり豪商などの大金持ちがパトロンやクライアントになって、多様な文化の担い手になっていったのです。

このようななか、幕府は武士を統制するために朱子学を保護したので、朱子学がますますさかんになっていきます。一方、朱子学から転じて対抗するような学問も出ます。とにかく学者の名前がいっぱい出てきて、受験生がパニックを起こす時代です（笑）。ただ、しっかり時系列を立て、その学問が流行った理由をおさえればだいぶ整理しやすくなるはずです。

元禄文化期の学問――朱子学の発達

この時代、幕府に使えた朱子学者として**林信篤《はやしのぶあつ》（鳳岡《ほうこう》）**がいます。彼は寛永文化期に登場した林羅山の孫です。林家代々が幕府の御用学者になっていくんですね。彼はこの時代の東大とも言える学問の場、**湯島聖《ゆしませい》堂学問所《どうがくもんじょ》**の大学頭《だいがくのかみ》になりました。林家のほかには**木下順庵《きのしたじゅんあん》**の一派もいます。彼は五代綱吉《つなよし》の政治顧問になりました。その木下の弟子にあたるのが**新井白石《あらいはくせき》**です。彼は六代家宣《いえのぶ》や七代家継《いえつぐ》に仕えました。その次の八代吉宗《よしむね》には**室鳩巣《むろきゅうそう》**が仕えました。

幕府に仕えた朱子学の一派は京学派と呼ばれますが、一方、土佐で広まった南学派もあると言いましたね（144頁）。その南学派の一人、**山崎闇斎《やまざきあんさい》**という人は会津藩の保科正之《ほしなまさゆき》に仕えます。彼は道徳にものすごく熱心で、

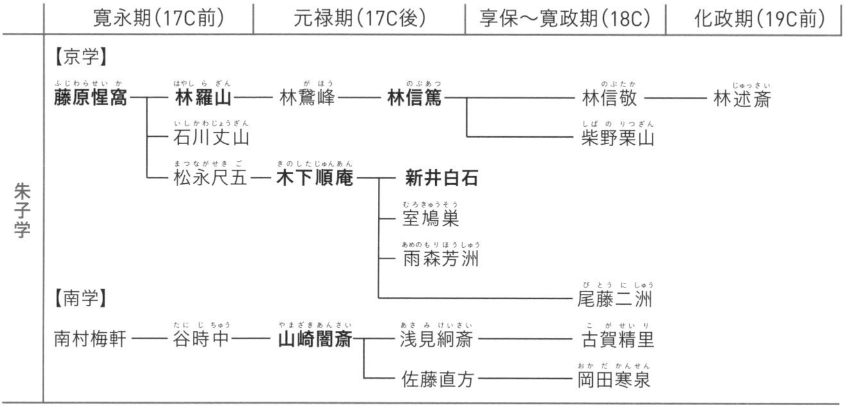

江戸時代の朱子学者の系統

天照大神《あまてらすおおみかみ》の系統に通じる天皇を重んじようという考え、**垂加神道《すいかしんとう》**を提唱します（37頁）。これ、朱子学の大義名分論（136頁）を神道と融合させた考えなんです。大義名分論とは、「主君と臣下ははっきり別だよ、それが入れ替わるなんてもってのほか」とする論でしたね。万世一系でずっと続いている日本の主君＝天皇はまさに神！　だから絶対の忠義を誓うべきなんだよ、それを邪魔する者はすべて排除しようとする主張です。

天皇の正統性を主張する主義ですから、これは言い換えれば**尊王論《そんのうろん》と同じこと**なんですよ。尊王論と言えば幕末のころ、爆発的に高まる思想ですね。日本を変えた原動力、明治維新につながるその思想の源流の一つはここにあったわけなんです。こういうことを知ると、歴史を勉強するのってめちゃくちゃ面白いって思いませんか？　いや、思ってください（笑）。

! ここがパラダイムシフト

◎朱子学と神道を融合させたらどうなった？
➔日本生まれの一神教「垂加神道」が誕生、のちの時代にも大きな影響を与えた！

元禄文化期の学問── 陽明学《ようめいがく》 「行動力」が第一の学問

朱子学以外の学問も登場します。一つが **陽明学** 。明の時代の哲学で、これも孔子や孟子《もうし》の教えを元に体系化されたものです。この学問のキーワードは「知行合一《ちこうごういつ》」。知ることと行動の一致が大事だよ、つまり勉強だけじゃなく「実践すること」が大事だよという教えです。そして、「自分はこうしたい」という強い想い、その湧き上がる「感情」を大事にしようぜとも説きます。人間の「情」は「理」よりレベルの低いものと考え

	寛永期（17C前）	元禄期（17C後）	享保〜寛政期（18C）	化政期（19C前）
陽明学		**中江藤樹《なかえとうじゅ》** → **熊沢蕃山《くまざわばんざん》**		

江戸時代の陽明学者の系統

た朱子学とは、完全に真逆のアプローチですね。

行動が大事、湧き上がる衝動的な感情も大事。そう説くこの学問を修めた人は、必然的に「行動力が伴う人」になります。それはそれで立派なことですが、ひいては革命家を生み出す危険性もあるよ、ということで、幕府には警戒されました。ちなみに、のちの時代に大塩平八郎《おおしおへいはちろう》が反乱を起こしますが（168頁）、彼は陽明学者です。幕府の懸念はズバリ当たったのです。

ただ、警戒していたとは言っても、この時期の江戸幕府はそこまで厳しい思想統制をしていたわけではないので、理詰めばかりで現実に立脚していない朱子学とちがい、地に足を付けて現実問題の解決をめざす陽明学は多くの人の心をとらえます。陽明学は、言ってみれば朱子学へのカウンターパンチ的な存在として生まれた学問だというわけです。

この陽明学を庶民レベルにまで広めた人に、近江聖人と呼ばれた**中江《なかえ》藤樹《とうじゅ》**がいます。また、同じく陽明学者の**熊沢蕃山《くまざわばんざん》**は『大学或問《だいがくわくもん》』という著書で幕政を批判し幽閉されてしまいました。

ここがパラダイムシフト

◎朱子学は、お花畑の学問だ

➔もっと現実を見ようと、陽明学が流行した！

元禄文化期の学問
──古学「原点回帰」、流行りの朱子学を否定

続いて、**古学《こがく》**という学問を見ていきます。これは簡単に言えば、朱子学はアレンジし過ぎだよ、孔子や孟子の教えに原点回帰しようよ、『論語』の教えをしっかりつかもうぜという学問です。朱子学の論旨にはどうしても賛同できない、でも陽明学は陽明学で、その思想の根拠は感情、つまり「個人がどう感じるか」に置かれているわけですから、朱子学を論破するまでの理論武装をすることはできません。もっと確かな、だれもが納得する論拠が欲しいと考える人によって生み出された学問が古学

	寛永期（17C前）	元禄期（17C後）	享保〜寛政期（18C）	化政期（19C前）
古学	【聖学】	**山鹿素行《やまがそこう》**		
	【古義学（堀川学）】	**伊藤仁斎《いとうじんさい》** ── 伊藤東涯《いとうとうがい》 ──	青木昆陽《あおきこんよう》	
	【古文辞学】		**荻生徂徠《おぎゅうそらい》** ── **太宰春台《だざいしゅんだい》**	

江戸時代の古学者の系統

だと言えます。多くの人が納得できる論拠として、大昔に書かれた古典を見出したのがこの学問なのです。

まず、**山鹿素行《やまがそこう》**。彼は林羅山から朱子学を学びますが、次第に批判的な考えが生まれます。創始者の朱熹の言っているこの差別的なことは、『論語』などとはかけ離れすぎていないか？　と。しかし、堂々と朱子学批判した彼は幕府に弾圧されてしまいます。

京都を中心とする堀川学派《ほりかわがくは》（古義学派）の**伊藤仁斎《いとうじんさい》**も朱子学を学んでうんざりした一人です。漢文の高い素養があった仁斎は古典に直接あたり、自身でその解釈を深めていきます。そして京都に古義堂《こぎどう》という私塾を開き、古典の意義を正しく学ぶことの大切さを説きました。この古義学派は特に『論語』をバイブルとして扱い、そこに書かれる道徳を重視するグループとして、子の**伊藤東涯《とうがい》**ら代々が跡を継ぎました。

一方、江戸を中心とした古文辞学派《こぶんじがくは》には**荻生徂徠《おぎゅうそらい》**がいます。古文辞学とは、聖人の教えを当時そのままの言葉で解釈しようぜという学問です。物事を教える際、わかりやすさを重視して勝手に言葉を変えてしまうと、本来の解釈とズレることがありますが、それを懸念したのです。徂徠は具体的な政治社会論、独自の経世論を唱えたことでも知られます。幕府も博学の徂徠を重宝しました。徳川吉宗に仕えていた最晩年、彼は**『政談《せいだん》』**という将軍への政治提言書をまとめ、参勤交代の廃止などのアイディアをいくつも出します。この学派は、朱子学のような抽象的な

川原慶賀筆　荻生徂徠画像　東京国立博物館＊

理論にはとどまらないのです。

ただ、徂徠はこの書で商業を否定する発言をしています。もともと儒学は、自分で汗をかかずに金を動かすだけの商人を「卑《いや》しいやつらだ」と下に見る考え方をする特徴があります。「士農工商」、身分制度で商人が最下位にいることからもわかりますね。この考え方のもと、武士は元々農民なんだから自分の土地に土着させ、自給自足生活をし、商品経済（物品の売買など）はなるべく制約して生活を質素なものにすれば、未来は明るくなるよと説いたのです。つまり徂徠は、商品経済が世の中を悪くしていると考える、けっこうな復古主義者だったのです。

一方、その弟子の**太宰春台《だざいしゅんだい》**という人は、**『経済録』**という著で商業を消極的ながら容認しました。自給自足だけで暮らせる時代はもう終わった、商業は必要なのだ、ただしっかり藩の専売制を取って領主がコントロールするのが大前提だよ、と思い切って師匠を批判したんです。批判精神こそ学問の成長の原動力ですから、我々も見習わなきゃいけない（笑）。大事なことですね。

ここがパラダイムシフト

◎朱子学のような後付けの解釈はいらない、原典に還ろう
➔そう考える人々が古学を立ち上げた！

朱子学の特徴	陽明学の特徴	古学の特徴
◎理気二元論 ◎大義名分論 ↓ 幕府は保護	◎心即理・知行合一 （実践的な行動主義） ↓ 幕府は警戒・圧迫	◎朱子学・陽明学の否定 ◎孔子・孟子の原点回帰

朱子学、陽明学、古学の特徴まとめ

元禄文化期の学問
——朱子学＋歴史学の核融合 水戸学

この時代の儒学者・朱子学者たちは、歴史学においても存在感を発揮します。彼らはそれまでの軍記物を否定し、独自の方法で歴史書を編さんしました。林羅山とその子・林鵞峰《はやしがほう》は『**本朝通鑑**《ほんちょうつがん》』を完成させ、神代から後陽成《ごようぜい》天皇の頃までをまとめました。新井白石は『**読史余論**《とくしよろん》』を著し、独自の時代区分を示しました。これらは、なんのための歴史書かというと、徳川家の正統性を強調するためのものです。「俺らは天皇家から政権を奪ったわけじゃないんだよ、なるべくしてなったんだよ」と主張しているわけなんです。

また、水戸徳川家二代目藩主・徳川光圀《みつくに》の時代には、『**大日本史**《だいにほんし》』の編さんが始まります。朱子学に心を奪われていた光圀は、大義名分論（136頁）の立場から日本の歴史をとらえ直そうと試みます。そして「三種の神器」（天皇家に代々伝わる鏡・剣・勾玉《まがたま》の三つの宝物）を持つ者が正統な皇位継承者なんだという考えを提示し、それらを持つ南朝（後醍醐天皇）こそが正統だよと主張する内容に到達しました。つまり言いたいことは、南朝の系統から政権を任された徳川政権は正統だよということです。

その編さん事業は**彰考館**《しょうこうかん》という江戸藩邸で行なわれましたが、計画が壮大すぎて光圀の生きている間にこれは完成せず、徳川幕府滅亡後も徳川家が事業を継承し、明治末期までかかってようやく完成されます。

この『大日本史』を作り出していく研究の実態は、朱子学の教養のもと日本史を編み直すことで、日本人のナショナリズムをガンガンに高揚させていく学問というものでした。これが**水戸学**です。初期の水戸学はこのように幕府の正統性を後押しする内容でしたが、幕末の頃になると尊王論が熱量を増して、ついには幕府批判に転じます。それを後期水戸学と呼びます。詳しくは後述します（167頁）。

ここがパラダイムシフト

◎歴史学は、徳川政権の正統性を高めるために利用される
➔「ナショナリズム培養装置」のような水戸学が生まれる！

元禄文化期の学問 その他
――儒学のチカラで、実証学が進化を遂げる

先にも述べましたが、儒学が浸透すると、その実証的な研究方法はさまざまな学問が発達する基礎となりました。続いて、そうやって発展した、この時代のその他の学問について触れていきます。

まず、動植物や鉱物の研究をする**本草学《ほんぞうがく》**という学問。**貝原益軒《かいばらえきけん》**という人が**『大和本草《やまとほんぞう》』**を著し、実地調査と実験の重要性を表しました。これを博物学として大成させたのが**稲生若水《いのうじゃくすい》**で、著書に**『庶物類纂《しょぶつるいさん》』**があります。

農学では、**宮崎安貞《みやざきやすさだ》**の**『農業全書《のうぎょうぜんしょ》』**。明の徐光啓《じょこうけい》という学者が書いた『農政全書』をバイブルにしたノウハウ重視の本です。

和算の分野では、**吉田光由《よしだみつよし》**の**『塵劫記《じんこうき》』**があります。これは言わばそろばんのマニュアルです。この書はベストセラーになり、そろばんの普及に大きく貢献しました。また、**関孝和《せきたかかず》**は代数学に通じる理論を発展し、円の算法など複雑な算法が解けるようになり、和算は劇的な進化を遂げました。

天文暦学においては、**渋川春海《しぶかわしゅんかい》**という人が、**貞享暦《じょうきょうれき》**という暦を作成しました。当時は月の周期を基本とした太陰太陽暦（宣明暦《せんみょうれき》）を使っていましたが、新しい暦を作ってズレを直しました。その後、彼は天文方に命じられ研究を続けていきます。

国文学の分野では古典研究が進み、これまでの解釈を見直してみようという動きから、**国学**が生まれる萌芽が出てきます。まず、**『万葉代匠《まんようだいしょう》記《き》』**を著した**契沖《けいちゅう》**という人がいます。**北村季吟《きたむらきぎん》**は、和歌の研究をする歌《か》学方《がくかた》に任じられました。また、和歌の革新を図ろうとした**戸田茂睡《とだもすい》**とい

う人もいます。彼は、古今和歌集の解釈を「秘め事」として身内だけに伝える「古今伝授」（139頁）は、もう形骸化しているからやめようよとか、禁止ワードみたいなものもやめようよとか、そういうことをします。

江戸時代前半の学問は以上です。長かったですね（笑）。

宝暦《ほうれき》・天明《てんめい》文化 18世紀後半

さて、江戸時代後半に入ってきました。

ずいぶん昔、私が高校生だった頃は、江戸時代後期の文化はまるごと「化政文化」として扱われていましたが、ある時期から18世紀後半の宝暦・天明文化と19世紀前半の化政文化はしっかり分けるようになりました。区分ごとのちがいをしっかりおさえつつ学んでいきましょう。

宝暦・天明文化の時代区分は、前にも述べましたが、田沼意次《たぬまおきつぐ》の時代と松平定信《まつだいらさだのぶ》の寛政の改革の時代にあたっています。文化史においても、「これは田沼の時代か」「こっちは松平の時代か」と掘り下げて考えると、時代背景まで摑めて理解がしやすいと思います。

田沼時代の特徴は、幕府は年貢だけに頼らず、民間の経済活動を活発にさせ、営業税を税収にして儲けようとした点です。金持ち商人が多数生まれ、彼らが引き続き文化の担い手になるよとイメージしてください。そして金持ちに加えて下層町民、いわゆる一般ピープルもついに主役に躍り出ます。そしてそれに見合うように、大衆受けする作品が多く作られていくという点がポイントです。

一方、農民は階層化が進み、農村は解体されていきます。幕府政治もだんだん行き詰まっていく時代でもあります。それと並行して学問・教育の発達が進み、幕府政治を批判的にとらえる考えも生まれてきます。**【幕藩体制の動揺期】**だよというのがキーワードです。

あと一つ、中国（清）やオランダから新しい文化が入ってくる時期ということもポイントです。

松平定信の時代は、一言で言えば「ぜいたく禁止」の時代です。倹約の徹底、緊縮財政などの政策のほか、武士だけでなく民衆に対しても出版統制などで思想を統制しようとします。文化的にはなかなか堅苦しい時代だと言えますが、これへの反発が次の化政文化時代の、伸び伸びとした町人文化の大発展につながっていくというわけです。

ここがパラダイムシフト

> **◎重商主義の田沼時代、倹約主義の定信時代と両極端な時代が続く**
> **➔その反動から、のちの文化の大発展につながっていく！**

宝暦・天明文化期の学問
── 国学 「日本オリジナル」を見つける

学問の分野では、儒学が発達するにつれ、体系的にものごとを考える方法が確立されたことで、さまざまな学問分野が発展しました。中でも、古典研究から**国学**《こくがく》という分野が出現します。これは日本古来の道を説く学問で、つまり仏教や儒教なんかはしょせん外国産の輸入品だぜ、そんな余分な思想は排除して日本オリジナルの哲学思想を考えてみようぜという教えです。

儒仏批判から始まり、「漢意《からごころ》」（中国的文化）の批判、さらには「皇国《こうこく》の優越《ゆうえつ》」（＝万世一系の天皇がずっと治めている日本ってスゲーという意味）を語るようにエスカレートしていき、これが**尊王**《そんのう》**攘**《じょう》**夷**《い》**思想**《しそう》（そんなすごい天皇をしっかり尊重して天皇中心の政治を行ない、外国の侵略を防ごうぜという考え。攘夷：夷〔異民族を侮蔑するときに使う語〕を攘《はら》う〔追い払う〕こと）の直接的な根拠の一つとなっていきます。

国学は【先駆期、形成期、大成期、展開期】という分け方で覚えていくとわかりやすいです。

まず先駆けになったのは、前の元禄文化期に登場した**契沖**《けいちゅう》です。万葉集を題材とした古典研究記である**『万葉代匠**《まんようだいしょう》**記**《き》**』**を著しました。

次に形成期。享保期に、**荷田**《かだの》**春満**《あずままろ》という人が八代将軍吉宗に対し、古典研究の学校が必要だよと訴えました。そして宝暦・天明期には、神主

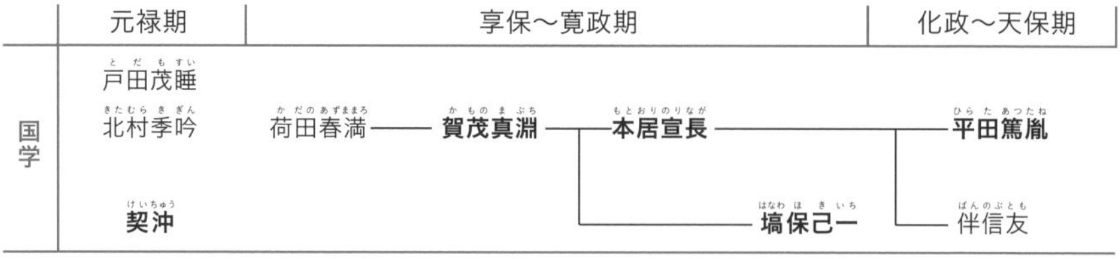

江戸時代の国学者の系統

だった**賀茂真淵**《かものまぶち》が登場し、万葉集を題材として、昔の人の考え方（古道）を研究していきました。そして、万葉集の歌にこそ日本人本来の心情・姿が表れている、あとから伝わってきた儒学や仏教は排除しようぜと呼びかけます。

続いて大成期。寛政期、賀茂真淵の後を継いだのが、**本居宣長**《もとおりのりなが》です。彼は古事記を研究対象にしてその注釈書**『古事記伝』**《こじきでん》を記し、昔の日本人は天皇を崇め、天皇を中心とした国づくりをしていたよ、中国的な考え方（漢意）、外来の思想なんか無くして、もう一度そういう時代を取り戻そうぜ、「皇国の道」をめざそうぜと提唱します。『古事記』は、私たちはもちろん、江戸時代の人々にとっても大昔の古典です。当時ですらスラスラ読める人なんかほとんどいなかったところ、『古事記伝』の登場によって、国学という新たな学問の門が本格的に開いたと言えるでしょう。また、彼が『源氏物語』の研究を通して唱えた「もののあはれ」という概念も有名ですね。もののあはれ、これは古典全般に通底する日本人古来の美意識で、移ろいゆく風情や人の情愛といったものに対するしみじみとした哀愁を表します。いま盛んなものがすたれていくことを寂しく思い、惜しむ気持ちなどもそれにふくまれます。

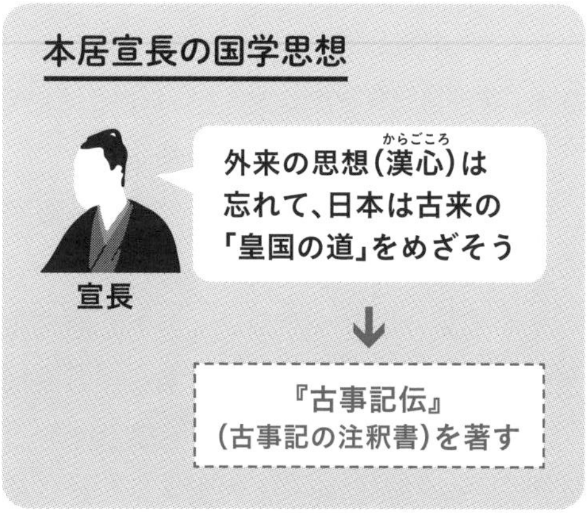

彼は儒学や朱子学にも手厳しくて、中国は易姓革命説（132頁）のもと、暴力で政権

交代してきたけれど、それらは所詮、その正当化のための学問でしかないと説きます。日本にはそんなロジックは元々必要ない、なぜなら古事記に、天皇と民が一体になった社会を築いていたと書いてあるから。だからもう一度そこに立ち返ろうよと主張しました。日本民族が長い時間をかけて形成した文化、そこに価値を見出し、今に生かそうとしたのが、この国学という学問のポイントなのです。

最後に展開期です。国学にまつわる史料は「国史」だと考え、和学講《わがくこう》談所《だんしょ》という研究施設を作って史料を集めて編さんし、**『群書類従《ぐんしょるいじゅう》』**という書にまとめた人がいます。それが**塙保己一《はなわほきいち》**です。

ここがパラダイムシフト

◎「日本人本来の心は、中国からの輸入思想によって汚された」

➔その考えから、古典を通じて日本人精神を研究する国学が生まれた！

宝暦・天明文化期の学問
―― 洋学（蘭学） 必要にせまられ育った自然科学

続いて、洋学にうつりましょう。これは文字通り「西洋の学術」のことですが、オランダ語を翻訳することからスタートしていきます。だから**洋学イコール蘭学**と呼んで差し支えありません。この蘭学の研究を通して、自然科学の分野が飛躍的に発展していきます。また、外国の文化と言えば中国だった時代、西洋の先進文化に蘭学を通して触れることは、それまでの日本の「中国至上主義」をゆさぶるくらい大きな出来事だったとも言えます。

ではここで問題です。Q. なぜ学ばれたのは、ほかでもない「蘭学」だったのでしょうか？

ここまで本書をしっかりと読んできた人なら簡単ですね（笑）。その答えはキリスト教史の項でも触れたとおり（45頁）、A. 鎖国のもと、長崎出《で》島《じま》にオランダ商館が置かれ、オランダ人を通じてヨーロッパの文物《ぶんぶつ》が輸入されていたからです（もっとも、開国後はイギリスやフランスを通じて洋学

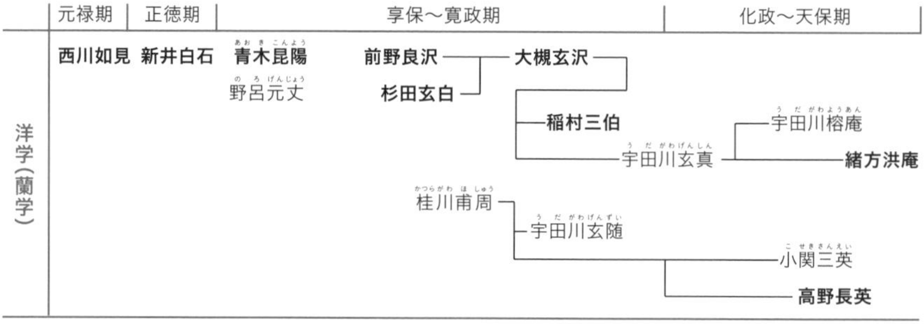

江戸時代の洋学者の系統

の知識が入ってきますが、それは19世紀後半以降のことです）。

さて、蘭学も国学と同様に、【先駆期、契機、形成期、発展期】と分けて見ていきましょう。

まず先駆期。**西川如見《にしかわじょけん》**という人が**『華夷通商考《かいつうしょうこう》』**を著します。これは長崎で見聞きした外国の地理をまとめたものです。ほか**新井白石**の**『采《さい》覧異言《らんいげん》』『西洋紀聞《せいようきぶん》』**というものがありますが、これは日本に潜入してきたイタリア人宣教師のシドッチに尋問した内容をまとめたものです。前者が世界の地理について、後者がキリスト教の教義についての内容です。先駆期の特徴としては、まだ「見聞」の段階なんだよと思ってください。外国人に聞いたことを裏付けもとらずに「こうなんだって！」と伝え広めているのです。

幕府もこの時期はまだ蘭学の書の出版を認めていませんでしたが、だんだんと「自分たちで翻訳しよう」というふうに変わっていきます。それ以降が契機の時期にあたります。ここには中国が間接的に関わっています。享保の改革期には「漢訳洋書輸入の禁」が緩和されます。この「漢訳洋書」とはオランダ語を中国語に訳した本のことで、それを輸入してもOKだよということになったのです。これは八代吉宗の命によります。吉宗は天文学に興味があったため、洋書を通じてそれを学ぼうとしたのです。

また吉宗は、**青木昆陽《あおきこんよう》**や**野呂元丈《のろげんじょう》**にオランダ語の研究を始めさせました。青木はサツマイモ栽培の奨励で有名ですが、別に農家だったわけではありません（笑）。古義堂の伊藤東涯に学んだエリート儒学者で、書物で知ったサツマイモが飢饉《ききん》を防ぐのに良さそうだと広めたあと、蘭学者になるのです。

そして形成期。田沼意次の時代に、蘭学は医学の分野から拓かれていきました。医師の**前野良沢**《まえのりょうたく》、**杉田玄白**《すぎたげんぱく》が『ターヘル・アナトミア』という洋書を翻訳し『**解**《かい》**体新書**《たいしんしょ》』を著します。これは人体の解剖書で、日本医学の進歩に大きく貢献しました。彼らは遺体の腑分《ふわ》け（解剖）に立ち会ったとき、そこに描かれた絵と比べてその正確さにびっくりして感銘を受け、翻訳に取り組んだのです。もちろん辞書もありませんから、作業は手探りで間違いも多く、前野良沢なんかは「この本に俺の名を使ってくれるな」と言ったとか（笑）。でもこの貴重な経験から、洋学の研究をするにはまず真っ先に語学研究が必要だという認識が広まり、より充実させる動きが生まれていきます。

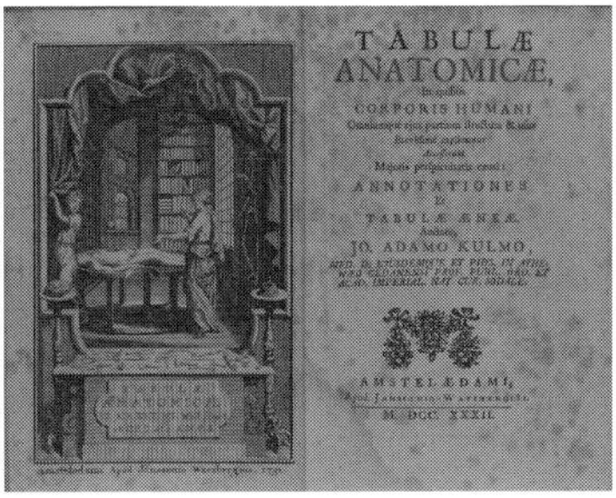

ターヘル・アナトミア　ラテン語版（1732年）　九州国立博物館（福岡県立アジア文化交流センター）蔵*

平賀源内作　エレキテル　郵政博物館蔵

天明期には、前野良沢・杉田玄白の弟子の**大槻玄沢**《おおつきげんたく》が現れます。二人の師匠から一字ずつもらって名前にした、漫才師みたいな人と覚えましょう（笑）。彼は江戸に**芝蘭堂**《しらんどう》を作り、『**蘭学階梯**《らんがくかいてい》』という蘭学入門書を記しました。さらに寛政期には、前野・杉田のもう一人の弟子・**稲村三伯**《いなむらさんぱく》によって日本初の蘭和辞書『**ハルマ和解**《わげ》』がまとめられます。こうして色々な学問書が翻訳され、蘭学は一気に発達を遂げることになります。

最後の発展期、医学では西洋の内科の知識を紹介した**宇田川玄随**《うだがわげんずい》の『**西**《せい》**説内科撰要**《せつないかせんよう》』、天文学の分野では天文方を務めていた**高橋至時**《たかはしよしとき》が寛政暦を作りました。これは西洋の天文学の知識を取り入れたものでした。

物理学の分野では、摩擦電力の研究を通して静電気発生装置（エレキテル）を復元した**平賀源内**《ひらがげんない》が有名です。ただ、このエレキテルの使い道は静電気で「バチッ」とやってびっくりさせるか（笑）、電気治療に使うかくらいだったので、電気の近代的な使われ方につながる研究は、のちの世まで待つ必要がありました。平賀源内は発明家のほか、本草学者や戯《げ》作《さく》作家などとしてもマルチな才能を発揮しました。

宝暦・天明文化期の学問
── 儒学　朱子学の幕府公認が続く

江戸時代後半も、**朱子学**は封建教学として引き続き保護されました。

18世紀末の松平定信の時代、幕府は**寛政異学《かんせいいがく》の禁**というお触れを出します。これは、湯島聖堂学問所で儒学を教えるときは朱子学の解釈から教えなさいよというお達しです。朱子学の要点は「大義名分論」でしたね（136頁）。この朱子学こそが武士たちの教養にふさわしいと限定したわけです。

異国の脅威が近づくなか、定信は貨幣市場を重視する現代的な考えを持つ田沼のような人間を追い払ったうえで、こうしてふたたび朱子学でガチガチに固めてしまったのです。今思えば、これが日本の近代化を何年も遅らせたとも言えるでしょう。

なお、ここでいう異学とは、朱子学・古学・陽明学など各派の「いいとこ取り」をしようぜという説を唱えた「折衷学《せっちゅうがく》」の一派のことです。頭が柔らかすぎるというか、自由すぎる考え方はいつの時代も権力とは相性が悪いのでしょうね。

ちなみにこの時代、儒学界を引っ張ったのは**「寛政の三博士」**（柴野栗《しばのりつ》山《ざん》、尾藤二洲《びとうにしゅう》、岡田寒泉《おかだかんせん》→のち古賀精里《こがせいり》に代わる）と呼ばれる人たちです。ただ、松平定信が失脚したあとの1797年、湯島聖堂学問所は**昌平坂学問所《しょうへいざかがくもんしょ》**と名前が変わり、林家が経営するのでなく、幕府が経営して正規の学問所へと変わっていきます。幕府はここで「学問吟味」という言わばテストを行ない、成績優秀者を役人として積極的に採用していきます。

そしてもう一つ、**心学**というジャンルが広まります。これは、儒教道徳の考え方に仏教さらには神道の考えもいいとこ取りで加えたもので、創始者は京都で活躍した**石田梅岩《いしだばいがん》**です。彼は「経済と道徳は両立できるんだよ」と主張しました。もともと儒学は商業を下に見ていて、荻生徂徠のように金もうけは悪だと考えるのが主流でしたが（149頁）、道徳をしっかり学べば金の亡者にはならないから、商業をやる人は並行して道徳をしっかり学ぼうよと説いたのです。これが商業の正当化という新しい考えを生んでいきます。石田梅岩は享保期の人で、この時代にはその弟子の**手島堵庵**《てじまとあん》がこの心学の普及につとめ、さらに孫弟子の**中沢道二**《なかざわどうに》は江戸でこの学問を普及します。

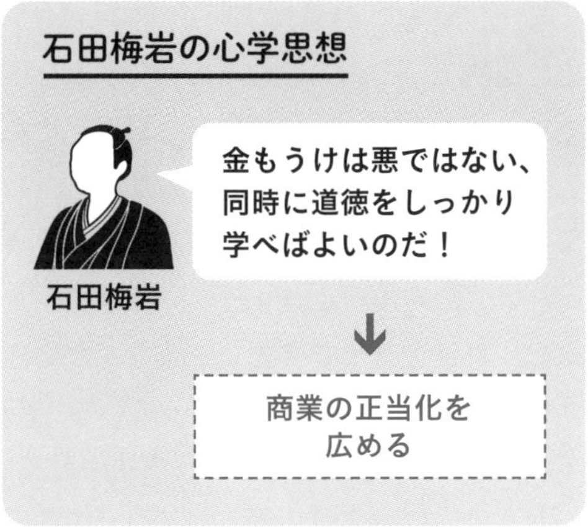

ここがパラダイムシフト

◎朱子学の「幕府御用達の学問」状態は継続

→時代に合わせ、「金稼ぎは悪ではない」という考えも生まれる！

宝暦・天明文化期の思想
──旧来の常識を否定する考えが活発に

　さて、次にこの時代の思想面に触れておきます。

　江戸後期は、儒学を中心とした学問教育が普及したことで、現在の社会システムのこういうところがおかしいよ、と訴えるような書籍が多く世に出るようになります。幕府政治の行き詰まりも、学問思想面に大きな影響を与えているんだよとおさえておきましょう。

　青森県八戸出身の医者・**安藤昌益**《あんどうしょうえき》は**『自然真営道』**《しぜんしんえいどう》という著で、人間生活の理想的な営みは農耕にあり、だれもが農業すべきだぜという考え（「万人直耕」《ばんにんちょっこう》と言います）をとなえて身分制と封建制を否定し、徹底した平等主義を主張しました。

　また、懐徳堂《かいとくどう》（161頁で詳しく紹介します）の出身者である、**富永仲基**《とみながなかもと》と**山片蟠桃**《やまがたばんとう》という二人をおさえておきましょう。富永は**『出定後語』**《しゅつじょうごご》において、仏教を歴史的に研究した結果、それはお釈迦さまが直接言ったことじゃなくて、ほとんど後から加えられたものじゃん、と、とくにあの聖武天皇の鎮護国家思想の基になった大乗《だいじょう》仏教を否定しました。一方、山片は**『夢《ゆめ》の代《しろ》』**という著で、「無神論」を主張します。それは霊魂を否定し、文字通り「神さま仏さまなんかいないよ」と主張する説です。ほかに先進的なのは、太陽が回っている（天動説）じゃなくて、地球が回っている（地動説）んだよという主張もしています。

　あとは、松平定信に対し、江戸湾の防衛について**『海国兵談』**《かいこくへいだん》という書で提言をした**林子平**《はやししへい》がいます。もっと海岸を防備しないと外国に侵略されちゃうよとまっとうな主張をしたのに、「なに言ってんの」（怒）と、寛政の改革で処罰されちゃうんですけどね……。

　次に、幕藩体制の行き詰まりから次第に高まってきた**尊王論**について触れます。江戸時代前半は「尊王敬幕論《そんのうけいばくろん》」と言って、天皇も幕府も尊敬しますという論調だったのですが、江戸後期に入ると、「**尊王斥覇**《そんのうせきは》」という、もう幕府なんかには頼ってられない、やっつけようぜという論調が高まってくるのです。**竹内式部**《たけのうちしきぶ》という人は京都の公家たちにその過激な尊王論を説き追放されます。これを**宝暦事件**《ほうれきじけん》（1758）と呼びます。一方、**山県大弐**《やまがただいに》という人は『柳子新論《りゅうししんろん》』という著で、朱子学的な大義名分論（136頁）をよりどころにして尊王を説き幕府を批判します。その結果、なんと処刑されてしまいます。これを**明和事件**《めいわじけん》と言います（1767）。これらは尊王思想が幕府で問題となった最初の事件として覚えておきましょう。いよいよ、幕末の動乱期に向け時代が動き出している感じがしますね。

！ ここがパラダイムシフト

◎儒学が普及し、幕府の政治にも行き詰まりが見られるように
➔旧来常識的だった考えを批判する思想、幕府を批判する思想が勢いをもつ！

宝暦・天明文化期の教育
——人材育成を大切にした名君、多数登場！

この時代の最後に、教育の分野を順に見ていきましょう。

まず、**藩校**。ここは上級武士が通う学校で、儒学を中心に教えられます。のちの時代は、洋学や国学も教えられるようになりますが、この宝暦・天明文化期はまだ儒学中心です。

おさえておきたい藩校の第一は、米沢藩の**興譲館**《こうじょうかん》です。これは名君として知られる藩主の**上杉治憲**《うえすぎはるのり》（**鷹山**《ようざん》）が再興したものです。彼はあのジョン・F・ケネディが「もっとも尊敬する人物」として挙げたほど、トップとして抜群の実績を残し多くの民を救った傑物です。ここでしっかりと人材を育成し、藩の財政再建に役立てたのですね。そして秋田藩では、**佐竹義和**《さたけよしまさ》が**明徳館**《めいとくかん》を設立します。彼も人材育成につとめ、財政立て直しに成果を上げました。熊本藩では、藩主の**細川重賢**《ほそかわしげかた》が**時習館**《じしゅうかん》を設立します。彼も名君として名高い殿様です。人材育成の重要性に気付けた名君だからこそ、藩校を築いたのだよという覚え方をすればよいと思います。

次に、**郷学**《ごうがく》です。これは下級武士や一部の庶民が通った教育施設です。代表的なのが、岡山藩の**閑谷学校**《しずたにがっこう》です。藩主の池田光政《いけだみつまさ》によって創建され、講堂は国宝、ほかの建物も多くが国の重要文化財に指定されている、現存する世界最古の庶民のための学校です。

あと、大坂の町人がみんなでお金を出し合って設立された**懐徳堂**《かいとくどう》というユニークな学問所があります。大坂の町人たちが通って道徳や儒学を学んだ私塾のような学び場で、のちに徳川吉宗の公認も受けました。

高橋由一筆　上杉鷹山像（1881年〈明治14〉）
東京国立博物館蔵＊

宝暦・天明期の私塾には、**本居宣長**が伊勢松坂に開いた、**鈴**《すず》**の屋**という国学の塾があります。ちなみにこの名前、勉強の眠気覚ましに鈴を鳴らしたことが由来らしいです（笑）。洋学の私塾としては、**大槻玄沢**《おおつきげんたく》が江戸に開いた**芝蘭堂**《しらんどう》という塾があります。ここでは、太陰太陽暦でなく現代と同じ太陽暦を使って正月元日を祝う、いわゆるオランダ正月が開催されたことも知っておくとよいでしょう。

最後に、庶民の教育の場として、**寺子屋**《てらこや》**（手習所）**があります。ここで庶民は読み書きそろばんを学びました。なお、そうやって学んで知恵がつき、お金の勘定もできるようになると、百姓たちの中からは村役人の不正を見抜けるような人も出てきて、江戸後期には村役人たちの不正を領主に訴えるようなことが各地でひんぱんに起きるようになります。これは**村方騒動**《むらかたそうどう》と呼ばれますが、その発端は庶民教育の普及にあると言えるでしょう。

藩校（藩士の教育／儒学中心）

米沢藩	上杉治憲《うえすぎはるのり》	興譲館《こうじょうかん》再興（1776）	長州藩	毛利吉元《もうりよしもと》	明倫館《めいりんかん》（1719）
秋田藩	**佐竹義和**《さたけよしまさ》	明徳館《めいとくかん》（1789）	会津藩	松平容頌《まつだいらかたのぶ》	日新館《にっしんかん》（1799）
熊本藩	**細川重賢**《ほそかわしげかた》	時習館《じしゅうかん》（1755）	薩摩藩	島津重豪《しまづしげひで》	造士館《ぞうしかん》（1773）
福岡藩	不明	修猷館《しゅうゆうかん》（1784）	水戸藩	**徳川斉昭**《とくがわなりあき》	**弘道館**《こうどうかん》（1841）

郷学（武士・庶民の教育）

岡山藩	**閑谷学校**《しずたにがっこう》	藩主池田光政の命により創立，庶民の入学を認めるが，武芸は教えず
大坂	**懐徳堂**《かいとくどう》	大坂町人の出資で設立，徳川吉宗から公認される 学主＝三宅石庵《みやけせきあん》・中井竹山《なかいちくざん》（『草茅危言《そうぼうきげん》』）

私塾（民間の教育機関）

宝暦・天明	国学	**鈴の屋**〔伊勢・松坂〕：**本居宣長**《もとおりのりなが》	
	洋学	**芝蘭堂**《しらんどう》〔江戸〕：**大槻玄沢**《おおつきげんたく》	
化政	儒学	**咸宜園**《かんぎえん》〔豊後〕：**広瀬淡窓**《ひろせたんそう》	**洗心洞**《せんしんどう》〔大坂〕：**大塩平八郎**
	洋学	**鳴滝塾**《なるたきじゅく》〔長崎〕：シーボルト 伊東玄朴《いとうげんぼく》・高野長英《たかのちょうえい》らが学ぶ	**適塾**《てきじゅく》〔大坂〕：**緒方洪庵**《おがたこうあん》 福沢諭吉・橋本左内らが学ぶ

庶民教育

寺子屋（手習所）：読み・書き・そろばん／往来物（『**庭訓往来**《ていきんおうらい》』など）を教科書として使用する

宝暦・天明期の主な教育施設

化政文化《かせい》 19世紀前半

いよいよ江戸時代最後の時代にきました。そもそも、化政文化の「化政」って何だかわかりますか？　これは、「文化・文政」の略なんです。文化期は1804〜1818年、文政期は1818〜30年までです。1830〜1844年の天保期も、この文化区分に含まれます。

この時期の特色は、お金持ち商人がさらに活躍することによって、経済流通がどんどん発達していくことにあります。たとえば、「江戸地廻り経済圏」などという言葉も生まれたように、江戸とその近くの村々で商品生産と流通の市場で、地方の村々と都市部の間でも文化交流が生まれます。

もう一つの特色は、享楽的で開放的な民衆文化です。民衆文化の成熟期なんて呼ばれ方もします。

化政文化期の学問── 国学 「宗教化」していく神道

学問の分野では、上級武士は変わらず儒学を学んでいます。一方、幕藩体制の動揺とともに、国学や洋学といった新しい学問が生まれ、特に下級武士や民衆の間に広まっていきます。

国学 では、**平田篤胤《ひらたあつたね》**に注目してください。彼は**復古神道《ふっこしんとう》**というものを創始します。その教えはただの古典研究にはとどまりません。「人は死ぬと黄泉《よみ》の国に行くと言われているがそうではない。大国主命《おおくにぬしのみこと》が作った幽冥界に行くんだ」といった新しい思想を広めます。これ、なんだかスピリチュアルというか、オカルトチックな香りがしませんか？　篤胤の思想は良くも悪くも国学を「宗教的」なものにしました。復古神道のベースには国学があるので、仏教や儒教の「非日本的＝中国的思想」は取り除くべきだと考えます。なので、それまでの神道で当たり前だった「神仏習合」の考えをも否定し、純粋に日本の天皇を崇める宗教にしたのです。幕府公認だった吉田神道（唯一神道、37頁）は、もとは神仏習合的な要素があったことから、これも否定します。

そしてこの復古神道は、当時の不安定な社会情勢も後押しして、民衆にメガヒットします。異国への怖れ、そして頼りない幕府への怒りなどが渦巻いていたのでしょう。これが思想史上の大きなパラダイムシフトになるのです。これ以降、復古神道は急速に広まっていき、そしてこの考え方が直接的に、明治維新を実現した**尊王攘夷論**につながります。幕府を倒し、本来国を治めるべき天皇に政権をお返ししよう、そう考える知識人が、武士だけにとどまらず豪農・豪商の中からも続々と生まれました。

平田篤胤の思想

非日本的思想
(中国的思想)は
排除すべき!

平田篤胤

↓

◎神仏習合の否定

↓

◎天皇ただ一つを
あがめる宗教的思想に

↓

◎尊王攘夷論に
つながっていく!

また、この復古神道の「神仏習合を否定する考え」が、ひいては明治維新後の神仏分離令、そして廃仏毀釈運動にもつながっていくというわけなのです(39頁)。

! ここがパラダイムシフト

◎「天皇を崇める一神教」のような復古神道が生まれる
➔その宗教的思想に多くの人々が影響され、それが尊王攘夷運動のエンジンになった!

化政文化期の学問
── 洋学 医学などの「実学」が大進化!

この時代の洋学はいわゆる「実学」、つまり生活の中で実際に役立つ学問として発展していきます。

測地学 の分野では、**伊能忠敬《いのうただたか》**が『大日本沿海輿地全図《だいにほんえんかいよちぜんず》』を作りました。彼は隠居後の55歳に測量の旅を開始し、まず北海道から始めて最後は九州まで、17年かけて日本全土を測量しました。歩いた距離はおよそ日本一周分に相当する4万キロにも及んだと言います。ただし、伊能は地図の完成を待たずに1818年に死去します。結局、伊能の弟子たちが1821年に完成させることになります。

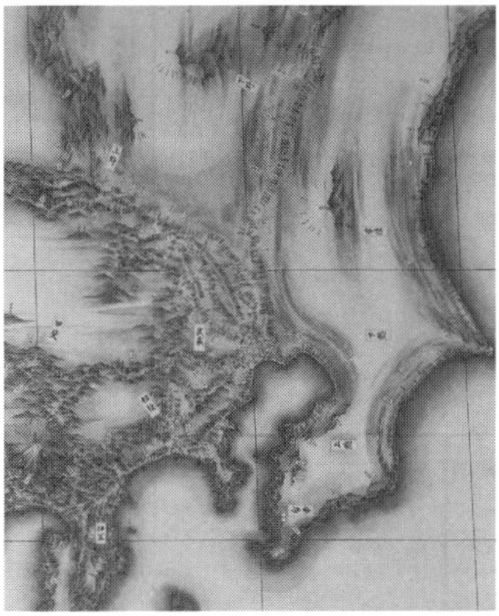

伊能忠敬作　大日本沿海輿地全図（中図）関東（江戸時代）　重文　東京国立博物館蔵＊

天文学 の分野では、**志筑忠雄《しづきただお》**をおさえましょう。彼は『暦象新書《れきしょうしんしょ》』という著書で、地動説やニュートンの万有引力の法則を紹介します。また、ドイツ人のケンペルが著した『鎖国論』を翻訳もしています。鎖国という言葉は、彼が作ったんですよ。ここ、テストによく出ますからね。

あと、寛政暦を作った高橋至時《たかはしよしとき》（157頁）の子の高橋景保《かげやす》が主導して「**蛮書和解御用《ばんしょわげごよう》**」が新設されます。これは簡単に言えばオランダ語を翻訳するところです。高橋家は代々天文方に就いていますから、その中に作ったのですね。ところが、医師シーボルトが帰国するときに彼に持ち出し禁止の日本地図を渡したということから、高橋は処罰を受け獄死、スパイの疑いをかけられたシーボルトも国外追放されます。これがいわゆる「**シーボルト事件**」です。

化政文化期の思想
——幕府に反発する思想がいよいよ高まる

続いて幕末期の思想史を見ていきましょう。幕末ですから、幕藩体制が大きく揺らいでいる時期です。欧米各国が日本に接近してきていることが歴史背景にあります。

まず、**経世論《けいせいろん》**という思想が活発になります。これはいわば 政治経済論 で、権力者に政治や経済についてアドバイスする役割を果たします。**海《かい》保青陵《ほせいりょう》**は藩の専売制の採用を薦めました。また、『西域物語《せいいきものがたり》』などを著して積極的な貿易を説いたのが**本多利明《ほんだとしあき》**です。あともう一人、産業の国営化や貿易振興を説いたのが**佐藤信淵《さとうのぶひろ》**です。この3人はいつもセットで覚えておきましょう。この3人に貼るラベルは**【重商論《じゅうしょうろん》】**です。前の時代に、太宰春台が藩の専売制を説いていましたが、それは消極的な商業容認論でした（149頁）。基本的に儒学は商売人を下に見る思想ですからね。でもこの時代はもう、儲けることが一番だよという考え方に変わっています。それが大きなポイントです。

社会批判思想 としては、**渡辺崋山《わたなべかざん》**の『**慎機論《しんきろん》**』、**高野長英《たかのちょうえい》**の『**戊戌《ぼじゅつ》夢物語《ゆめものがたり》**』があげられます。彼らは、非武装のアメリカ船を幕府が砲撃して追い返す事件（モリソン号事件 1837）があった翌年、「あれは向こうが非武装だったから運が良かっただけだよ、安易に追い払うのはやめてまずは国防力を高めようよ」と幕府に訴えようとします。でも幕臣によって逆に弾圧されてしまいます（**蛮社《ばんしゃ》の獄《ごく》** 1839）。

このほか、横井小楠《よこいしょうなん》や**佐久間象山《さくましょうざん》**は、開国論や公武合体論を唱えました。彼らはアヘン戦争で中国（清）がイギリスに負けたことに大きな衝撃を受けます。西欧文化の凄さを実感したわけです。そしてその良いところはどんどん摂取して、日本も強くなろうと訴えたのです。象山はもともと朱子学者ですが、清が負けたことで朱子学から蘭学に転向します。猛勉強のすえ蘭学塾を開き、吉田松陰《よしだしょういん》や勝海舟《かつかいしゅう》、坂本龍馬《さかもとりょうま》など幕末のスターたちを多数輩出しました。しかし最後は尊王攘夷派のナショナリストに「西洋かぶれが！」という理由で暗殺されてしまいます。

尊王論 の思想を見ていきましょう。松平定信の時代、**頼山陽《らいさんよう》**が『日本外史』を著し、尊王・王政復古の思想に大きな影響を与えます。これは、源平争乱から徳川時代までの武士の歴史を綴った歴史書で、合戦や歴史的なエピソードを臨場感たっぷりに描き、大ベストセラーになりました。

一方、19世紀前半にはイギリスの捕鯨船が水戸藩内に上陸する事件が起こります。水戸藩はガッツリ太平洋に面していますから、異国船の脅威がまさに目の前に迫っているわけです。そのような立地が水戸藩を、強いナショナリズムの育まれる場所にしました。もし水戸藩が日本の玄関口ではない、ぜんぜん違う場所にあったらどうなっていたでしょう。地政学的な観点から歴史のifを想像するのも面白いかもしれませんね。

いずれにせよ、そのような理由で水戸藩内では尊王攘夷の思想が一段と高まり、**藤田東湖《ふじたとうこ》・会沢安《あいざわやすし》**らによって、藩校の弘道館でそれが教えられます。これらを「**後《こう》期水戸学《きみとがく》**」と呼びます。徳川御三家、つまり政権側にいるはずの水戸藩の人間が、現政権打倒を訴える尊王攘夷論を作り上げていくというのが、なんとも皮肉なことだと思いませんか？　この自己矛盾が水戸藩の内部分裂を生みます。過激派が暴走し、大老の井伊直弼《いいなおすけ》を暗殺したのが桜田門外《さくらだもんがい》の変（1860）です。そして過激派はついに上層部に対し反乱を起こします（天狗党《てんぐとう》の乱 1864）。これは大反逆罪として弾圧され、反乱軍は全員処刑されるという悲惨な結果に終わってしまいます。

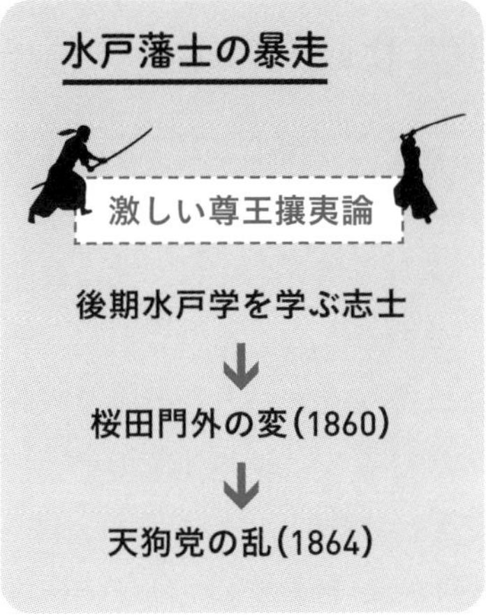

さらに、この過激思想の熱気はここで燃え尽きません。アジア・太平洋戦争時に高まった天皇主権論の根っこは、この水戸学の尊王攘夷論にあると言えます。くすぶりつづけた結果、再度引火してしまったのです。

後期水戸学の尊王攘夷論の特徴は、日本は天照大神《あまてらすおおみかみ》の直系である神武天皇以来、その子孫によってずっと治められている万世一系の国だからすごいんだぜ、天皇家を敬おうぜという考えです。とくに会沢の著書『新論』は、幕末の志士と呼ばれる人々に大きな影響を与えていきます。

尊王攘夷運動が次第に熱を帯びていく一方で、幕府はあくまで「尊王敬幕論」の立場を取ります。幕府は天皇を尊重しているし、幕府は権威を持つ朝廷から政権を委任されたんだよ（だから正統なんだよ）という意味です。別名「大政委任論」とも言います。

ここがパラダイムシフト

◎『大日本史』の編さんなどでナショナリズムが育まれていた水戸藩
➔ 外国船の脅威を身近で感じ、尊王攘夷論＝後期水戸学が活性化した！

化政文化期の教育──東大の前身も設立される

続いて教育の分野です。まず、幕府が設置した洋学や医学の設備から見ていきましょう。

洋学施設としては、先にも述べた**蛮書和解御用**（165頁）が1811年に設立されました。ただこれは、天文学に必要なオランダ語のみを翻訳するところでした。しかしペリー来航後、国内は国防論が高まっていますよね。そこで、軍事研究の必要性に駆られて翻訳する機関がつくられます。これが1855年につくられた**洋学所**《ようがくじょ》です。1856年には**蕃書調所**《ばんしょしらべしょ》へと拡充されていきます。

医療施設としては、天然痘《てんねんとう》の研究機関である**種痘所**《しゅとうじょ》が設置されました。1861年には西洋医学所と改称されます。これらの機関は、昌平坂学問所と合わせて、最終的には東京大学に一本化されていくことを覚えておいてください。

化政文化期の教育
── 私塾 平等教育のさきがけ。大塩平八郎の塾も

続いて、私塾についてまとめます。この化政文化期には教育もさらに発達し、各地に私塾がつくられるようになります。

まず一人目、**広瀬淡窓**《ひろせたんそう》という儒学者が、九州・豊後《ぶんご》の地に私塾「**咸宜**《かんぎ》**園**《えん》」を創設しました。とっつきづらい名前ですが、これは「咸く宜し」（ことごとくよろし）、つまりすべてのことがよろしい、OKだよという意味で、これ、今で言うところの「多様性の尊重」ですよね。淡窓は、一人ひとりの意思や個性を尊重するという、現代につながる平等教育をこの時代に掲げたとんでもなく先進的な人です。庶民の広い人気を集め、当時の日本最大規模の私塾になります。ちなみに高野長英（166頁）もこの塾で学んでいた一人です。

大坂では、元お役人の**大塩平八郎**《おおしおへいはちろう》が**洗心洞**《せんしんどう》という塾を開き、陽明学の教えを伝えます。大塩平八郎の乱が起こるのは、天保の大飢饉が起きた翌年の1837年です。その日食べるものにも困るなか、米を買い占めた商

人や対策を打てない町奉行に怒り、門下生らとともに武力行使した事件です。正義の味方の大塩は人気が高く、その後も生存説が根強く出回るくらいでした。

洋学のほうでは、**シーボルト**が長崎で**鳴滝塾《なるたきじゅく》**を開き、高野長英らがここで学びます。一方、大坂では**緒方洪庵《おがたこうあん》**が**適塾《てきじゅく》**を開きます。ここからは、**福沢諭吉《ふくざわゆきち》**（170頁）や橋本佐内《はしもとさない》らが輩出されます。

明治《めいじ》文化1　1868〜1870年代

いよいよ明治時代に入ります。明治時代は1868年から1912年まで続きますが、細かい事柄がたくさん出てきますので、およそ10年ごとに分けて見ていくのがおすすめです。まず初期の10年。この時代は、西洋文化が一気に導入されますよね。エライお役人さん、軍人さんを中心に西洋式の生活が取り入れられました。シルクハットをかぶって牛鍋食って、ワイン飲んでというあれです。新たな時代になり、当時最先端の文化・技術・思想が各方面から導入され日本が大きく変化していく時代です。西洋に追いつけ追い越せ、いわゆる**文明開化《ぶんめいかいか》**ってやつですね。そのために必要な文化資本がどんどん導入されていくとイメージしてください。

1868〜1870年代の学問
——御雇外国人の活躍／革新的歴史書の誕生

この明治初期は、新しい西洋の文化を取り入れるため、たくさんの**御《お》雇外国人《やといがいこくじん》**が来日します。札幌農学校に招かれたアメリカの教育家・**クラーク**博士は、宣教師として内村鑑三《うちむらかんぞう》や新渡戸稲造《にとべいなぞう》らにキリスト教も指導しています。ほか、アメリカの動物学者の**モースは**大森貝塚を発見しました。ドイツの地質学者の**ナウマン**はナウマン象の名の由来です。医学ではドイツから来て帝大で教えた**ベルツ**をおさえておきましょう。

歴史学の分野で特筆すべきは**田口卯吉《たぐちうきち》**の**『日本開化小史《にほんかいかしょうし》』**。古代から江戸時代終わりまでの歴史をまとめたものですが、これまでの歴史書は、江戸時代だったら徳川バンザイというように、それぞれの時代の権力の正当性を主張するために書かれたものがほとんどでした。でもこの書は、たとえば「○○が儲かるから▲▲が多く作られた」というような因果関係を重視して書かれています。これは現代に続く、歴史学の大きなパラダイムシフトでした。

ここがパラダイムシフト

◎歴史書は時の政権を正統化するものばかりだった

➔『日本開化小史』が登場、日本史研究のパイオニアになった！

1868〜1870年代の思想──自由主義が次第に浸透

続いて思想について見ていきましょう。これまでの江戸時代の民衆には儒学的な道徳がしっかり根付いていて、身分が重視されていますから、「オレがのし上がってやろう」などという立身出世的な考えは起きにくい状況でした。でも西洋の考えは違いますね。合理・功利主義です。明治時代になると、こうした新しい思想＝**啓蒙思想**《けいもうしそう》が輸入され、勉強して身分の壁なんか超えちゃおうよという考えが徐々に浸透していきます。

明治初期、こういった考え方を広めたのが**明六社**《めいろくしゃ》という知識人グループです。ここにはのちに文部大臣になる**森有礼**《もりありのり》、そして**福沢諭吉**、**中村正直**《なかむらまさなお》、**加藤弘之**《かとうひろゆき》、**西周**《にしあまね》らが所属しています。福沢の著書と言えば**『学問のすゝめ』『文明論之概略**《ぶんめいろんのがいりゃく》**』『西洋事情**《せいようじじょう》**』**など良く知られるものがたくさんあります。中村には功利主義を広めた翻訳書『西国立志編《さいごくりっしへん》』『自由之理《じゆうのことわり》』があります。

加藤弘之は『真政大意《しんせいたいい》』などで当初は**天賦人権論**《てんぷじんけんろん》（人は生まれながらにしてみな平等だよという考え）を主張しました。

一方、明六社以外で民権思想を唱えた人物としては、**植木枝盛**《うえきえもり》が代表的です。植

文明開化

西洋の合理主義・啓蒙思想が輸入される

↓

福沢諭吉らによって自由民権思想が芽生える

木は民衆に民権思想をやさしく説いたほか、革命権・抵抗権を規定した独自の憲法を起草したことでも知られます。

ここがパラダイムシフト

◎最先端の思想として、西洋の自由主義が伝わる
➔福沢諭吉らがこれを「推し活」し、自由民権思想が育まれる！

1868～1870年代の教育──国民みな小学校へ行こう！

最後にこの時代の教育史をあげます。明治時代の教育史というジャンルは、入試でも出題率の高いポイントなので、よく整理してくださいね。教育史は、初等教育と高等教育に分けて考えるとわかりやすいです。初等教育とは小学校など義務教育のことで、高等教育は大学など高度な学問教育のことです。

明治政府が成立してすぐの1871年に**文部省**が設置され、翌1872年には**学制**《がくせい》が公布されます。これは「国民は必ずみんな学校に通おうぜ」という取り決めです。そしてフランス流の学区制が採用され、全国各地に小学校を作ろうとします。ただ、国はその費用を出さなかったので反発して一揆が起こります。教育は国民の義務だという考えはまだなかったのですね。その後、1879年には**教育令**《きょういくれい》が出されて学区制が廃止され、学校設立や教育方針を地方の実情に合わせて自由に裁量できるようにしました。ところが同年、儒教の教えを復活させるような方針の「教学聖旨《きょうがくせいし》」が出されて天皇制教育確立への動きが強まると、1880年には改正教育令が出され、文部省はその指導力を強め、中央政権化を進めていきました。

高等教育のほうでは、教員になるための**師範**《しはん》**学校**、工業系専門の**工部**《こうぶ》**大学校**、それに付随する形で**工部美術学校**などができます。官立学校としては1877年、昌平坂学問所や幕府の翻訳機関、医学所が一つにまとまる形で、ついに**東京大学**《とうきょうだいがく》が設立されます。また私立学校としては、福沢諭吉の**慶應義塾**《けいおうぎじゅく》、**新島襄**《にいじまじょう》の**同志社英学校**《どうししゃえいがっこう》などができます。これら私立学校はまだ大学ではなく専門学校の位置付けです。

明治《めいじ》文化2 1880年代

この時代は民権思想がますます広がっていく一方、80年代後半にはナショナリズム的思想も展開をみせます。ここをうまく捉えていくのが難しいところなので覚悟してください。文明開化からすぐは「西洋文化バンザイ」という感じでしたが、このころには、やっぱり日本文化を見直そう、伝統文化を新たに構築していこうという動きが起きてくるのです。

1880年代の思想
――西洋文化に「あこがれるのをやめましょう」

思想の分野を見ていきますと、前の時代から引き続いて、フランス流の**天賦人権論《てんぷじんけんろん》**がますます広まります。中でも、ルソーの『社会契約論』を翻訳した**中江《なかえ》兆民《ちょうみん》**の『**民約訳解《みんやくやくかい》**』が有名です。ルソーの思想を簡単にまとめると、「人は元々一人ひとりが自由に生きているものだけれど、それだと世界の厳しさのなか生き残れない。そこで、お互いが生きやすくするためにルールを決めて集団生活するようになった。それが社会や国家になったんだよ」といった内容になります。絶対王政時代のさなか、「国家のために個人がいるのではない、個人のために国家があるのだ」とした考えは民衆に広く浸透し、「個人のためにならない国家はぶっつぶしてOK」という考えにつながり、フランス革命の原動力になります。中江はこの思想に感銘を受け、自由民権運動の指導者の一人となりました。

それに対して、**国権論《こっけんろん》**というドイツ（当時はプロシア）仕込みの考え方があります。これは文字通り、国家の権力（国権）が強化されてこそ、人々の権利・自由（民権）が保障されるんだよという考えで、民権論の逆ですね。これを広めた一人に**加藤弘之**がいます。あれ、この人って前の時代、民権思想の担い手じゃなかったでしたっけと気づいた人はお目が高い（170頁）。そう、彼は生存競争を重んじる社会進化論の影響を受けて思想が変わったんです（「転向《てんこう》」と言います）。

そして福沢諭吉。彼も最初は功利主義を主張していましたが、時代を経てよりリアリストになっていきます。西洋がアジアをどんどん植民地化しているなか、日本はどうそれに対抗すべきか。はじめは、アジアは手を組んでこれに対抗すべきと説きますが、うまくいきませんでした。そこで『**脱亜論**《だつあろん》』を発表し、アジアとは縁を切ることと日本の積極的な海外進出、つまり端的に言えば植民地を増やそうぜという考えを主張しました。ただしこれには当時、朝鮮半島をめぐって日本と清が争っていたことが背景にあります。いつも清に遅れをとるばかりで、それに我慢ならなかった福沢が勢いで過激なことを言い過ぎ、これが本当に彼の信念かどうかは疑問だとする説もあります。

なお、啓蒙思想の板垣退助らの自由民権運動が実を結び、**大日本帝国憲法が発布**されたのが1889年のこと。これを機に、民衆の代表者が政治を行ない、権力者も憲法には絶対に従わないといけないという立憲主義国家に、日本もようやくなることができたのです。

同じころ、井上馨《いのうえかおる》外務大臣が不平等条約の改正を試みましたがうまくいきませんでした。**鹿鳴館**《ろくめいかん》（64頁）なんかを建てたくらいで西洋に肩を

1880年代の思想の展開

民権論

中江兆民 —— フランス流天賦人権論
（ルソーに傾倒）

国権論
（プロシアの影響）

加藤弘之 —— 社会進化論の立場から天賦人権論を否定

福沢諭吉 —— 『脱亜論』で植民地奨励

ナショナリズム
（「西洋バンザイ」への反発）

徳富蘇峰 —— **平民主義**（生産力重視）

三宅雪嶺 —— **国粋主義**（日本伝統文化の強調）

陸羯南《くがかつなん》 —— **国民主義**（日本人の特性を称賛）

並べたと言っているようじゃ本当の文明国とは言えないよと批判されまくります。この条約改正問題や朝鮮半島を巡る問題をきっかけとして、1880年代後半にナショナリズムが強まっていったのです。

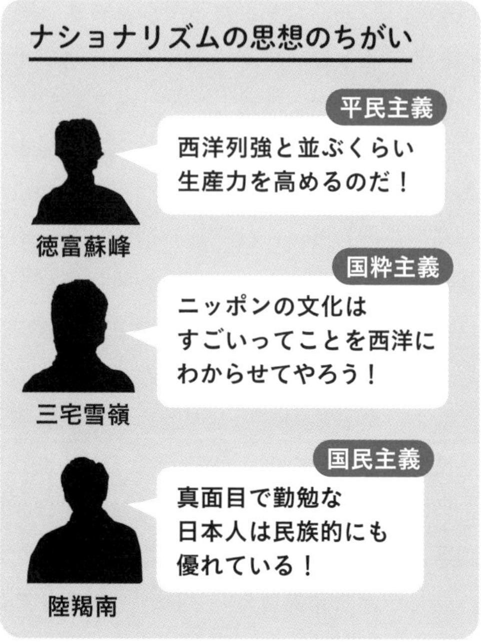

その一つ、**平民主義**《へいみんしゅぎ》（平民的欧化思想）は、生産力（GDP）を欧米と肩を並べるくらいにしようよ、それが真の文明国になることだよという考えです。中心人物は**徳富蘇峰**《とくとみそほう》で、**民友社**《みんゆうしゃ》という結社を設立、雑誌『国民之友《こくみんのとも》』を発行してこの考えを広めました。一方、**国粋主義**という思想は、日本の伝統文化をどんどん外国に発信していこうぜ、「ニッポンすごい」と思われて文明国と認められていこうぜという考えです。**三宅雪嶺**《みやけせつれい》は**政教社**《せいきょうしゃ》を設立して雑誌『日本人』を発行し広めました。さらに、**国民主義**《こくみんしゅぎ》という思想もあります。これは日本人の民族的特性を推していく、要は勤勉で真面目で、チームプレイが得意な日本人ってすごいだろうと主張するものです。**陸羯南**《くがかつなん》という人が新聞『日本』を発行してこれを広めていきました。

ここがパラダイムシフト

◎福沢諭吉は自由主義者から現実主義者に変わっていく

→それとシンクロするように、西欧諸国に対する見方は「礼賛の対象から追い抜く対象」へと変化する！

1880年代の教育
——「お国のため」という国家主義が導入

教育史の分野では、1886年、**学校令《がっこうれい》**が公布されます。これは文部大臣になった森有礼《もりありのり》の主導によります。初等教育・高等教育両方にかかわる法令で、帝国大学令（東京大学を帝国大学と呼べとする令。あえて「帝国」と呼ばせるわけですから、「お国のため」という国家主義を打ち出しているんです）、師範学校令、中学校令、小学校令が出ます。中学校と小学校は**高等**と**尋常《じんじょう》**の2種に分けられ、義務教育は尋常小学校の3〜4年生までだよと決められました。いちおうの教育ルートは作られたのですが、義務教育を終えて高等教育に進む人はまだまだ少ない時代でした。

明治《めいじ》文化3　1890年代

この時代の大きな転換期と言えば、何と言っても日清戦争（1894〜95）です。また、産業革命の進展期と言えるでしょう。ナショナリズムの発展と、新たな伝統文化の再構成というのがキーワードになります。

1890年代の学問——独自の成果が各部門で花開く

まず学問です。前の時代は、御雇外国人を覚えることが多かったですが、明治後半には日本人の学者が多く台頭してきます。

医学 では**北里柴三郎《きたざとしばさぶろう》**が細菌学やペスト菌の研究で成果を示し、伝染病研究所を創設しました。その弟子の**志賀潔《しがきよし》**は、赤痢菌《せきりきん》を発見しています。

法学 では、立憲国家が作られていくなかで法学者が活躍します。フランス法系の研究者の**梅謙次郎《うめけんじろう》**、ドイツ法系の**穂積八束《ほづみやつか》**が知られます。実はこのとき、民法に「戸主権《こしゅけん》」を残すかどうかで民法典論争というものが起きます。戸主権ってなんぞやというと、これは旧民法の規定で、家族を支配・統率するために「戸主」、要は父親に強い権利を認めるよというものです。昔の日本は個人より「家」を大事にしていましたからね。完全に「犬神家の一族」の世界ですね（若い人は知らないか笑）。それはともかく、フランスからの御雇外国人で法学者の**ボアソナード**は、日本の近代化のためにこの戸主権を無くそうとしていました。梅謙次郎は賛成し、穂積八束は逆にこれを残そうと反対します。なお、結果的にはこのとき戸主権は残りました。まだまだ風習として根強かったのです。これがなくなるのは現行民法の制定（1947）まで待たれます。

歴史学 では、**久米邦武**《くめくにたけ》という人が実証的な研究を進めて、多くの問題を提起し、古文書学《こもんじょがく》の領域を確立しました。ところが、伊勢神宮の起源について科学的な解明をめざすと、神道家たちから攻撃を受け、職を追われてしまいました。

1890年代の思想
──日本主義というバリバリのナショナリズム

思想の面では、日清戦争の勝利が、日本が大陸に進出していくきっかけとなりました。これが国内のナショナリズムの盛り上がりに拍車をかけます。前に登場した徳富蘇峰は平民主義から転向し、**国家主義**《こっかしゅぎ》者になります。これは「植民地ガンガン作るぜ」という富国論です。また、日本の大陸進出を肯定する**日本主義**という思想も生まれます。雑誌『太陽』を発行して忠君愛国《ちゅうくんあいこく》を説いた**高山樗牛**《たかやまちょぎゅう》をおさえておきましょう。

1890年代の教育──愛国心を育てることが第一に

この時代、教育は「思想統制の手段」として用いられます。1890年、

1890年代の思想の展開

ナショナリズム（対外膨張を否定）

徳富蘇峰 ── **国家主義**（植民地ガンガン作ろうぜ）
〈平民主義から転向〉

高山樗牛《ちょぎゅう》 ── **日本主義**（日本の大陸進出を肯定）

大日本帝国憲法が出された翌年には、井上毅《いのうえこわし》を起草者とする**教育勅語《きょういくちょくご》**が公布されます。それまでの教育の目的は個人の立身出世、功利主義のためだったのですが、この時期になると「忠君愛国」の精神が教育の一番の目的とされます。つまり、憲法のなかで国民は君主によって支配される「臣民」なんだよとして規定されていることを前提として、すべての国民は「万が一のことが起きたら、国家のために身を捧げよ」と明言されるようになったのです。

これに対し、「こんな思想統制が教育と呼べるのか！」と、教育勅語に否定的な立場を取ったのが**内村鑑三《うちむらかんぞう》**でした。彼は教師時代、教育勅語をぞんざいに扱ったとして職を追われます。これを「内村鑑三不敬事件」（1891）と言います。

ここがパラダイムシフト

◎教育勅語の公布

→ 西洋的功利主義を教える教育から、忠君愛国の心を育む教育へ変わる！

明治《めいじ》文化4 1900〜1912年

いよいよ明治時代の最終盤に突入です。この時期の大きな出来事は日露戦争（1904〜05）です。そして産業革命はなおも進展しています。先の時代は軽工業中心ですが、この時代は重工業も形成されていきます。ちなみに、その大きな元手になったのは日清戦争で得た賠償金です。

資本主義社会はどんどん進展していき、会社に雇われる多くの人々が生まれ、自然と労働者階級が誕生していきます。すると、発達する資本主義に馴染まない人、あぶれてしまう人も出てきます。そういう人を助けようという思想が**社会主義**（178頁）として生まれます。

また、西洋文化が定着する時期でもあります。「定着」というのは、背伸びして西洋文化を吸収しようというのではなく、西洋的な生活風習がごく一般的になっていくという意味です。そうイメージしてこの時代を見ていきましょう。

1900〜1912年の学問──さまざまな自然科学が発達

では学問です。自然科学の分野ではたくさんのジャンルが出てきますよ。まず 薬学 。**高峰譲吉**《たかみねじょうきち》がアドレナリンを発見、またタカジアスターゼという消化薬を創製しました。オリザニンというビタミン剤を創製したのは**鈴木梅太郎**《すずきうめたろう》です。彼はビタミン不足で脚気《かっけ》になるということを発見し、多くの人の健康に貢献しました。

地震学 においては、**大森房吉**《おおもりふさきち》が地震計を発明します。天文学 では、**木**《き》**村栄**《むらひさし》という人が「Z項」という、地球の緯度変化を計測するための公式を発見しました。物理学 では、原子構造を研究した**長岡半太郎**《ながおかはんたろう》。植物学 では、植物の分類法を確立した**牧野富太郎**《まきのとみたろう》をおさえましょう。朝ドラにもなりましたね。

でも、こうした研究者たちの業績のかげには、献身的に彼らを支えた家族の存在があったということを忘れないでくださいね。ふだんスポットの当たらない人々の営みを想像する。文化史を勉強することは、そういう訓練にもなると思うのです（たまには良いことも言うのです笑）。

1900〜1912年の思想①
──労働者の心を捉えた社会主義

思想面では、やはり**社会主義**をおさえておくべきでしょう。これは、「生産手段は社会全体で共有し、経済的・社会的にみんなで平等を目指しましょう」という大胆な思想です。社会的な不平等は生まれにくいシステムですが、競争がないため勤労意欲がわかず、経済的な発展は遅れてしまいます。19世紀後半、ヨーロッパにおいて資本主義の弊害が生まれるなかでドイツの経済学者マルクスが社会主義経済を提唱、その影響を受けた日本でも、労働運動の指導理論として社会主義を唱える人々が現れ出しました。

その一人が**幸徳秋水**《こうとくしゅうすい》です。彼とほか数名が中心となって1901年に社会

1900年代の思想の展開 ①

社会主義　（マルクスが提唱、社会的な平等の実現をめざす）

幸徳秋水 ―― 平民社設立、日露戦争に対し非戦論を唱える。
大逆事件により処刑

民主党が結成されますが、すぐ弾圧されます。彼は日露戦争期に渡米してロシア人と交流を深めることにより、次第に無政府主義（アナーキズム）に傾倒していきました。これは、「国家や宗教なんかいらないよ」といっさいの権力を否定するぶっとんだ思想で、法整備ではなく直接行動によってその実現をめざすという特徴があります。幸徳秋水は一方で**平**《へい》**民社**《みんしゃ》を設立し、日露戦争に対して非戦論を訴えました。次第に直接行動派の活動はエスカレートしていき、明治天皇爆殺計画のうたがいをもたれ処刑されてしまいます。これを**大逆**《たいぎゃく》**事件**《じけん》と言います（1910）。

ここがパラダイムシフト

◎資本主義に反発する人々が生まれる
→産業革命の進んだ日本にも「社会主義思想」が輸入される！

1900〜1912年の思想②
――日露戦争への不満が大正デモクラシーの引き金に

　また、この時代、日清・日露戦争に勝利したことによって、「俺たちはあんな大国に勝ったんだ、日本もついに近代国家になったんだ」という達成感が国民の間で広がります。そこから、国を強くするばかりじゃなくて、個人の人格や教養を重視する教育をしようという動きがさかんになり、**個人主義**的な考え方が浸透します。社会主義の台頭なども重なり、国家主義に対する疑念が芽生え出し、日本国内の世情は混乱気味になっていました。

政府はこれを抑えようとして、1908年、明治天皇の言葉を借りる形で**戊申詔書**《ぼしんしょうしょ》なるものを出しました。これは、「戦時中、みんなで頑張った日々を忘れちゃいけないよ、お国のためにしっかり働いて倹約していこうよ」ということを謳《うた》う内容で、国民道徳の強化、引きしめがそのねらいでした。

ただし、日露戦争にはばく大なお金がかかり、それを支えた日本国民、とくに地方社会はそのしわ寄せで大きな負担がかかり、財政破綻寸前の自治体も数多くありました。講和条約（ポーツマス条約）の内容にも不満が噴出します。国民が全面的に協力した戦争なのに、賠償金を1円も獲得できなかったからです。

これらを何とかしようと、**地方改良運動**《ちほうかいりょううんどう》というものがさかんになります。これは内務省の主導によって、財政再建活動や農業の改良、教育の普及などを推進するもので、また婦人会や青年会などといった草の根レ

1900年代の思想の展開 ②

日清・日露戦争の勝利

↓

国民的達成感から個人主義が浸透

↓

引きしめとして戊申詔書が出される

日露戦争で勝つも
賠償金もらえず……

↓ 地方改良運動
疲弊した
地方の立て直し

↓ 民衆の怒り爆発！
日比谷焼き打ち事件
大正デモクラシー
の始まりとも

ベルの地域組織をつくることも奨励されました。

この運動は結局のところ、弱体化した国家の力を再び高める必要があったから行なわれた国家政策です。ただ、「お国のためだ！」と上から押しつけると反発も生まれかねませんが、「みんな自分の故郷や暮らす土地には愛着があるよね、自分たちの力で自分のまちを良くしていこうよ」とやんわりと郷土愛に訴えかければ、多くの人が共感できますよね。そういう戦略を、政権中枢にいる頭の良い人が思いついたというわけです。

なお、日露戦争の不満は、**日比谷《ひびや》焼《や》き打《う》ち事件**（1905）という具体的な形にもなります。長年、増税など多くの負担を強いられたのに、何の賠償金も取れない民衆の怒りが爆発したのです。この暴動によって民衆は自分たちの政治力に目覚めることになります。明治末期に起きたこの事件を、「大正デモクラシーの始まり」と考える研究者もいます。

ここがパラダイムシフト

◎日露戦争に勝利、だが生活は苦しくなるばかり
➔日比谷焼き打ち事件など、大正デモクラシーの萌芽となる事件が勃発！

1900〜1912年の教育――思想統制が進む

最後に、明治時代末期の教育史です。

初等教育では、教科書は文部省が決めたものしか使ってはいけないとする**国定教科書制度**が発足します（1903）。これで思想統制がやりやすくなりますね。そして、義務教育は4年から6年に延長されます。1900年にはすでに義務教育の授業料も免除になっているので、就学率はおよそ97%と高い水準をキープしています。

高等教育では、東京・京都に続いて、東北・九州にも帝国大学が設立されました。

大正《たいしょう》文化 1912〜1926年

大正時代は15年間しかありませんが歴史的に大きな出来事が多く、文化史の面もかなり濃密です。

第一次世界大戦（1914〜18）の影響で重化学工業が発達し、船成金《ふななりきん》も生まれるくらい景気が良い時代で、つまり文化も活性化しています。また、「大正デモクラシー」がさけばれる時代です。大正デモクラシーは説明不要で大丈夫ですね（笑）？　一言で言えばこの時代に起きた、大衆が自由を求める政治・社会運動の総称です。

この時代の民衆運動の歴史の流れをざっくりおさらいしておきますと、まず明治末期のころには、日露戦争の講和条約の内容に反対した民衆たちが**日比谷焼き打ち事件**を起こすなど（1905）、「国民が主権者なんだ、もっと自由をくれ」という民衆運動が活発化していきます。しかしそれまで台頭していた個人主義は、**戊申詔書**（180頁）などによって抑圧もされます。しかしその後、1912年頃の**第一次憲政擁護運動**（大正政変）、1914年の**ジーメンス事件**、1918年の**米騒動**など、国民が軍や政権などの「権力」に対して反乱を起こします。そして時の内閣は倒れ、政党内閣が発足します。

大正時代を一言で表せば、自由を求める風潮が強くなり、それが許された時代だとイメージしてください。これらをふまえて文化面を見ていきますと、まずこの時代から、「大衆文化」というジャンルが確立されていきます。これは何かと言うと、**新中間層**《しんちゅうかんそう》を相手にしたものです。新中間層とは要するにサラリーマンのことですが、なかでも肉体労働ではないいわゆる「ホワイトカラー」、大手企業の事務・サービス職などエリート層の人々を指します。彼らは義務教育が終わったあとも高等教育も受けたいと考える層で、大正期以降、次第に主流になっていった彼らが学問・思想・教育面の文化の担い手になっていくんですね。

大正文化期の学問

まず学問。**理化学**の分野では、**本多光太郎《ほんだこうたろう》**がKS磁石鋼を発明します。これは第一次世界大戦で物資が不足するなか必要に迫られ開発された、世界初のいわゆる「永久磁石」です。

医学では、黄熱病の研究を行った**野口英世《のぐちひでよ》**が良く知られていますね。

哲学の分野では、**西田幾多郎《にしだきたろう》**が『**善《ぜん》の研究《けんきゅう》**』を著しました。それまで相容れることのなかった西洋の哲学と東洋の哲学を融合した独自の論を展開し、この分野のパラダイムシフトになります。**和辻哲郎《わつじてつろう》**も『古寺巡礼』などを通し独自の理論で日本思想史に名を刻みます。

歴史学では、古事記や日本書紀といった古代神話の「科学的でないところ」を批判的に書いた**津田左右吉《つだそうきち》**の『神代史《じんだいし》の研究《けんきゅう》』があります。

経済学の分野では、**河上肇《かわかみはじめ》**の『**貧乏物語《びんぼうものがたり》**』があります。彼はマルクス経済学を日本で広める第一人者になっていきます。貧乏を研究して、どうしたら貧乏から脱出できるのかということを理論立てて説明しようとしています。

最後に、**日本民俗学**を確立した**柳田邦男《やなぎたくにお》**を挙げます。代表作は『**遠《とお》野物語《のものがたり》**』です。これは岩手県の伝承などを記した説話集で、フィールドワーク、つまり実際に歩き回って民衆の生の声を拾い集めている点が画期的でした。怪奇現象や妖怪話など、現代の創作物にも大きな影響を与えています。

大正文化期の思想①
――大正デモクラシーの原動力「民本主義」

思想史のほうは、大正時代ともなると政治史と密接に関わってきます。政治史の大きな動きをまずはおさえてください。

1890年の大日本帝国憲法の施行以来、帝国議会も設けられ、国民の声を政治に反映させる仕組みはいちおう用意はされていました。しかしその実態は政府による「ガス抜き」にすぎませんでした。憲法が定める「天皇主権」がおびやかされてはいけないと、政府は民衆が力を持つことを警戒し、国民の声は議会でほとんど反映されることはなかったのです。

1913年、民意を無視し続ける桂太郎《かつらたろう》内閣についに怒りが爆発。尾崎行《おざきゆき》雄《お》や犬養毅《いぬかいつよし》といった政党員の指導のもと、大規模デモによって桂内閣を辞職に追い込む事件が起きます。これを憲政擁護運動、または大正政変と言います。

そんな時代背景のなか、東京帝国大学教授の**美濃部達吉《みのべたつきち》**により**天皇機《てんのうき》関説《かんせつ》**という論が説かれます。これ、名前からして「天皇がすべての中心だ」とする説かと思い込んでいる人もいるかもしれませんが、そうではありません。これは、国家は会社のような一つのシステム（機関）なんだと見立てて、天皇はそこをまとめる社長のような存在なんだよ、会社はたとえ社長でもその一存だけで運営方針は決められないでしょ、もちろん主権は天皇にあるけれど、国家は天皇を中心に、内閣や枢密院《すうみついん》などと協議して進む道を決めるべきだよと主張する説なんです。つまり、内閣にもっと力を与えよう、民主的に政治を運営しようと主張しているのがこの説のポイントなんですね。

ちなみにこの説は、発表された1910年代当時の法学界においては主流派でした。しかし、「この説は天皇主権と規定している大日本帝国憲法に違反しているおそれがある。ひいては天皇制の否定ではないか、不敬だ！」という批判が出ます。それが天皇主権説です。「天皇に絶対主権がある」「天皇は神」とする説です。この2説の争いは、はじめは東大内の学術論争でした。しかしのちに政治問題になってしまい、ついに1935年、美濃部の著作は発禁処分を受けてしまいます（天皇機関説問題）。これについては次の時代区分（188頁）で触れます。

この天皇機関説をもうちょっとわかりやすくしようと考え出されたのが、**吉野作造《よしのさくぞう》**の**民本主義《みんぽんしゅぎ》**です。「民主」でなく「民本」。間違えやすいので気をつけてくださいね。では、Q.この民本主義は、民主主義とどうちがうのでしょうか？

西洋から導入された民主主義は、「民衆に主権がある」とする思想です。フランス革命の思想そのものズバリですね。ただ、当時の大日本帝国憲法は「天皇主権」と定めています。これをひっくり返して「民に主権が

大正時代(1910年代)の思想の展開

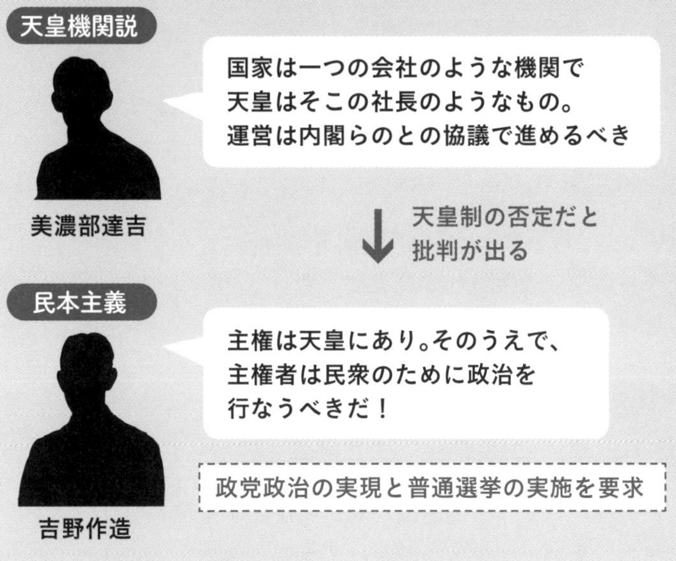

ある」とするのは憲法違反ですし、「その疑いがある」という弱点があったからこそ、天皇機関説は攻撃されたと言っても過言ではありません。そこで吉野は知恵を絞り、こういう説を唱えました。「A. 民本主義は民主主義と違い、あくまで主権は天皇にある。そのうえで、主権者は民衆のために政治を行なう」としたのです。

民衆は別に天皇がイヤで天皇主権に反対していたわけではなく、ただ自分たちのために政治が行なわれてほしいだけなので、この説は広く民衆に受け入れられます。一方政府側にとっても、「天皇主権」は守られているわけですから、この説を頭ごなしに否定することはできません。こうしてこの説は、大正デモクラシーの大きな原動力となったのです。

吉野は具体的に、「政党政治の実現」と「普通選挙の実施」、この2つをクリアすることを目標と掲げました。当時はお金持ちしか選挙権がありませんでしたから、民の声を反映させる最も良い手段として、だれにでも選挙権を与えることを求めたのです。

この民本主義をより広めていこうとしたのが、吉野を中心とした**黎明会《れいめいかい》**です。そこには新渡戸稲造《にとべいなぞう》ら著名人も参加し、吉野の教え子たちにより**東大新人会《とうだいしんじんかい》**という組織もできるなど、民本主義は一大ムーブメントを起こしました。ただ、実はこの新人会、この後には社会主義（共産主義）思想に傾いていきます。それについてはまた次の時代に触れます（189頁）。

ここがパラダイムシフト

◎民主主義ならぬ「民本主義」の概念が生まれる

➔大正デモクラシーの原動力に！

大正文化期の思想②
──大日本主義に対抗する「小日本主義」

もう一つ重要思想として、**石橋湛山《いしばしたんざん》**が唱えた**小日本主義《しょうにほんしゅぎ》**というものがあります。当時の日本のイケイケの国策は「大日本主義」と呼ばれていましたが、それに対抗する思想という意味でこう名付けられました。石橋は東洋経済新報という新聞社のジャーナリストで、植民地放棄論をその紙面で主張します。軍事力で領土拡大しても、支配された国が日本のことを良く思うはずもない、それは結局日本の利益にはならないよ。満州や台湾はまず返還し、国力は自由貿易で平和に高めていこうよという内容です。これ、単なる理想論ではなく、諸外国との経済力の差を冷静に分析したうえでの説で、軍国主義一色の日本でこれを唱えたその度胸と慧眼、脱帽するほかありません。

石橋湛山の小日本主義

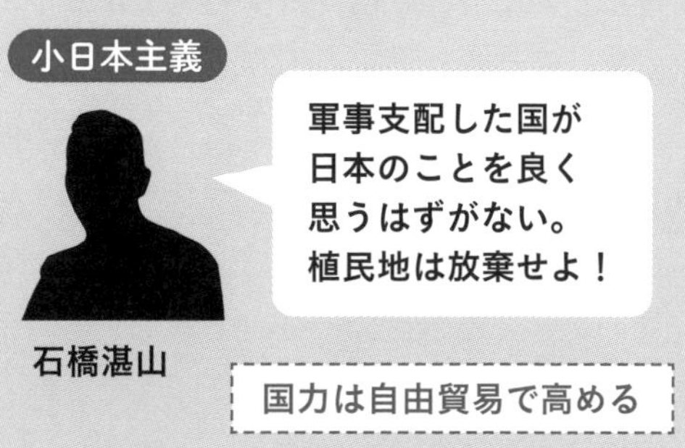

石橋は一貫して軍国主義に反対し続け、敗戦直

後には「これから科学精神に徹底し平和につとめれば日本の未来は明るい」と国民を奮い立たせます。戦後は内閣要職を歴任し、内閣総理大臣も務めました。

大正文化期の教育
──自由主義が新たな教育運動を呼ぶ

では最後にこの時代の教育史です。この時代になると、教育がずいぶん充実してきます。明治後半の教育界においては教育勅語（177頁）が公布され、国を強くして世界と戦うための「思想統制」に使われていた面が大きかったですよね。でも大正デモクラシーの考えが浸透するなか、教育でも「自由」が重視されていきます。

高等教育においては、初の本格的政党内閣、原敬《はらたかし》内閣において**大学令《だいがくれい》**が公布されます（1918）。それまで大学として認められていたのは東京帝国大学など「帝国」大学だけでした。帝国というくらいですから、大学という組織は、ほぼ国家官僚を育てるためだけに存在していたという意味です。でも世の中は資本主義社会が発達していますから、産業面でも人材育成を推進しようという意図で、公立・私立・単科大学がどんどん認可されます。早稲田、慶應義塾など、みなさんがよく知る私立大学は、この時期にはじめて大学として認可されるのです（それまでは専門学校扱い）。なお、単科大学とは商科大学や医科大学を指します。

初等教育のほうでも、教育勅語を暗記させるといった国家主義的な教えはやめようよ、などという**自由教育運動**が沢柳《さわやなぎ》政太郎《まさたろう》らによって展開されます。これは具体的にどんな教育かというと、たとえば「綴方《つづりかた》教育」というものが行なわれます。これ、要は作文です。この時代、自分の意見を自由に述べる教育に価値が見出されるようになったんですね。

ここがパラダイムシフト

◎教育界にも自由主義が広まる

➔帝国大学以外の大学が作られ、自由教育運動もさかんに！

昭《しょう》和《わ》文化（初期）1920年代〜1940年代半ば

昭和初期は、第一次世界大戦（1914〜18）のあと、都市に住む人々の人口が爆発的に増え、そこに住む多くの新中間層（182頁）の人々に向けた文化が活発になった時代です。「都市大衆文化」がその特徴です。

世相としては、第二次世界大戦に向けての「戦前の空気感」が次第に色濃くなっていく時代です。具体的には、軍部の主導により天皇が絶対君主として担ぎ上げられ、その下で独裁国家を作ろうとする「昭和ファシズム」が台頭していくころです。

しかし、前の大正時代は民衆の自由を求める風潮の強かった時代でしたね。Q.どうして自由主義がおさえつけられ、軍国主義が強まっていったのでしょうか？

その流れをつかんでおくことが、この時代の思想史を把握する助けになるはずです。

昭和初期の学問——学説が政治闘争の火ダネに

大正時代、天皇機関説が登場したことは前に述べましたが（184頁）、これがこの時代になって政治上の大問題として突如浮上します。「天皇は国家の一機関に過ぎないから、内閣などと協力して国を治めましょう」というこの説に対抗し、「天皇は絶対だ、主権は国家にない」と主張したのが天皇主権論でしたね。これを蒸し返すように、議会で「天皇機関説は間違っている、不敬だ」と急に問題提起がなされ、内閣はこれを否定するよう迫られます。その圧力に負ける形で内閣は天皇機関説を否定する声明を発表します。美濃部達吉は議員辞職に追い込まれ、著作物も発禁処分となりました。これを**天皇機関説問題**と言います（1935）。

これ、なんで急に問題が蒸し返されたのか、なんだかおかしい気がしませんか？　実は、議会にこの問題をもち出したのは、陸軍や右翼と関わりの深い軍人出身の議員でした。その目的は、もともと天皇機関説を支持していた政府を攻撃し、天皇機関説の違憲性を政府に認めさせることにあったのです。

陸軍が政権打倒のため、政治闘争を引き起こすためのネタにしたというのがその実態でした。

こうして、一学説に過ぎなかった天皇機関説を攻撃することによって、天皇の絶対主権、つまり「天皇の神格化」が加速します。大正デモクラシーを支えた民主的学説は潰され、日本の立憲民主主義はフリーズ状態になり、それがそのまま軍部の暴走につながっていくのです。

ここがパラダイムシフト

◎それまで主流だった天皇機関説が急きょ問題視される

➔反対派によるこの工作が、軍国主義を加速化させた！

昭和初期の思想
──天皇のもと平等な社会を作ろうとした軍部

1920年代に入ると、大正デモクラシーの自由主義、民本主義（184頁）ブームが急速に終焉に向かいます。代わって台頭したのが、1920年代に入ってロシア革命（1917）の影響によって訪れた**共産主義**ブームです。その流れを追っていきましょう。

ロシア革命とは、第一次世界大戦（1914～18）のさなか、それまでのロマノフ王朝の皇帝ニコライ二世が退位し、指導者レーニンのもと、世界史上初の社会主義政権が誕生した事件を指します。その後ソビエト連邦がつくられ、すべての土地と工場は国有化、つまり国のものにされ、労働者が得た賃金はすべて国から分配されるようになりました。

このロシア革命のニュースは瞬く間に日本にも伝わり、産業革命によって資本家にムチャクチャ働かされ疲れ切っていた日本の労働者たちの心を打ちます。社会主義思想自体は先の時代に伝わっていましたが、それを実現した国が実際に出現したわけです。全員平等、貧富の差もない世界とは何と素晴らしいのか、と多くの人々が色めき立ち、そして共産主義ブームが到来したのです。

共産主義とは、世界規模で社会主義の実現をめざそうとする考え方のこと

昭和初期（1920-40年代）の思想の展開

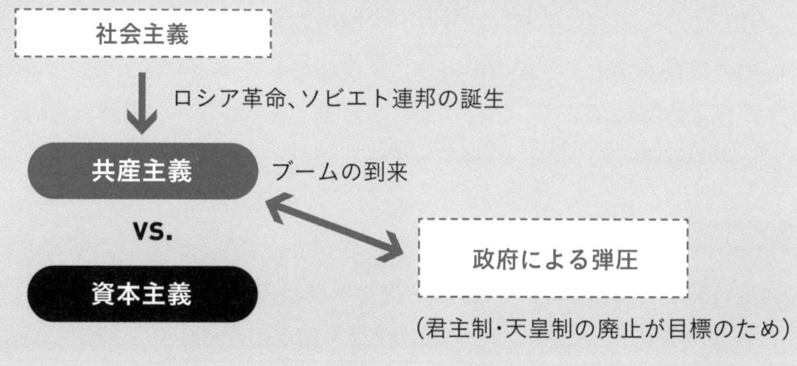

です。1922年には**日本共産党**が結成され、日本だけでなく世界中で共産主義が熱を帯び、「資本主義vs.共産主義」の対立の時代が始まります。社会主義のめざす平等な国というユートピアにあこがれる人々が、世界中にたくさん生まれました。いまの私たちからしたら「なに夢見てんだ」と思うかもしれませんが、当時の人々は、北朝鮮の惨状もソビエト崩壊もまだ知りません。良い社会を求め考え続ける多くのインテリたちが、まるでインフルエンザにかかるように、この思想に罹患《りかん》していったのです。

なお、社会主義の国際的な組織を**コミンテルン**と言います。日本共産党はコミンテルンの日本支部にあたり、ソ連に置かれた本部からの指示を受け、資本主義の打破に加えて、君主制の廃止をめざしました。つまり、天皇制の打破を目標としていたのです。なので共産主義者は、天皇制を国体とする政府から厳しく弾圧されました。

第一次世界大戦による好景気からの反動、1923年の**関東大震災**、そして1929年には**世界恐慌**も起こり、日本は未曾有の大不況に陥りました。そんな世相のなか、日本の多くの軍人が、天皇を中心とした独自の社会主義（国家社会主義）に傾倒するようになっていきます。農村では農産物の価格が暴落し、北海道・東北地方は飢饉《ききん》におそわれ、失業者も大勢出ます。軍隊は貧しい農村出身者の就職口でもありましたから、彼らが資本家たちに恨みを抱き、社会主義思想になるのも無理もないのです。

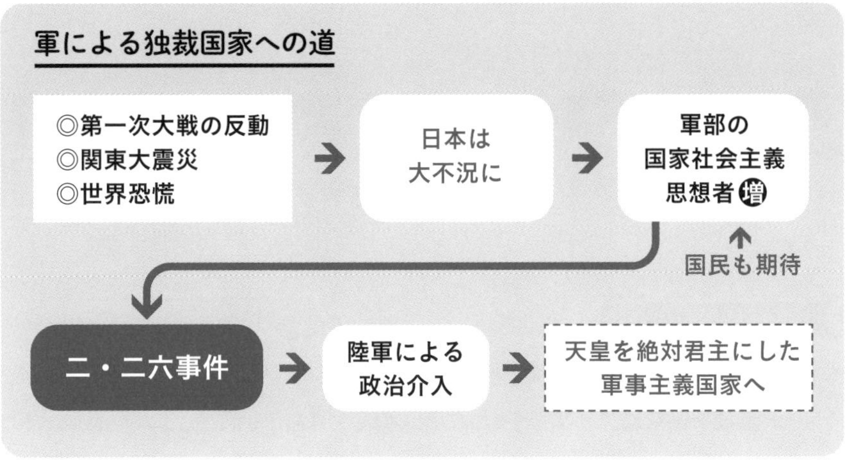

一般民衆たちも、たいした対策も出さない政党に失望し、私腹を肥やすだけの財閥への反感を高めます。**満州事変《まんしゅうじへん》**（1931）などによって大陸に勢力を広げる軍に期待するようにもなりました。民衆の支持もあって、軍の青年将校たちは力をもち、腐敗した政治家たちをぶっつぶすぞと、過激な思想をもつようになります。

そして、過激な計画や事件が続発します。当時、陸軍には**統制派《とうせいは》**と**皇道派《こうどうは》**の2グループがありました。統制派は軍のエリート中心で、政府や経済にうまく介入し、憲法の範囲を守りつつ政権に声をあげようとする派です。一方、皇道派は農村出身者など非エリートの青年将校らが中心です。彼らは社会主義者ですが、その思想は天皇制を否定するものではありませんでした。ただし、今の政権は武力で負かしてやろうという派閥です。この皇道派の起こしたクーデターが**二・二六事件**です（1936）。ただこれは完全に裏目に出て、一派は天皇の逆賊《ぎゃくぞく》と扱われ、以降は統制派が軍の主導権を握るようになりました。

この二・二六事件をきっかけに、政治家たちは軍の実力行使が恐くて反発できなくなり、軍の政治への発言力がますます強まります。陸軍は内閣、首相の人選にも関与するようになり、こうして日本は、天皇を神輿《みこし》に担いだ軍による独裁国家となっていきます。

ただしこれを、一部の軍人による暴走だと簡単に片づけることはできません。満洲国の件からもわかるように、「少しでも良い生活を送りたい」民衆自身がこれを望んだ、支持したという面も多分にあるということを、ぜひ忘れないでいただきたいと思います。

最後にもう一つ、「**八紘一宇**《はっこういちう》」という言葉を紹介しておきます。これは「世界を一つにする」という意味で、日本政府がアジア各国を植民地化すること（大東亜共栄圏の建設）を正当化するため、太平洋戦争のスローガンとしたものです。

ここがパラダイムシフト

◎社会主義的な思想が軍部にも広まる

→天皇を絶対君主とする独裁国家へと突き進んでいく！

昭和初期の教育――ファシズムが学校も支配

教育の分野では、大正時代は自由な風潮がありましたが、昭和時代のはじめはほとんど戦争の時代です。となると必然的に行なわれるのは、国によるがんじがらめの教育統制です。

近衛文麿《このえふみまろ》内閣が主導した**新体制運動**《しんたいせいうんどう》の一環として、**国民学校令**《こくみんがっこうれい》が公布され（1941）、小学校はすべて「国民学校」に名前が変えられました。行なわれたのは、子どもを「天皇の臣民」に育てるための教育です。すべての行ないが「お国のため」にと変換されます。国のために命を捧げられる人間を作ることが、教育の目標にされた時代だったのです。

戦後文化 1945年～

太平洋戦争を敗戦で終え、日本はどん底を経験し、ここから復興の道をたどっていく時代です。時代を細かく分けると、1945～52年は【GHQによる占領期】、その後の1955～73年ころは【高度経済成長期】になります。軍国主義が解体され、民主化、自由化が進んでいく流れを順に見ていきましょう。

戦後の学問――学術の平和利用が進む

　ではまず学問の分野から。戦後は学問思想も自由主義のもと一気に発達していきます。まず、1949年に**日本学術会議**《にほんがくじゅつかいぎ》という組織が学術の総合的代表機関として作られます。この組織は戦争時の反省から、戦争を目的とする科学の研究は絶対に行なわないということを理念としています。そのうえで、行政上の重要事項について審議を行なうなど重要な役割を担っていきます。

　こうした国を挙げての政策が実を結び、ノーベル賞の受賞者が増えていきます。日本初のノーベル賞受賞者は、物理学賞の**湯川秀樹**《ゆかわひでき》。1949年、中間子理論による受賞です。理論の説明はもちろんここでは略しますが（笑）、文化史ではそれぞれの分野の「初受賞者」を問われることが多いので、分野と受賞者を結び付けておさえておきましょう。

化学	**福井謙一**《ふくいけんいち》**（フロンティア電子論）**
生理学	**利根川進**《とねがわすすむ》**（免疫遺伝学）**
文学	**川端康成**《かわばたやすなり》**『雪国』**
平和	**佐藤栄作**《さとうえいさく》**（非核三原則）**

　そのほか、戦後は政治学や経済学が発達していきます。政治学では、戦後を代表する政治学者の**丸山眞男**《まるやままさお》。彼は戦時期の日本型ファシズムの研究をした人で、『超国家主義の論理と心理』を著しました。経済学では、西洋経済学者の**大塚久雄**《おおつかひさお》が『近代資本主義の系譜』を著しています。

戦後の教育――「個人の尊厳」のための教育が保障される

　GHQによる占領期に、教育の民主化が一気に進んでいきます。

　軍国主義にもとづいた記述はスミで上塗りされ、そして「**修身**《しゅうしん》」という授業は停止されます。修身は文字通り「身を修める」という意味で、今言うところの道徳の授業です。ただ、親孝行や目上の人への忠誠、愛国心が大事だよといった儒学的教えの強い内容なので、「軍国主義につながる」おそれから無くされました。ほか、**日本歴史**、**地理**の授業も一時的に停止されました。

そして、新しい**日本国憲法**が1946年に公布されますね。もちろんこれが大きなパラダイムシフトになります。その内容に合わせる形で**教育基本法**《きょういくきほんほう》が発令されます（1947）。戦争の反省を生かし、「個人の尊厳を守るため」に教育はあるんだよという理念のもと、教育の機会均等、義務教育9年制、男女共学など今につながる取り決めをしました。

また、**学校教育法**《がっこうきょういくほう》によって、6・3・3・4制の学校体系が確立されます。これも基本的には現在と同じ形ですね。

あと、**教育委員会法**《きょういくいいんかいほう》というものができて（1948）、教育委員会の委員は、それぞれの自治体ごとに選挙で選んでいきましょうと取り決めます。それぞれの自治体で、その地に合った形でやっていきましょうと、教育の地方分権をめざしたものでした。ただ、選挙で決めるとどうしても政治色が強まってしまう、教育の世界にはふさわしくないんじゃない、ということになって、1956年の首長による任命制に変わっていきます。

! ここがパラダイムシフト

◎新たな憲法の公布

➔「教育は個人の尊厳のため」という考えが浸透する！

長かった学問思想教育史も、ここでいったんピリオドを打ちたいと思います。

4章

文芸・ジャーナリズム史

文芸・ジャーナリズム史

さて、最後に取り上げるのは、文芸史です。

ここでは文芸作品はじめ、芸能ほか幅広いジャンルについて触れていこうと思います。

そして近代以降、印刷技術の向上により新聞という新しいメディアが登場、さらに大正期以降には雑誌メディアも出現します。それらを中心としたジャーナリズム史にも触れていきます。

飛鳥《あすか》文化、白鳳《はくほう》文化 6世紀末～7世紀前半、7世紀後半～8世紀初頭

口伝の時代から和歌の成立へ

古墳時代までの日本ではまだ、文字を使って記録を残すという文化が確立されていません。口承《こうしょう》・口伝《くでん》、つまり人に話して記憶を伝えていくやり方が中心でした。

6世紀になると、倭国と仲良くしたい百済《くだら》から、仏教や儒学などの学術などとともに**漢字文化**が伝わります（すでに4世紀の応神天皇の時代には千字文などが伝わっていた［130頁］とも言われますが、伝承の域を出ません）。なお、漢字が記された土器も発見されていますが、この場合の文字は何かしらの記号として用いられていたようです。

663年には白村江《はくそんこう》の戦いがあり、百済から亡命してきた王族や貴族たちによって**漢詩**《かんし》が伝わります。そして宮廷では漢詩文を学ぶことがさかんになりました。漢詩文を得意とする人に、天武天皇《てんむてんのう》の息子の大津皇子《おおつおうじ》がいたことがわかっています。

ちなみに、このときの漢詩文は、漢字のもつ意味に合わせて音読みして当て字する場合と、それに加えて意味に関係なく、音だけを当てはめて使うことも行なわれていたようです。

そして漢詩の影響を受け、**和歌**《わか》の体裁が整えられていきます。その一

つが**長歌《ちょうか》**。「ながうた」とも言って、五音・七音の句を三回以上続け、最後に七音を添える、文字通り長めの歌です。そしてもう一つが**短歌《たんか》**。これはお馴染み、五・七・五・七・七が基本の句ですね。

柿本人麻呂像（鎌倉時代）
東京国立博物館蔵＊

この時代の和歌の達人としては、**柿本人麻呂《かきのもとのひとまろ》**が挙げられます。彼は天皇を讃《たた》える歌を多く詠んでいます。「おおわが大王《おおきみ》よ〜♪」なんて詠《うた》っていたと覚えましょう（笑）。和歌と言えば恋の歌とイメージする人も多いと思います。たしかにそれも多いですが、当時の和歌には、天皇の良いイメージやその意向を広く伝えるという政治的な役割も大いにあったのです。

その役割を果たした女流歌人としては**額田王《ぬかたのおおきみ》**が有名です。彼女は和歌の才能を武器に斉明《さいめい》天皇の片腕となり、宮廷歌人として活躍します。そして斉明天皇の息子・大海人皇子《おおあまのおうじ》（のちの天武天皇）、さらにはその兄である天智《てんじ》天皇の妻にもなります。なかなかのやり手です（笑）が、のちに政乱にも巻き込まれるなど波乱万丈の人生を送っています。

ここがパラダイムシフト

◎倭国では、文字で書き残す風習は確立されていなかった

➔（660年滅亡の）百済貴族らが漢詩を伝え、和歌の体裁が整えられていった！

天平《てんぴょう》文化 8世紀

国としての裏付けがほしくて、歴史書が編まれた

この時代は、日本が律令国家、つまり法治国家としていよいよスタートしていく時代です。

学問思想教育史のパートでも書きましたが、貴族たちはこぞって子どもを**大学**に通わせるようになります（134頁）。

律令国家が成立したこの時代、行政の重要なことがらは、文書を作成することで進められます。

文字が広まっていき、あらゆる事柄が書き留められていくようになるのです。その教養を身につけるために大学へ通う必要がありました。

国史や地誌の編さん
——「国家」のためのストーリー成立

712年、現存する日本最古の書物である『**古事記《こじき》**』が編さんされます。思想史のパートでも触れましたが、国としての形ができつつあるときだから、「こんな歴史的な裏付けがある立派な国なんだ」とアピールするために作られたと考えてください。現代でたとえるなら、建国の歴史の浅いアメリカで、「自分たちの国の物語」の確立のために多くのヒーローもののコミックや映画が作られたようなものかもしれません。

この『古事記』のまとめ方はちょっと面白くて、まず天武《てんむ》天皇が**稗田《ひえだの》阿礼《あれ》**という人に、「この国に色々ある神話・物語をひとまとめにするから、暗記してちょうだい」と命令します。人間レコーダー状態（笑）になった稗田阿礼の口述をもとに、それを**太安万侶《おおのやすまろ》**という人が記述してできたと伝わります。伝承をまとめた物語風の内容です。

一方、日本という国の最初の正史として720年にできたと伝わるのが『**日本書紀《にほんしょき》**』です。これは天武天皇の時代に企画され、その後**舎人親王《とねりしんのう》**らたくさんの人が関わって完成しました。その特徴は編年体、つまり年代ごとに書かれた漢文の歴史書だということです。日本は天皇を中心とした、こんな立派な歴史があるすごい国なんだということをアピールしています。

神話時代から始まっていて、どこまでが神話でどこからが史実かわからない面もありますが、次第に実在した天皇の記述につながり、持統《じとう》天皇の時代、7世紀末までの記述が残されています。

また713年には、各地の地名の由来や歴史伝来、自然・社会・文化の特色などを調査研究して報告するようにという元明《げんめい》天皇の詔が出され、諸国で地誌が作成されます。これを『**風土記《ふどき》**』と言います。各国で作られましたが、現存するのは常陸《ひたち》・出雲《いずも》・播磨《はりま》・豊後《ぶんご》・肥前《ひぜん》の5か国のみです。

詩歌　古代日本人の心情がつまったタイムカプセル

そして奈良時代後半には、最古の和歌集と言われる**『万葉集《まんようしゅう》』**が完成します。ここには、国家の中枢にいた皇族・貴族たちの歌のほか、同時代に生きた一般ピープルたちの歌も多く含まれています。九州北部の警備にあたっていた防人《さきもり》が単身赴任の寂しさを詠んだとされる歌などが有名ですよね。また、それよりさらに古い時代の歌も多く含まれているので、古代の日本人の政治と社会を知るうえでもとても重要な書物です。

ちなみに、そうした歌の中に「仏教や儒教の影響を受ける前の、日本人本来の心情」が凝縮されているのではないか、後世にそう考える人々が現れて「国学《こくがく》」という学問が普及しますが、それはまた別の話です（151、153頁）。

漢詩のほうでは、現存する最古の日本漢詩集として、淡海三船《おうみのみふね》がまとめたとされる7世紀以降の漢詩文集**『懐風藻《かいふうそう》』**を覚えておきましょう。

ここがパラダイムシフト

◎律令国家が成立

→国家の体裁が文書により整えられ、『古事記』『日本書紀』などの国史が誕生！

弘仁《こうにん》・貞観《じょうがん》文化　9世紀

漢詩を最重視する、強固な学歴社会が確立

この時代は「唐風文化」、つまり中国風の文化と認識しておきましょう。その文芸史上の特色は、**文章経国思想《もんじょうけいこくしそう》**という語に表されます。思想史でも触れましたが、これは「中国の史学・文学を**漢詩文**で学ぶこと（紀伝道《きでんどう》と言います）で、国を安定的に経営していこうよ」という考えです。

文章経国思想

（中国を学ぶことで
日本の国力を高めよう）

↓

漢詩文に詳しい者が
力を持つ社会に！

つまり、漢詩や中国の歴史に詳しい文人貴族こそ出世する、そんな学歴社会が強固に確立されていたと理解しておいてください。和歌もさることながら、漢詩文がすごく流行し、重宝された時代だったんだよということをおさえておいてくださいね。

そうしてできたものの一つに、嵯《さ》峨《が》天皇勅撰《ちょくせん》の漢詩文集**『凌雲集《りょううんしゅう》』**というものがあります。「勅撰」とは天皇の命令によって作られること。これは「日本初の勅撰漢詩文集」と覚えておいてください。

天皇ではない私人が選者になったものは「私撰」と呼びますが、そちらのほうだと、空海《くうかい》の遺した漢詩や書簡を弟子がまとめた**『性霊集《しょうりょうしゅう》』**というものがあります。名前が似ていて紛らわしいですが、大丈夫ですか、ついてこれてますか？（笑）

あと、**説話集** というジャンルがあります。これは仏教の布教のために説法をわかりやすくまとめたもので、もう少しあとの中世時代になるとさまざまな仏教説話が広まりますが、この時代はその先駆け的なものが出てきます。それが**『日本《にほん》霊《りょう》異《い》記《き》』**です。景戒《けいかい》という僧がまとめたものです。入試でもけっこう出題されるのでしっかり覚えましょう。

六国史

書名	成立	内容	編者
『日本書紀』	720年	神代～持統朝	**舎人親王**
『続日本紀』	797年	文武～桓武朝	菅野真道
『日本後紀』	840年	桓武～淳和朝	藤原緒嗣
『続日本後紀』	869年	仁明朝	藤原良房
『日本文徳天皇実録』	879年	文徳朝	藤原基経
『日本三代実録』	901年	清和・陽成・光孝朝	**藤原時平**

あと、円仁《えんにん》が唐に留学して密教を学んだときの記録をまとめた**『入唐求《にっとうぐ》法巡礼行記《ほうじゅんれいこうき》』**もよくテストに出ます。

そして、朝廷には**歴史書**を編さんするための役所である史局が設置され、六国史が編さんされます。これは、簡単に言えば六つの代表的な歴史書です。『日本書紀』(198頁)が最初の国史ですが、その続編的なものとして、**『続日本紀《しょくにほんき》』**などがあります。その他は表で確認してください。

書道の分野では、唐風(唐様)の書の達人として、「三筆」と呼ばれる書道マスターが登場します。**嵯峨天皇**、**空海(弘法大師)**、あと一人は、**橘逸勢《たちばなのはやなり》**です。空海が最澄に宛てた「風信帖《ふうしんちょう》」という手紙が残っています。「弘法も筆の誤り」、そんなことわざどおりの達筆だったのです。

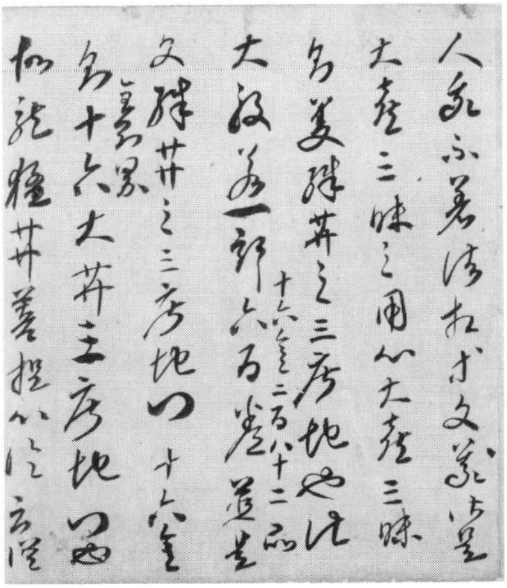

空海筆　金剛般若経開題残巻(三十八行)(平安時代)
国宝　奈良国立博物館＊

弘法大師像(鎌倉時代)　東京国立博物館蔵＊

ここがパラダイムシフト

◎中国に追いつけ！

➔漢詩文の教養がエリートのたしなみとなる一方、仏教説話集も編まれた！

国風《こくふう》文化 10世紀〜11世紀前半

「仮名文字」が普及、日本人の豊かな感情表現の礎に

前の弘仁・貞観文化は「唐風《とうふう》文化」、つまり中国風の文化が全盛期だった時代でした。それと比べてこの時代は、「日本風」が芽生えてきます。ただ、日本オリジナルの文化というわけではありません。これまでに吸収した唐風文化が日本風にアレンジされていくのが国風文化の特徴です。

文芸のジャンルで特筆すべき点は、**「仮名文字の発達」**にあります。ひらがな、カタカナが巧みに使い分けられるようになり、日本人の感情表現はこの文字によって多様に育まれていったと言っても過言ではないでしょう。この前の時代までは「万《まん》葉《よう》仮《が》名《な》」を使っていました。これは一つの音を表記するのに漢字一文字を使ったもの（表音文字と言います）で、「山」を「也麻」などと書いたりしました。「よろしく」は「夜露四苦」って、これは暴走族ですね（笑）。このように、音の響きを用いただけで、文字自体に意味はありません。この万葉仮名をくずしたものがひらがな、カタカナになっていきます。そして、仮名文字で書かれた作品が多く成立します。今私たちが「古典」として授業で習うような、とても有名なものばかりです。

『竹取物語』（江戸前期刊より）**

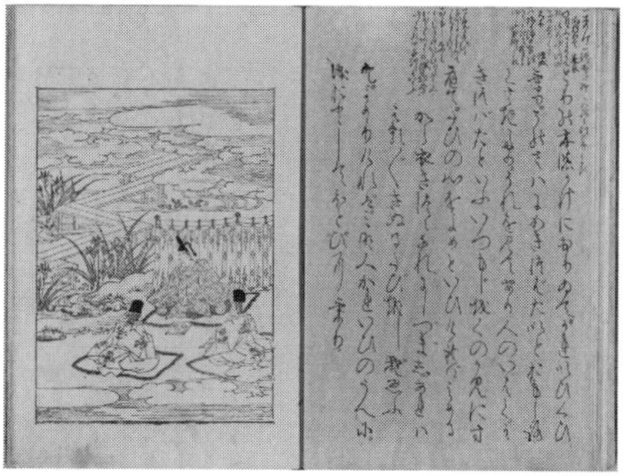

『伊勢物語』（1610年〈慶長15〉刊より）**

まず **詩歌《しいか》**。日本初の勅撰和歌集が**『古今和歌集《こきんわかしゅう》』**です。

905年、醍醐天皇の命で**紀貫之《きのつらゆき》**らが編さんしたもので、非常に技巧的な歌が多く、全部で1000首以上集められています。そこには、小野小町《おののこまち》や在原業平《ありわらのなりひら》など、「六歌仙」と呼ばれる和歌のマスター6人衆が歌を寄せており、そのすぐれた表現はのちの時代の和歌の手本となりました。

藤原公任《ふじわらのきんとう》という人は、和歌も漢詩も得意な人でした。その両方の歌を集めた『**和漢朗詠集《わかんろうえいしゅう》**』というものもあります。

物語 のジャンルでは、まずこの時代の前半に作られた『**竹取物語《たけとりものがたり》**』という伝記物語があります。あのかぐや姫の話として今も良く知られる物語です。そして、歌物語の『**伊勢物語《いせものがたり》**』も成立しました。プレイボーイの在原業平を主人公に、その地方行脚《あんぎゃ》の物語を描いています。

そしてこの時代の後半には、物語文学の最高傑作と言われるあの『**源《げん》氏物語《じものがたり》**』が紫式部によって書かれます。これは宮廷生活のなかで起こる貴族の恋愛模様などを細やかに描いた、1000年以上経った今でも読み継がれる言わずもがなの名作です。歴史物語では、藤原道長の時代を賛美した『**栄華《えいが》（栄花）物語**』を覚えておきましょう。これはその名の通り、藤原道長の生きた時代、その栄華を賛美した物語です。

次に **随筆**、要はエッセイですね。かの有名な清少納言の『**枕草子《まくらのそうし》**』が生まれます。有名作ですから、解説は古典の先生に任せましょう（笑）。

日記 というジャンルもあります。紀貫之が土佐の国司として赴任し、京に帰るまでの間をまとめた『**土佐日記《とさにっき》**』。これ、貫之は女性になりすまして平仮名で私的なことを書いています。「日記」と聞くと当然プライベートの記録でしょ、と思いがちですが、実は当時、男性が書く日記とは、「儀式作法を後世に伝えるための公的記録」というものでした。その日記に私的なことを書き、しかも公式記録には漢文を使うのがふつうのところ仮名で書いた。理由は定かではありませんが、これ、相当ぶっ飛んだことだったんだよということが伝われればと思います。女性が書いた日記には、藤原道綱母《ふじわらのみちつなのはは》が夫のグチをまとめた『**蜻蛉日記《かげろうにっき》**』があります。夫とうまくいかないよ、とかなんとかいうことをさんざん書き連ねています（笑）。そして、お父さんに連れられ上総国《かずさのくに》に行った菅原孝標女《すがわらのたかすえのむすめ》が、京に帰ってくるまでのことをまとめた『**更級日記《さらしなにっき》**』というものもあります。

書道に関しても、「唐風から日本風へ」という流れをおさえておきましょう。これを「和様」と言います。和様の三跡として、**小野道風**《おののみちかぜ》、**藤**《ふじ》**原行成**《わらのゆきなり》、**藤原佐理**《ふじわらのすけまさ》がいます。佐理が書いた『離洛帖《りらくじょう》』は、京を離れて大宰府に転勤になり、京に残した家族や友人を想って書いた手紙です。藤原行成は、中国の「書聖」とも呼ばれた書家・王羲之《おうぎし》の書体を日本風にアレンジして、「世尊寺流《せそんじりゅう》」という書道の流派の祖になりました。

ここがパラダイムシフト

◎仮名文字が普及

➔宮廷では、さまざまな文芸作品が生み出される！

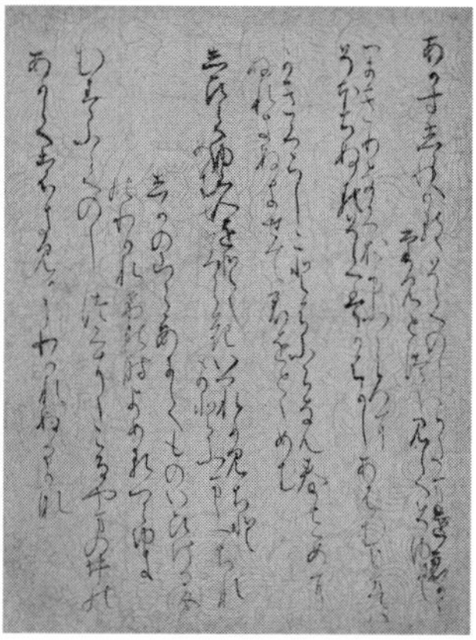

伝藤原行成筆　古今和歌集断簡（荒木切）（平安時代）重美　東京国立博物館蔵＊

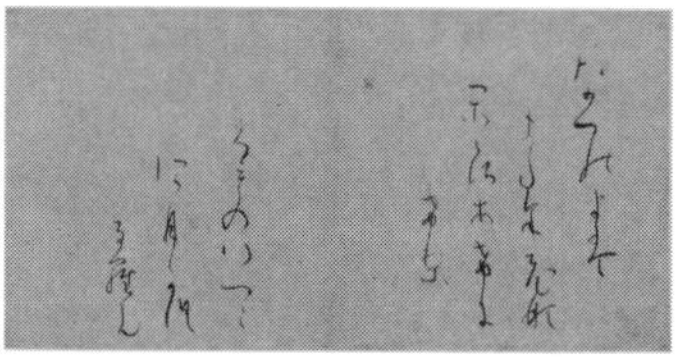

伝小野道風筆　継色紙（平安時代）重文　東京国立博物館蔵＊

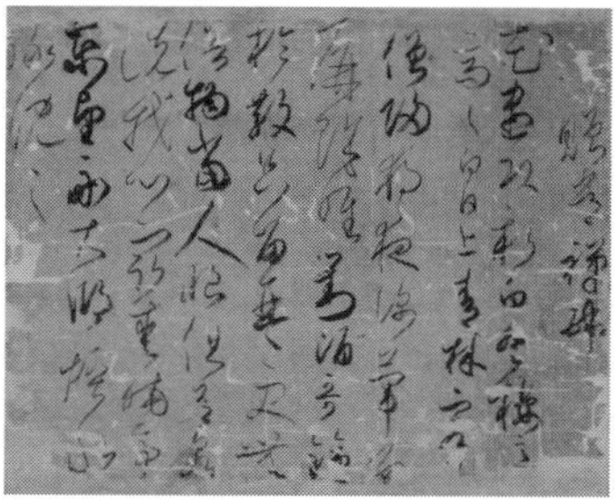

伝藤原佐理筆　白氏文集断簡（絹地切）（平安時代）東京国立博物館蔵＊

院政期《いんせいき》文化 11世紀末〜12世紀

地方との文化交流、新たな文芸・芸能の誕生

仏教史でまなんだように、この時代の特色は【浄土教の地方波及】でしたね。そして、それは逆に、地方の文化が中央に入ってくるという面も生み出します。つまり人の交流がさかんになって、京の文化が地方に伝わるだけでなく、京の貴族たちが地方の文化に触れる機会が増えるようになったのです。これが重要なポイントです。

文芸の世界でも、このような庶民文化が広まる時代です。歌謡、軍記物、説話集、歴史物語などさまざまなジャンルの文芸作品が生まれます。

まず **歌謡**。庶民文化を代表する**今様《いまよう》**という流行歌謡に、あの後白河法皇がドハマリしました。そんな彼が今様を集めて編さんしたのが**『梁《りょう》塵秘抄《じんひしょう》』**です。とっつきづらい名前ですけれど、実は中身は「当時の最新ヒットソング集」なんですよ。各地の庶民の活き活きとした生活の様子が歌という形になり、中央の最高権力者にまで伝わっていたんですね。

あと、宮廷歌謡で、楽器で演奏されるものを**催馬楽《さいばら》**と言います。一方、漢詩や和歌の名句を吟じる**朗詠《ろうえい》**というジャンルも流行しました。

続いて **軍記物** です。これは戦乱関係の物語をまとめたもので、平将門《たいらのまさかど》の乱を題材にした**『将門記《しょうもんき》』**、前九年《ぜんくねん》合戦を題材とした**『陸奥話記《むつわき》』**などがあります。

そして、 **説話集** 。弘仁・貞観文化のところで『日本霊異記』を取り上げましたが（200頁）、これ、要は仏教の普及のために作られたわかりやすい物語ということです。この時代に編まれたのが、インド・中国・日本の仏教説話をまとめた**『今昔物語集《こんじゃくものがたりしゅう》』**です。

歴史物語 には、藤原氏の栄華を批判的に描いた**『大鏡《おおかがみ》』**があります。批判的という点が、『栄華（栄花）物語』（203頁）とは真逆です。

ここで芸能についてもちょっと触れておきたいと思います。地方の文化が都に入ってきて、そこから芸能分野においても新たな発展が生まれ

ます。地方の農村で、田植えの前に豊作や無病を願って歌い踊ったことから生まれた「**田楽《でんがく》**」が、平安末期の頃の平安京でも流行しました。唐から伝来した散楽《さんがく》（軽業などを駆使したエンタメ重視の見世物芸）を元としたものまね芸である「**猿楽《さるがく》**」もこのころに始まりました。

ここがパラダイムシフト

◎京と地方の文化交流が増える

➔京の文化が地方へ、地方の文化が京へ入り、さまざまな新しい文化が生まれる！

鎌倉《かまくら》文化 12世紀末〜14世紀初頭

文芸界でも武士が主役の場に躍り出る

鎌倉文化の特色は三つありましたね。おさらいすると、まず一つ目は公家の伝統文化を継承していること。有職故実《ゆうそくこじつ》や、和歌を詠むことが貴族の間で流行しました。

二つ目は、武家文化の基盤が形成されたことです。これは鎌倉幕府が開かれ、初めての武家による政権ができたことからもわかりやすいですね。武士と言えば質実剛健。素朴なものを好む気風もあります。

そして三つ目は、禅宗の影響が強いことです。そう、鎌倉幕府は禅宗を庇護しましたよね。多くの禅僧や商人が大陸にわたり、当時最先端の、南宋や元の文化を持って帰ってきました。

文芸の面では、まず**和歌**から。後鳥羽上皇《ごとばじょうこう》の命（勅撰）により、**藤原《ふじわらの》定家《ていか・さだいえ》**・家隆《いえたか》らが撰集したものとして、**『新古今和歌集《しんこきんわかしゅう》』**が挙げられます。後鳥羽上皇はその序文に「和歌は世を治めて、民の心をやわらげる道」だよと書くくらい和歌の力を重視した人で、そのセレクトには長い歳月と労力が費やされました。ここに収録されている和歌はものすごく技巧的です。古今和歌集も十分技巧的ですがそれ以上なのです。古今和歌集で使われていた語を切り取り、それを利用するのですが、そういうテクニックを「本歌取り」と言います。さらに、「幽玄《ゆうげん》」の世界を言葉で表現するという価値観の芽生えも見られます。幽玄とはものごとの趣《おもむき》が奥深くてはかり知れず、高尚で優美なさまを表しますが、そんな世界を表現した**西行《さいぎょう》**の歌も収められています。

後小松院本歌仙絵　西行法師（室町時代）
東京国立博物館蔵＊

なお、定家の家系は「和歌の家」として定着していき、子孫に藤原為家《ふじわらのためいえ》、そして二《に》条《じょう》家《け》や冷泉家《れいぜんけ》などの「和歌の家」が生まれていきます。

西行は私撰和歌集として、各地を遍歴し、自然や人生について詠んだ『**山家集《さんかしゅう》**』を遺しました。

また、鎌倉幕府三代将軍の**源実朝《みなもとのさねとも》**は後鳥羽上皇の影響を受け和歌づくりに傾倒し、武士が詠むような万葉調の素朴な歌を集めた『**金槐和歌《きんかいわか》集《しゅう》**』を出します。西行、実朝ともに武士出身ということで、武家文化を代表する二人と知っておいてください。

次に **軍記物** です。これは戦乱の様子を知ることができるだけでなく、戦争と戦争の間の、平時における武士の生活の様子も知ることができる貴重な史料です。この時代、琵琶法師《びわほうし》が語ることで、文字を読めない庶民に広げていく、そんな「語り文学」のスタイルが確立されます。代表的なのが『**平家物語《へいけものがたり》**』ですね。武士の治める世になったから、武士が主人公になる軍記物語が生み出されたのです。

仏教説話集 を見ると、前の時代には『今昔物語集』がありましたね。この時代には『**古今著聞集《ここんちょもんじゅう》**』『**沙石集《しゃせきしゅう》**』が作られます。これは多くの荘園を持つ寺社が、農民たちとの結びつきを強める（＝結縁《けちえ》と言います）ために読み聞かせた説話を集めたものが中心です。荘園領主が自分たちの土地がいいところだよ、すごい歴史があるんだよと正統性を主張するために作ったものという意味では、縁起絵巻（95頁）と同様の性質を持つものと言えるでしょう。

随筆 のジャンルでは、有名な『**方丈記**《ほうじょうき》』があります。**鴨長明**《かものちょうめい》が、鎌倉初期に立て続けに起こった災厄を嘆き、世の無常を説いた作です。治《じ》承《しょう》・寿永《じゅえい》の乱のさなか、養和《ようわ》の飢饉《ききん》（1181）が起こりましたね（23頁）。そのひどい有様を克明に記録している、ルポルタージュのような面も持つ作品です。また、鎌倉時代末期の世を書いたのが**兼好法師**《けんこうほうし》の『**徒然草**《つれづれぐさ》』です。社会に対する鋭い観察眼が光ります。随筆が上手い人というのは、現代で言うとSNSの「リポスト」を巧みに使って自説をうまく発信する人のような感じだと私は思っています。

続いて **紀行文** です。藤原為家の妻である阿仏尼《あぶつに》が書いた『**十六夜日記**《いざよいにっき》』は、所領裁判のために京都から鎌倉に向かう道中をまとめた日記で、当時の土地争いの実態を知ることのできる貴重な史料です。

さて、ではここで久しぶりにクイズを一問。

Q.この時代、どうして紀行文というジャンルが生まれたのでしょう？

正解は、A.鎌倉が都市として発展したからです。京と鎌倉を行き来する人が増えたことがそのきっかけになったんですね。

最後に **歴史書** です。まず『**愚管抄**《ぐかんしょう》』。著者の**慈円**《じえん》は九条家の出身で、天台座主《てんだいざす》の地位から歴史を論じます。これ、単に事実を並べただけでなく、筆者の意見も入っているのが面白いところです。鎌倉時代は公武二元体制を取っていたわけですが、それは正しい考えですよ、理にかなっていますから鎌倉幕府と対立するのはよしましょうと、後鳥羽上皇の承久の乱を諫《いさ》めようとしたとも言われています。

そして、鎌倉幕府によって編さんされた正統の歴史書が『**吾妻鏡**《あづまかがみ》』です。こういう歴史書をまとめられるくらい、十分な学を身に着ける武士も現れてきたというわけです。

日本の仏教史をまとめた『**元亨釈書**《げんこうしゃくしょ》』というものもあります。

書道 に関しては、藤原行成が「世尊寺流《せそんじりゅう》」という書道の流派をつくりましたね（204頁）。これに宋や元の書風を取り入れてアレンジした「青蓮《しょうれん》院流《いんりゅう》」という流派が生まれます。これはのちの江戸時代には「御家流《おいえりゅう》」という名前に変わって続いていきます。

ここがパラダイムシフト

◎武家政権である鎌倉幕府が誕生

➔武士を主役とした軍記物語、京と鎌倉の移動をネタとした紀行文などが生まれる！

南北朝《なんぼくちょう》・北山《きたやま》文化 14世紀半ば～15世紀前半

南北真っ二つの内乱の時代に生まれた作品とは？

ここからは室町時代です。室町時代は前半の南北朝・北山文化、後半の東山・戦国文化に分けて整理しましょう。

南北朝時代と言えば、足利尊氏によって擁立された光明《こうみょう》天皇をはじめとする北朝が京都に、後醍醐《ごだいご》天皇とその子孫の南朝が吉野に、それぞれ分立・並存した時代のことです。要は内乱の時代です。その時代を表すように、文芸においては、歴史書や軍記物語などが多く編まれるようになります。「南朝が正統だ」、「いやいや俺ら北朝が正統だよ」とそれぞれ主張する内容のものが多いとイメージしてください。

まず、後醍醐天皇の側についた**北畠親房《きたばたけちかふさ》**がまとめたのが**『神皇正統《じんのうしょうとう》記《き》』**です。これは、後醍醐天皇がわりと早めに亡くなり南朝がやや劣勢になったとき、関東武士を味方につける目的で作られました。親房は、三種の神器（鏡・剣・勾玉《まがたま》）は、それぞれ君主が持つべき徳を象徴しているんだ、その徳を持たないものは君主ではない。だからいま三種の神器を持っている南朝が正統なのだ、というロジックをもち出します。「徳がないものは君主ではない」というまるで易姓革命説《えきせいかくめいせつ》（132頁）のような考えを、万世一系が揺らいだことに対する切り札として用いたのです。

続いて物語系の作品です。ここで、受験界に金科玉条のごとく長年伝わる（笑）、この時代の代表的な歴史物語5つを覚えるための語呂合わせをお教えしましょう。

「歴史栄華は大今水増（れきしえいがはだいこんみずまし）」。

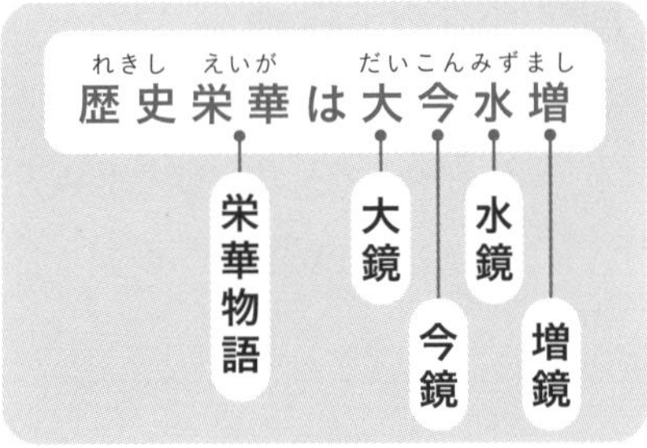

これ、歴史物語は **1.** 栄華（栄花）物語 **2.** 大鏡《おおかがみ》 **3.** 今鏡《いまかがみ》 **4.** 水鏡《みずかがみ》 **5.** 増鏡《ますかがみ》ですよという意味です。成立年代もこの順番の通りです。

南北朝時代には『**増鏡**』が登場します。鎌倉時代の歴史的大事件についてほとんど触れられ、朝廷中心の描き方、公家の目で世の中を見ているところに特徴があります。

続いて北朝側、つまり足利尊氏側の立場から書かれた軍記物に『**梅松《ばいしょう》論《ろん》**』があります。足利氏の家臣が書いたと言われます。

ほか、『平家物語』のように講釈師の語りによって広まった軍記物として、『**太平記《たいへいき》**』があります。語り文学なので間違いが多く、それを修正して書かれたものに『**難太平記《なんたいへいき》**』というものもあります。

ここがパラダイムシフト

◎内乱の時代到来

→軍記物語や歴史書が多く作られる！

寄合《よりあい》で行なう芸能の誕生

また、この時代、「集団で楽しむ文芸」というものが始まりました。何かと言うと、**連歌《れんが》**です。これは短歌をみんなで詠みつないで、その即興性を楽しむゲームです。「その発句《ほっく》いいじゃん」「いやいや、君の脇句《わきく》こそイカスよ」とかそんな感じ（笑）。**二条良基《にじょうよしもと》**という人が創始したと言われています。彼は『**菟玖波集《つくばしゅう》**』という準勅撰の連歌集をつくり、連歌を和歌と同等の地位に高めようとします。また、連歌の細かい規則もつくっています（『**応安新式《おうあんしんしき》**』）。なお、この時点の連歌は貴族・公家限定のお遊びで、まだまだ下々《しもじも》のほうには広まっていません。これが広まるのは室町後半だよとイメージしておいてください。

もう一つ、寄合の芸能がさかんになります。**闘茶《とうちゃ》**と呼ばれるものです。飲んで茶の産地を当てっこする遊戯ですが、ただのゲームではなく、莫大な金品を賭けています。お茶がらみですから、後世の風流な茶の湯文化につながるお上品なお遊びかと思いきや、実はれっきとしたギャンブル（笑）。こういう下世話で即物的な遊びから広まっていく文化もいいですね、人間臭いですね。人の本質なんていつの時代もそう変わらないって、ちょっと安心してしまいます（笑）。

ちなみに、どんな人がこれをしていたかというと、この時代に台頭していた「**新興《しんこう》武《ぶ》士《し》**」と呼ばれる人々です。彼らは派手好みで贅沢好き、権力には歯向かうタチがあり、その気質は「**ばさら**」と呼ばれました。

ここがパラダイムシフト

◎身分にとらわれないぜいたくで華美な生活を送る勢力が台頭
→人生のお楽しみとして「闘茶」など新たな寄合文化が生まれる！

義満がバックアップした禅と能

続いて北山文化の時代に移ります。これは室町幕府三代将軍、**足利義満《あしかがよしみつ》**の治めた時代です。義満は禅宗を重視し、禅宗系寺院のランク付けと統制をする**五山《ござん》・十刹《じっさつ》の制**を取り入れましたね（26頁）。五山の僧は政治外交顧問として重要な地位に就くようになり、学問を熱心に修めます。政治学として学ばれたのが宋学（朱子学）です（136頁）。また漢詩文から積極的に学んだりもし、その研究成果を五山版で出版します。それらは**五《ご》山文学《ざんぶんがく》**と呼ばれ、**義《ぎ》堂周信《どうしゅうしん》**、**絶海中津《ぜっかいちゅうしん》**などが有名です。

またこの時代の芸能としては、**猿楽能《さるがくのう》**がさかんになります。これは院政期文化期に登場した、ものまねから始まった芸能である猿楽（206頁）が芸術の域にまで高まったものです。歴史の敗者にスポットを当て、幽霊になって出てくるなど、「敗者を鎮魂する」ためのシナリオがしっかりと組み上げられ、BGM付きの舞で観客たちを幽玄の世界にいざないました。この猿楽能を、多くの人を取り込みたい有力な大寺社がバックアップしました。義満も愛好者で、**観阿弥《かんあみ》・世阿弥《ぜあみ》**親子を手厚く保護します。要はパトロンですね。世阿弥の**『風姿花伝《ふうしかでん》』**（花伝書）は現代にも通じる芸術論として広く知られています。「好きこそものの上手なれ」なんて、これ世阿弥の言葉ですからね。

能はのちの時代、北山・東山文化の時にさらに広まっていきます。室町幕府は京都にありますので、京都の公家が中心となって、そこに武士も加わり、能を媒介に、身分を超えた交流が行なわれます。

! ここがパラダイムシフト

◎足利義満が公武ともども完全支配する
➜庇護された禅の文学や能楽がさかんに！

東山《ひがしやま》・戦国《せんごく》文化 15世紀後半〜16世紀前半

現代にもつながるさまざまな「日本文化」の誕生期

この時代の特徴は覚えていますか？　そうです、1467年に応仁の乱が始まり、室町幕府の財政がどんどん悪化。豪華なものより簡素なもの、「侘び」「寂び」の文化が芽生える時代です。

前の南北朝文化の時代は「ばさら」の影響で闘茶が流行しましたね（211頁）。この時代はそういった世相を反映し、それがまったく正反対の「侘び茶」という概念に変容していきます。これは、**茶道**の中に禅の精神を取り入れ、おごそかな点前《てまえ》で抹茶を点てて客をもてなす、今も続く「茶の湯」の教えの根幹をなす考えです。侘び茶は、「一休さん」としても有名な禅僧・一休宗純《いっきゅうそうじゅん》の弟子とされる**珠光《しゅこう》**が広め、その後、戦国期の初めには堺の商人出身の**武野紹鷗《たけのじょうおう》**という人がそれを受け継ぎ広めました。

さてさて、「侘び茶と言えば**千利休《せんのりきゅう》**じゃないの？」と思った人、良い読みです。千利休は文化区分でいうと、このあとの桃山文化期の人になります。ちなみに、千利休が為したことを表すのに相応しい言葉としては、「侘び茶を大成した」という言い方がなされます。この「大成」という語が大きなポイントです。詳しくは215頁で解説します。

花道（華道）もだんだん形が変わっていきます。もともとは供花《くげ》（仏さまに供えること）からスタートしましたが、それが床《とこ》の間《ま》のしつらえ、つまり飾りとして使われるようになり（「立花〔りっか・たてはな〕」）、そして剣山《けんざん》に立てて、新しい花の立ち姿を表現するような「生花〔しょうか・いけばな〕」というスタイルが確立されていきます。仏教とは切り離された完全な観賞用の美術作品、いわゆる生け花ですね。この生花を大成したのが**池坊専慶**《いけのぼうせんけい》、現代にもつながる流派の祖です。

そして、**能**です。北山文化期に猿楽能が流行りましたが（211頁）、この時代は上流階級だけでなく都に住む庶民のあいだでも親しまれます。またそれとは別に、猿楽能をもっとエンタメ寄りにした田楽能《でんがくのう》も農民たちの間で流行ります。

また、その能と能の出し物の間に、箸休め的な感覚でしょうか、当時の現代コメディのようなものを披露することも庶民の間で流行ります。これが**狂言**《きょうげん》です。能は歴史にまつわる重厚なストーリーが中心ですが、こちらは世間をちょっと皮肉ったりおちょくったりするような、喜劇性・風刺性の強い芸です。

次に**連歌**です。これまではまだまだ和歌の影響が強くテクニカルな歌が主流でしたが、この時代はこれが庶民の間で広まっていき、伝統的なものと庶民的なものに二分されていきます。まず、伝統を守りたいよというグループは正風連歌《しょうふうれんが》と言います。その中心にいるのが**宗祇**《そうぎ》という人で、『**新撰菟玖波集**《しんせんつくばしゅう》』をまとめました。それに対して庶民派グループの代表は**宗鑑**《そうかん》という人です。彼は俳諧連歌《はいかいれんが》といって、言葉遣いとかどうでもいいから、自由に詠んじゃおうぜと庶民に向けた連歌を広め、『**犬筑波**《いぬつくば》**集**《しゅう》』をまとめています。このタイトル、「犬が這いつくばってすること」、つまり犬がおしっこするっていう意味なんです（笑）。元ネタをパロって

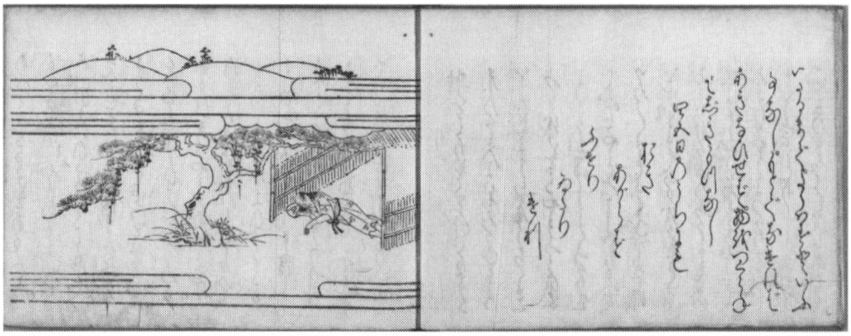

『御伽草子』第9冊
(物くさ太郎) より**

おちょくりつつ、そんなお下品な言葉も使う。なかなかなフリーダムですね (笑)。ちなみに、「俳諧」ってけっこう聞く言葉だと思いますが、これはもともと「自由」っていう意味なんですよ。この俳諧が江戸時代に更に発展し、「俳句」と呼ばれるジャンルにもつながっていくんです。

次は**物語**です。仏教思想の影響を受けた短編がいくつか出て、**御伽《おとぎ》草子《ぞうし》**というジャンルで呼ばれます。『物くさ太郎』『一寸法師』『浦島太郎』など、昔話として今も伝わる物語がこの時代に作られています。ちなみに江戸時代には、こういう仏教色がまったくない、100%エンタメに振り切った物語が山ほど生み出されます (浮世草子《うきよぞうし》、220頁)。それと対比で覚えておくと良いでしょう。

舞踏《ぶとう》のジャンルでは、**曲舞《くせまい》・幸若舞《こうわかまい》**というものが確立されます。これは能とともに親しまれた踊りで、主に武士の歴史、つまり軍記物などを題材にしたので、特に武士に好まれます。「敦盛《あつもり》」なんかが有名ですね。織田信長が「人生五十年〜♪」って舞っている場面、よくドラマとかで見るでしょう。あれは能ではなく、この幸若舞の「敦盛」を舞っているんですよ。

一方、みんなで派手な格好をしてお盆の時期に念仏踊りをする**盆踊り**も流行ります。地域のお祭りとか、今でも残る風習ですね。ハロウィンとかクラブイベントみたいなものです。

更に、三味線と操り人形を組み合わせた**古浄瑠璃《こじょうるり》**というジャンルも誕生します。これがのちの文楽《ぶんらく》、つまり人形浄瑠璃につながっていきます。

このジャンルの最後に取り上げるのは**小歌《こうた》**です。院政期文化のときに今様《いまよう》が流行りましたが (205頁)、この時代の庶民の歌を集めたものとして『閑吟集《かんぎんしゅう》』が出されます。名もない一般ピープルの声を集めたものという意味では、今様コレクションである『梁塵秘抄《りょうじんひしょう》』とセットで覚えると良いでしょう。

ここがパラダイムシフト

◎庶民も巻き込み、豪華一辺倒でない多様な価値観が生まれる
→現代にも残るさまざまな日本文化が形づくられた！

桃山《ももやま》文化 16世紀後半

大量印刷の基礎が築かれる

いよいよ近世に入りました。桃山時代以降の文化のキーワードは、【豪華と侘びの共存・コントラスト】、これに尽きます。

文芸 のジャンルでも、秀吉の朝鮮出兵や南蛮貿易の活性化にともない、朝鮮や南蛮からの新しい技術が導入されてきたことが大きな影響を及ぼします。それが**活版印刷《かっぱんいんさつ》**です。活版とは、文字を一つひとつ凸型に彫って「活字」を作り、それを印刷機に並べて活版と呼ばれる版をつくり、かんたんに大量印刷できるようにする技術です。朝鮮からは木で削って活字を作る**木版《もくはん》印刷**の技術が伝わり、それを使って後陽成天皇の勅命による**慶長版本《けいちょうはんぽん》**が作られました。その中身は、日本書紀の神話部分などの複写です。

南蛮のほうからの影響としては、キリスト教史でも触れましたが（43頁）、ヴァリニャーニという巡察使によって銅板の活版印刷機が伝わります。それによって作られた印刷物は「天草版」「キリシタン版」などと呼ばれます。また日本語とポルトガル語の辞典も作られます（『日葡辞書《にっぽじしょ》』）。こうして、のちの時代の大量印刷・大量出版の基礎が築かれたのです。

茶道 においては、堺の商人出身の**千利休**が侘び茶を大成します。東山文化のところでも触れましたが(212頁)、侘び茶は珠光《しゅこう》が創始し、武野紹鷗《たけのじょうおう》がそれを受け継ぎ広め、利休がより「深化・大成」したという流れを経ています。なので、もしQ.侘び茶を創始したのは？　というクイズが出されたらそれは引っかけ問題です。利休ではなくA.珠光と答えましょう。

闘茶《とうちゃ》からの流れで、茶の湯ははじめ堺の豪商たちの間で流行し、次第に戦国大名にも広まります。織田信長はそこに目を付け、名物《めいぶつ》と呼ばれる茶道具を買い占め、自分の許しがないと茶会を開く権利を持つことができないようにします。すると名物茶道具の値段はとんでもなくつり上がり、「一国一城に匹敵する」とまで言われ、また茶会を開く許しを得ることが「最高の名誉」になります。鎌倉幕府は、外国の侵略（元寇）を乗り切った御家人たちに与えられる褒美（土地）がないことから不満がつのり滅びました。信長は土地に変わる褒賞システムを作り出したのです。

伝千利休作　竹一重切花入　銘園城寺（安土桃山時代）　東京国立博物館蔵＊

利休は信長に仕え頭角を現し、秀吉の元で「天下一の茶人」としての地位を確立します。そして、それまで当たり前だった「価値あるもの」「美しいもの」の固定観念をひっくり返す革新的な取り組みをいくつも行ないました。たとえば、茶道具は大陸からの伝来物（唐物《からもの》）がベストとされていましたが、日本で作られた道具（和《わ》物《もの》）にもスポットを当て、侘び茶に適う自分好みの茶碗を作り出します（楽茶碗《らくぢゃわん》、85頁）。建築のパートで述べた茶室待庵《たいあん》（61頁）も、新たな美観・価値観の創出と言えるでしょう。また、自生の竹を切り、わずかに手を加えて茶室の花を生ける花入《はないれ》にしたことで、以降花入に侘びた竹を使うことが広く普及するようにもなりました。こういうパラダイムシフトを引き起こしたことが、利休が

阿国歌舞伎図　重文　京都国立博物館蔵＊

「侘び茶の大成者」と呼ばれるゆえんです。彼の手掛けたことは最先端の現代アートと言っても過言ではないかもしれません。400年以上を経た現代にまで大きな影響を及ぼしているんですから、ほんとうにすごいことだと思います。

芸能面では、江戸時代に発展するものがすでにこの時代に出現しています。まず、のちの歌舞伎の原型である**阿国歌舞伎《おくにかぶき》**。これは、出雲阿国《いずものおくに》という女性が京の都で広めた歌舞伎踊りというものです。ただし風紀を乱すということで取り締まりを受け、次第に男性による歌舞伎に変わっていくことになります（220頁）。

そして、**人形浄瑠璃《にんぎょうじょうるり》**。三味線の伴奏に合わせてあやつり人形を動かすものです。

このように、現代において「伝統芸能」と呼ばれる分野の芸能が、この時代にいっせいに芽吹いているのです。

ここがパラダイムシフト

◎印刷技術の伝来、侘び茶の大成など、文化史上の大転換点が訪れる

➔いま「伝統文化」と呼ばれるものの祖型が固まる！

寛永《かんえい》文化 17世紀前半〜半ば

桃山文化を継承しつつ、江戸の新時代の幕が上がる

いよいよ江戸時代に入ってきました。寛永文化は、江戸時代初期の寛永年間（1624〜44）に栄えた文化を中心に扱います。三代将軍徳川家光の時代です。特色の第一は、桃山文化を継承していることです。つまり一言で言えば、【豪華と侘びの共存】パート2です。ただ家光の時代と言えば、そうです、**鎖国**です。はじめにスペイン船が（1624）、続いてポルトガル船が来航禁止になり（1639）、徐々に鎖国体制が作られていく時代

なので、桃山文化期と比べ、南蛮文化の影響はやや薄くなっていきます。一方、朝鮮の影響はまだ大きく受けている時代です。そしてこの時代の文化の担い手は、京都に住む公家たちや、町衆と呼ばれる裕福な町人層が中心です。

そして儒学が発達した影響で、仏教の影響力が弱まっていく時代でもあります。そんななか、**小説**の分野では、**仮名草子《かなぞうし》**と言われる物語が生まれます。前の東山・戦国文化期に生まれた御伽草子《おとぎぞうし》（214頁）は、一寸法師や浦島太郎など、仏教説話的な内容が中心でした。しかしこの時代は仏教色が薄らいでいますから、仏教説話的な説教臭さは減り、より通俗的な内容になります。ただし、のちの時代の浮世草子《うきよぞうし》（220頁）に比べると、まだやや説教臭いところが残っているよ、とイメージしておいてください。

桃山〜江戸中期の文芸

〈室町〜桃山期〉
御伽草子《おとぎぞうし》

〈寛永期〉
仮名草子《かなぞうし》

〈元禄期〉
浮世草子《うきよぞうし》
○井原西鶴

続いて**詩歌《しいか》**の分野です。室町期に流行った連歌の発句《ほっく》の部分（五七五）だけを取り上げ、ここだけで勝負しようぜと提唱した人がいました。それが**松永貞徳《まつながていとく》**で、これがのちに「俳句」と呼ばれる歌の原型になっていくわけです（ちなみに俳句という言葉は明治時代に正岡子規《まさおかしき》が付けたものなのでこの時代にはまだありません／232頁）。

ここがパラダイムシフト

◎江戸初期は京都の公家、町衆中心に文化の土壌が耕される
→儒学の台頭で仏教説話は下火に！

元禄文化《げんろく》 17世紀後半〜18世紀前半

江戸文化の成熟期、各ジャンルの大家ぞくぞく出現！

さあ、この時代は先の桃山、寛永文化で芽生えたものが、いよいよ大きく花開いていく時期です。【文化の成熟期】と学校でも習いましたよね。その背景にあるのは、学問思想史のところでも述べたように、世の安定と経済の発達です。お金持ちがアーティストを育て、多様な文化が育まれていったのです。

まず **俳諧** です。これは連歌から独立して発展したもので、そもそも連歌は貴族など上流階級がたしなむ、ルールの多いものでしたが、「もっと自由にやろうぜ」というグループが生まれ、その詠む歌は俳諧と呼ばれるようになります。寛永期には松永貞徳がその原型を作りましたね（218頁）。これを庶民に広めていったのが**西山宗因《にしやまそういん》**という人で、**談林派《だんりんは》**と呼ばれます。ユーモアや新しいこと大歓迎、俗語も字余りもOKとして、かなりハードルを下げました。

一方、庶民的にはなったものの、それでは満足できないよ、やはり表現としては幽玄の世界や侘び寂びの境地とか、芸術的な感覚を表したいと考える人も出現します。それが**松尾芭蕉《まつおばしょう》**です。『おくのほそ道』『笈《おい》の小文《こぶみ》』など、旅先で触れた自然を題材とした彼の句は蕉風《しょうふう》と呼ばれました。当時の俳諧の世界は、俳諧師は免許制で多くの弟子を取るのが一流、詠む句は滑稽さを狙ったものばかりでしたが、それを一流の芸術とまで認められるようにしたのは彼の功績で、いわば詩歌界のパラダイムシフトです。その何がすごいのかはここではとても語り尽くせな

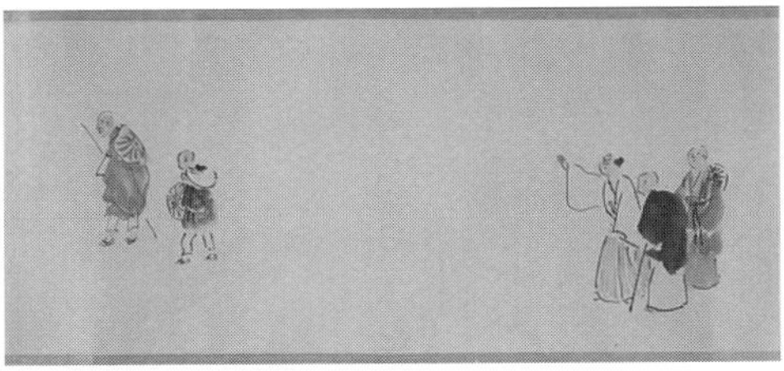

与謝蕪村作『奥之細道図』より（江戸時代） 重文
京都国立博物館蔵＊

いので、興味がある人はぜひ調べてみてください。

続いて **小説** です。東山戦国期に生まれていたのは、御伽草子という、やや仏教色の強い物語でしたね（214頁）。それが寛永期には、仏教色は薄れたけれどまだちょっと説教くさい仮名草子（218頁）になり、そしてこの時代にはついに、完全にエンタメに吹っ切った**浮世草子**という娯楽風俗小説のジャンルが確立されます。仏教でタブーだった人間の物欲、恋愛のドロドロなどをそのまままとめたもので、庶民にバカ受けしました。中心にいたのは大坂の町人で、もとは俳諧師でもあった**井原西鶴《いはらさいかく》**。彼は求めに応じてさまざまなジャンルを書きます。好色物、つまり恋愛話としては『**好色一代男《こうしょくいちだいおとこ》**』。町人物、つまりお金の話としては『**日本永代蔵《にっぽんえいだいぐら》**』。さらには武士に向けて、過去の遺物になりつつあった武士道をノスタルジックに描いた武家物としての『**武道伝来記《ぶどうでんらいき》**』が有名です。

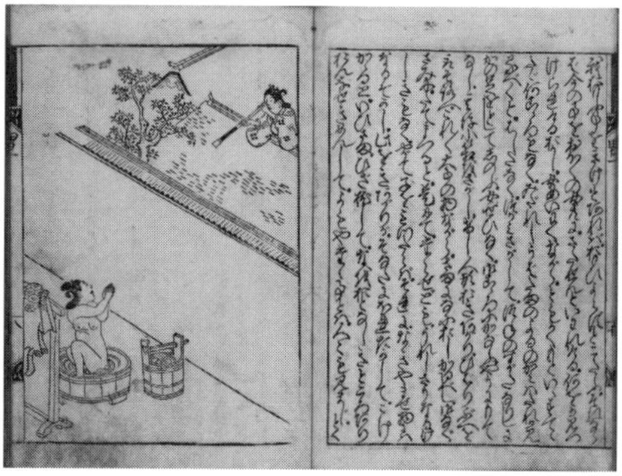
井原西鶴作『好色一代男』より（江戸時代）**

人形浄瑠璃の分野では、京都にすご腕の脚本家が登場します。それが**近松門左衛門《ちかまつもんざえもん》**です。その代表的な時代物《じだいもの》（史実を題材にした作品）には『**国《こく》姓爺合戦《せんやがっせん》**』があります。これは明清交替の時代を描いたものです。そして男女の恋愛など当時の現代風俗を描いた世話物《せわもの》には『**曾根崎心中《そねざきしんじゅう》**』『**心《しん》中天網島《じゅうてんのあみじま》**』『**冥途《めいど》の飛脚《ひきゃく》**』などがあります。現世が辛いから、心中してあの世で一緒になろうという恋人たちの実話に基づいた話です。現代からすると、この極端な考えはいまいちピンとこないかもしれませんが、浄土教が根付いていた世ですから、「死んだら極楽浄土で好きな人と安らかに暮らせる」という考えは当時の人々にはすんなり受け入れられたんだよとイメージできるようにしておいてください。なお、この浄瑠璃の三味線語りは**義太夫節《ぎだゆうぶし》**と呼ばれ、**竹本義太夫《たけもとぎだゆう》**らが代々継承していきます。

次に歌舞伎です。出雲阿国が始めた阿国歌舞伎（女歌舞伎）は、風俗を乱すからと、お上がNGを出します。規制を受けたので少年が演じる若《わか》衆歌舞伎《しゅかぶき》になりますが、それも結局同じ理由で規制を受け、最終的には青年が演じる**野郎歌舞伎《やろうかぶき》**と変わり、大衆演芸として確立されます。現代も同じですが、女性の役も男が演じるんですね。女形《おやま》と呼ばれます。江戸では荒事《あらごと》（豪快な演出と演技）を得意とする**市川團十郎《いちかわだんじゅうろう》**が千両役者（大スター）になり、上方では和事《わごと》（優美な恋愛もの）を得意とする**坂田藤十《さかたとうじゅう》郎《ろう》**が輩出されます。

ここがパラダイムシフト

◎世は安定期に入る

➔松尾芭蕉や井原西鶴、近松門左衛門などが金字塔を打ち立てる！

宝暦《ほうれき》・天明《てんめい》文化 18世紀後半

印刷技術が発展し、「メディア」が誕生

さて、江戸時代後半に入ってきました。

この時代区分は、【田沼意次《たぬまおきつぐ》の時代】と、【松平定信《まつだいらさだのぶ》の寛政の改革の時代】にあたります。先に述べた通り、文化史においても、「これは田沼の時代か」「こっちは松平の時代か」と掘り下げて考えると良いでしょう。

田沼時代の特徴は「重商主義」だよと授業で習ったとおり、金持ち商人が文化の担い手です。京都、大坂、そして江戸も加わり、金持ちに加えて下層町民も勢いを付け、大衆受けする作品が多く作られていきます。幕府政治もだんだん行き詰まり、幕藩体制は動揺期を迎えます。

また、この時代になると、出版業がかなり発展していきます。**多くの印刷物が流通した結果として、さまざまなほかの文化も発展した**と言っても過言ではありません。やっぱり情報の伝達って大事なんですよ。

前の元禄文化期、井原西鶴の浮世草子がベストセラーになりましたね

(220頁)。この時代はもっと細かく、さまざまなジャンルの作品が生まれます。その仕掛人は、江戸のメディア王こと**蔦屋重三郎《つたやじゅうざぶろう》**。彼はさまざまな出版ビジネスを仕掛けてヒット作を連発します。あのTSUTAYAの名の由来でもあります。田沼時代の自由な気風がこれを許したんだよということはしっかりおさえておきましょう。

まず、**洒落本《しゃれぼん》**というジャンルは、江戸吉原をはじめとした遊郭が舞台で、代表的な著者に**山東京伝《さんとうきょうでん》**がいます。また、**恋川春町《こいかわはるまち》**の『**金々先生栄花夢《きんきんせんせいえいがのゆめ》**』が空前の大ヒットとなります。これは**黄表紙《きびょうし》**といって、挿し絵がふんだんに入った当時の漫画的なものです。山東京伝は黄表紙でも『江戸生艶気樺焼《えどうまれうわきのかばやき》』など多くのヒット作を書きます。荒唐無稽で、お上を批判するような内容も含まれていました。松平定信の時代になると、こんなの風紀を乱すよと、寛政の改革で取り締まりを受けます。弾圧を受けなかったジャンルとしては**読本《よみほん》**があります。**上田秋成《うえだあきなり》**は『**雨月物語《うげつものがたり》**』など怪談物を著しました。

次に**俳諧**です。**与謝蕪村《よさぶそん》**が登場し、『蕪村七《ぶそんしち》部集《ぶしゅう》』をまとめます。彼は絵描きとしても超一流で、絵描きならではの、詠んだ人の目に思わず情景が浮かぶような句を多く残します。句と絵を合わせた「俳画」も多く作りました。

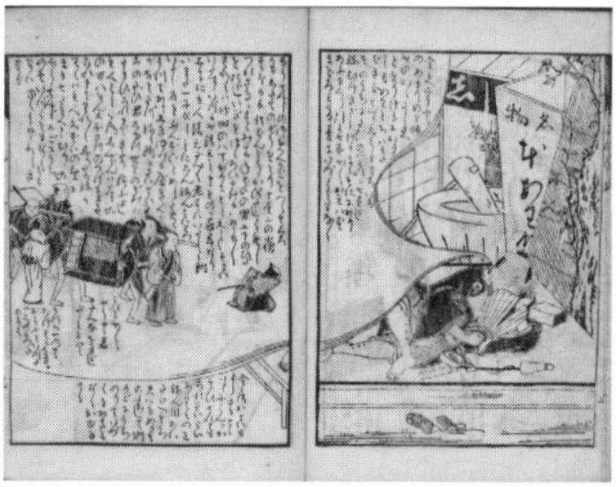

恋川春町作『金々先生栄花夢』上(1926年〈大正15〉刊)より**

山東京伝作『江戸生艶気樺焼』下(1938年〈昭和13〉)より**

与謝蕪村作『奥之細道図』より(江戸時代)　重文　京都国立博物館蔵*

呉春筆　与謝蕪村像(江戸時代)　京都国立博物館蔵*

また、より自由に、季語もいらないよ、社会のおかしいことはおちょくっちゃおうぜという、**川柳《せんりゅう》**というジャンルも登場します。**柄井川柳《からいせんりゅう》**という人が代表的です。

葛飾北斎筆　假名手本忠臣蔵・五段目（江戸時代）
東京国立博物館蔵＊

浄瑠璃では、竹田出雲《たけだいずも》という人が、**『仮名手本忠臣蔵《かなでほんちゅうしんぐら》』『菅原伝授手習鑑《すがわらでんじゅてならいかがみ》』**の脚本を著します。これは今でも歌舞伎や文楽の芝居で上演されますから、超ロングヒット作ですね。人気芝居なので多数の浮世絵も描かれました。18世紀後半には、近松半二《ちかまつはんじ》が**『本朝廿四孝《ほんちょうにじゅうしこう》』**などの良作を生みます。

歌舞伎においては、江戸三座《えどさんざ》と呼ばれる芝居座が栄えました。中村座・市村座・森田座です。もともと上方《かみがた》（関西方面）中心に栄えた文化でしたが、次第に江戸で人気を極めていきます。

！ ここがパラダイムシフト

◎印刷技術が大きな発展を遂げる

➔「メディア王」の誕生など、書物文化中心に大きな影響を与える！

化政《かせい》文化 19世紀前半

民衆が文化の主役に！

この時期の特色は、農村を拠点とするお金持ち商人が活躍することによって、経済流通がどんどん発達していくことにあります。たとえば、「江戸地廻り経済圏」などという言葉も生まれたように、江戸とその近くの村々で、つまり商品生産の場と流通市場で交流が生まれ、地方の村々と都市部の間でも文化交流が生まれます。

江戸後期の文芸

〈宝暦・天明期〉

- **読本《よみほん》** ○上田秋成
- **洒落本《しゃれほん》** ○山東京伝
- **黄表紙《きびょうし》**（弾圧） ○恋川春町

〈化政期〉

- **読本** ○曲亭馬琴
- **滑稽本《こっけいぼん》** ○十返舎一九
- **人情本《にんじょうぼん》**（弾圧） ○為永春水
- **合巻《ごうかん》**（弾圧） ○柳亭種彦

もう一つの特色は、享楽的で開放的な民衆文化です。「民衆文化の成熟期」なんて呼ばれ方もします。なにより、教育が普及したことによって、文字を読める一般ピープルが爆発的に増えます。そして出版文化もいっそう発達し、さまざまなタイプの読み物が出版され、中には悪い影響があるからと幕府に弾圧を受けるものも出てきます。

読本《よみほん》と**滑稽本《こっけいぼん》**は弾圧を受けませんでした。**曲亭馬琴《きょくていばきん》**は**『南総里見八犬《なんそうさとみはっけん》伝《でん》』**を著し、大ベストセラーになります。この分野は、歴史書のパロディをすることが多いんです。これは明清《みんしん》文化の影響が大きくて、三国志や水滸伝のパロディのような作品が多く作られます。**『東海道中膝栗毛《とうかいどうちゅうひざくりげ》』**を著した**十《じっ》返舎一九《ぺんしゃいっく》**、**『浮世風呂《うきよぶろ》』『浮世床《うきよどこ》』**の**式《しき》亭三馬《ていさんば》**らの滑稽本は、さまざまな民衆たちに広まっていきます。

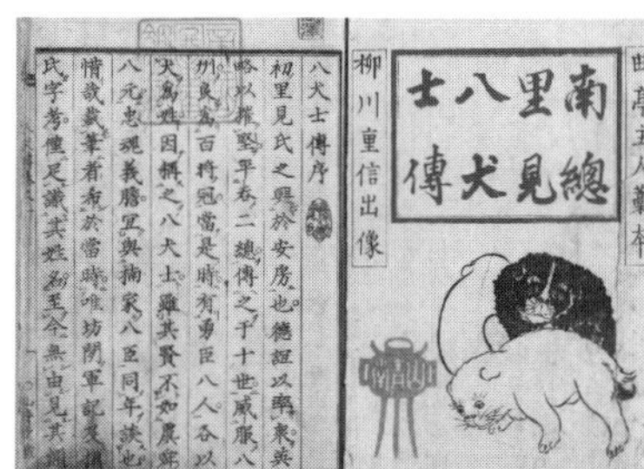

曲亭馬琴作『南総里見八犬伝』1814-1842年〈文化11-天保13〉より **

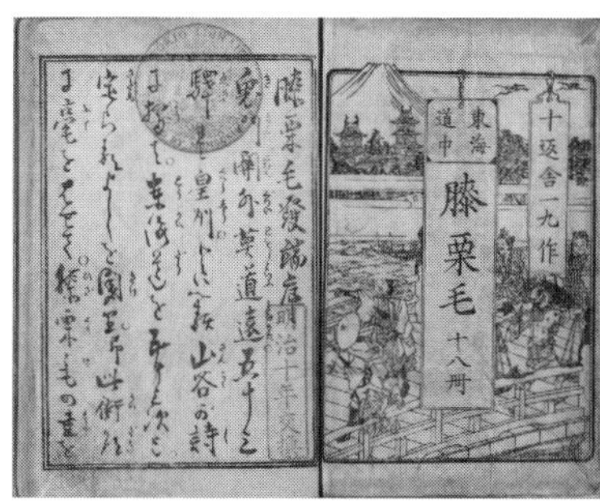

十返舎一九作・画『東海道中膝栗毛』**

一方、弾圧を受けてしまったのが、『**春色梅児誉美**《しゅんしょくうめごよみ》』を書いた**為永春水**《ためながしゅんすい》です。彼が書いたのは**人情本**《にんじょうぼん》という当時の恋愛小説です。激しい恋愛描写があるのはまだダメだったので弾圧されたのです。同様に、**柳亭**《りゅうてい》**種彦**《たねひこ》は『**偐紫**《にせむらさき》**田舎源氏**《いなかげんじ》』を著して、源氏物語のパロディを通して大奥を皮肉ったことで弾圧を受けます。このジャンルは**合巻**《ごうかん》と呼ばれ、漫画で幕政批判をした黄表紙（222頁）と似たものだと思っておいてください。寛政の改革では洒落本と黄表紙が処罰されましたが、それと同じように、これらは天保《てんぽう》の改革で処罰されました。

随筆では、北陸方面の生活文化を描いた『**北越雪譜**《ほくえつせっぷ》』を**鈴木牧之**《すずきぼくし》が著し、大ベストセラーになります。東北地方を旅した記録をまとめた**菅江真澄**《すがえますみ》の『菅江真澄遊覧記』もあります。

この時代、歌舞伎などの脚本家として、『**東海道四谷怪談**《とうかいどうよつやかいだん》』といった生世話物《きぜわもの》（町人の実際の生活を活き活きと描いたもの）を描いたのが**鶴屋南北**《つるやなんぼく》です。また、**河竹黙阿弥**《かわたけもくあみ》は鼠小僧《ねずみこぞう》の話を描いて人気を博しました。これは盗賊を書いたストーリーで、白浪物《しらなみもの》と呼ばれます。

俳諧のジャンルでは、元禄期の松尾芭蕉、宝暦期の与謝蕪村ときて、農民たちの間にもこれを広めようとしたのが**小林一茶**《こばやしいっさ》です。『おらが春』という句集が有名です。また、短歌の文字数で社会批判を行なう**狂歌**《きょうか》というジャンルでは**大田南畝**《おおたなんぽ》が代表的です。

和歌の分野では、桂園派《けいえんは》の**香川景樹**《かがわかげき》と、生活の歌を歌った**良寛**《りょうかん》がいます。貴

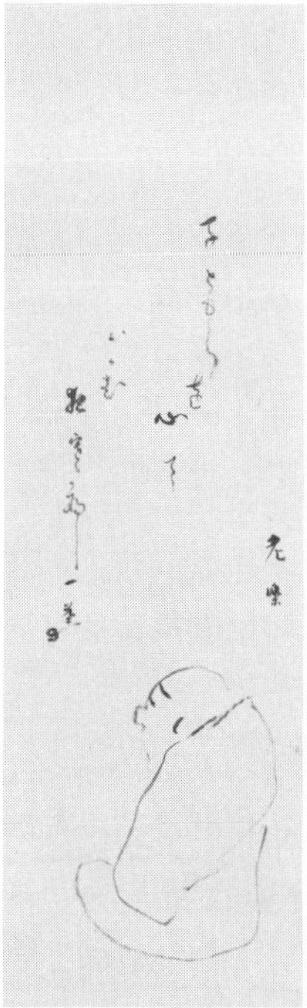

小林一茶筆　自画賛「子どもらを心でおがむ夜寒かな」（江戸時代）　東京国立博物館蔵＊

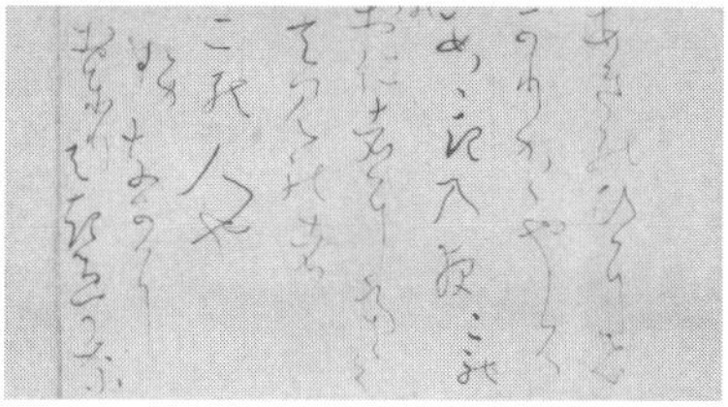

良寛筆　和歌「あきのひに」（江戸時代）　東京国立博物館蔵＊

文芸・ジャーナリズム史

族の教養だった和歌を、いかに簡単に、庶民にわかりやすいものにするかというのがその共通の目的でした。

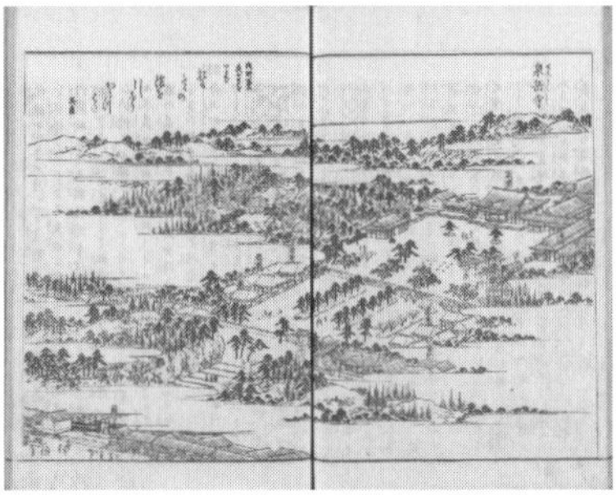

『江戸名所図会 7巻（1834-1836年〈天保5-7〉より）**

芸能・娯楽 の視点から見ていくと、三都で芝居小屋、見世物小屋《みせものごや》、**寄席《よせ》**、銭湯などが同時多発的に生まれていきます。歌舞伎は値段がだんだん高くなって庶民の娯楽でなくなる一方、庶民は寄席で落語や講談などを楽しむようになります。寄席は夜も興行があり、入場料は歌舞伎の100分の1ほど。日雇い稼ぎの者たちのささやかな娯楽の場となっていました。

各地の村々では、寺社で縁日にお祭りが開かれ、寺社は秘仏を公開する「**開帳《かいちょう》**」によってお金を稼ごうとします。宝くじにあたる「富《とみ》くじ」も寺社がお金を集めるために作ったシステムです。

寺社参詣、湯治《とうじ》、物見遊山《ものみゆさん》など、旅行は庶民の娯楽としてずっと流行し、観光名所を描いた「名所図会《めいしょずえ》」も発売され大ヒットしました。伊勢神宮を参拝するのは**御蔭参《おかげまい》り**と呼びます。西国三十三カ所、四国八十八カ所を巡るお遍路も人気です。「聖地巡礼」はいつの時代も旅の大きな目的（口実）ですからね。

年中行事としては五節供《ごせっく》・彼岸会《ひがんえ》・盂蘭盆会《うらぼんえ》などを祝うようになります。これらはこの時代くらいから徐々に根付いていったもので、意外とそんなに古い慣習ではないのです。

! ここがパラダイムシフト

◎経済流通がどんどん発展する

→江戸と地方の文化交流が生まれる！

→一般民衆が主役の文化が多数生まれる！

明治《めいじ》文化（前半）1868～1880年代まで

小説 言文一致体は落語から生まれた

いよいよ明治時代に入りました。文明開化を経て、当時最先端の文化・技術・思想が西洋の各方面から導入され、日本が大きく変化していく時です。

ただ文芸の分野においては、この時代の当初は江戸時代の特色が引き継がれ、その作風はまだ大きく変わっていません。

戯作《げさく》という娯楽作品のジャンルの中で、寛政の改革や天保の改革の時にいくつか弾圧されたものがありましたね（224頁）。過激な内容を政府が嫌って弾圧されたわけですが、この時代には弾圧をまぬがれた**読本**などの勧善懲悪ものが残ります。**仮名垣魯文《かながきろぶん》**は『安愚楽鍋《あぐらなべ》』などで文明開化後の新時代の文化や風俗を描き、大衆の人気を得ました。

1880年代に入ると、自由民権運動が活発になっていきます。思想史の項で詳しく触れましたが、フランスの民権思想が輸入されていますからね（170頁）。そして文芸の中でも、民権運動を宣伝するための**政治小説**というジャンルが確立されていきます。代表的な書き手は**矢野龍渓《やのりゅうけい》**という人で、『経国美談』を著します。

明治前半の文学

時期	主義	特徴	作家など
1870年代（文明開化）	戯作《げさく》	江戸文学の伝統を継承	仮名垣魯文
1880年代（民権運動）	政治小説	民権運動の宣伝	矢野龍渓
	写実主義	江戸文学の否定 言文一致体	坪内逍遥 二葉亭四迷

そして、**写実主義**というジャンルもできます。これはその名のとおり、人情や世相をありのままに描く作風で、これはどういうことかというと、【アンチ江戸文学】なんですよ。江戸文学のようなエンタメ全振りの単純で荒唐無稽な勧善懲悪の話ではない、先の読めない展開を当時の読者は新鮮に感じたでしょう。これが近代小説の始まりだとも言われます。ここにきて、文芸史においても、江戸時代と決別する時がついにやってきたのです。

坪内逍遥《つぼうちしょうよう》の**『小説神髄』**《しょうせつしんずい》、**二葉亭四迷**《ふたばていしめい》の**『浮雲』**《うきぐも》がこの写実主義作品の代表的な作品です。『浮雲』は**言文一致体**《げんぶんいっちたい》で書かれたのがポイントで、これは簡単に言えば話し言葉を「ですます調」で書いたものです。それまでの時代、ふつうに話すときに使う言葉と文章に留めるときの書き言葉は完全に分離していたところ、話すときそのままのような生き生きとした形で小説の会話文などを書き起こしたのが画期的なポイントでした。実はこれ、三遊亭圓朝《さんゆうていえんちょう》という人気噺家の噺を速記した文を参考にして書かれたもので、つまりは言ってみれば落語が小説の生みの親なんですね。

ジャーナリズム史 新聞の誕生をうながした活版技術の向上

さて、ここでようやく**ジャーナリズム史**というジャンルが登場します。この章のタイトルを「文芸・ジャーナリズム史」と銘打ったことが報われる日がやっと訪れました（笑）。

西洋に倣って新聞が作られるようになるのですが、それにはまず、**鉛**《なまり》**製活字**《せいかつじ》という技法の発明が必要でした。活版印刷自体は江戸時代に広まっていましたが木製ばかりでしたので、金属製の活版ができたのは出版界の大きなパラダイムシフトになりました。**本木昌造**《もときしょうぞう》という人が発明したこの技術によって細かい文字を一つずつたくさん作れるようになり、新聞を作る下地が整ったわけです。

1870年、日本で最初に発行された日刊新聞は**横浜毎日新聞**《よこはままいにちしんぶん》です（今ある全国紙の毎日新聞とは関係ありません）。これが1879年に東京に移り、東京横浜毎日新聞と改題し、民権派の有力な新聞になりました

1880年代後半になると、自由民権運動が広まる時代になり、新聞社がどんどん作られます。この時代の新聞は「**大新聞**《おおしんぶん》」と「**小新聞**《こしんぶん》」に分けられるのですが、大新聞は政治評論が中心、小新聞は社会事件や娯楽重視です。

まず大新聞のほうから見ていくと、政府の御用新聞、つまり政府の良いところばかり書く新聞社が**東京日日新聞**《とうきょうにちにちしんぶん》、今の毎日新聞の前身ですね。それに対し、立憲改進党（自由民権運動の代表的政党）の機関紙になったのが**郵便報知新聞**《ゆうびんほうちしんぶん》、のちの報知新聞《ほうちしんぶん》です。一方、自由党（板垣退助らが結成した日本初の政党）の機関誌は**自由新聞**《じゆうしんぶん》、そのまんまです（笑）。ほか、福沢諭吉が創刊した**時事新報**《じじしんぽう》は挿絵がたくさん入っていて読みやすく、部数を伸ばしていきました。ちなみにあの『脱亜論』（173頁）はこの新聞に掲載されました。

小新聞は**読売新聞**《よみうりしんぶん》オンリーです。これ、江戸時代に流行った「読売瓦《よみうりかわら》版《ばん》」（最新のニュースを刷り、街頭で安く売られた印刷物）の「読売」から来ています。当時は、「読売」という言葉が「ニュース」そのもののように受け取られていたので、その名前を採用したのでしょう。読売だけが小新聞だよ、それ以外はぜんぶ大新聞だよと覚えれば良いと思います。

歌舞伎では、白浪物《しらなみもの》を書いて活躍していた**河竹黙阿弥**《かわたけもくあみ》が作風を変え、文明開化をテーマにした散切物《ざんぎりもの》などで再び人気を集めます。

音楽の分野では、軍隊が中心となって西洋音楽をどんどん導入していきます。そこには、音楽の力を使って兵の士気を高めようという狙いがありました。小学校の音楽教育には**唱歌**《しょうか》が導入されていきます。唱歌って何？　それは歌うこと、合唱です。なぜ導入されたかというと、「西洋に音楽の授業があったから」という案外単純なことが主な理由のようです。それだけ、とにかく西洋のマネをして日本を近代国家にという思いが強かったのでしょう。子どもたちに音楽を芸術的に理解させようというわけではなく、気分を高め健全な心身を作ることが目的とされました。

最後に、話題がちょっとそれますが、1872年に**太陽暦**が採用されたこともここで触れておきます。現代と同じ暦になったのはこの時からで、それまでは太陰太陽暦《たいいんたいようれき》ですね。ただ、農村には普及しませんでした。刈り入れ時の季節が急に変わるなんて、農家さんからしたらとんでもない話ですからね。基本的に、文明開化期に導入された新しい文化が普及したのは都市部中心なんだよとイメージしておきましょう。

ここがパラダイムシフト

◎西洋から最先端の文化・技術・思想が導入される
➔政治小説など新ジャンルの文芸が生まれる！
➔活版技術が向上し新聞誕生、大量印刷＝マスメディアの時代へ！

明治文化（後半）1890〜1910年代まで

小説 近代小説は「主義」から学べ！

まず文学・小説から見ていきましょう。

明治期の文学史の流れを改めて整理すると、明治初期の1870年代に流行ったのは、江戸文化を引きずった戯作文学でした。1880年代に流行ったのは自由民権運動をバックにした政治小説、そしてアンチ江戸文学としての写実小説でしたね。

さて、1890年代もこの写実主義小説が受け継がれています。古典を題材にしつつ、政治色をまったく無くすような作風が流行ります。これを**擬古典主義**《ぎこてんしゅぎ》と言うのですが、それを広めた文学結社が**硯友社**《けんゆうしゃ》です。中心人物は**尾崎紅葉**《おざきこうよう》。『**金色夜叉**《こんじきやしゃ》』が有名ですね。あと山田美妙《やまだびみょう》もいます。その機関紙は『**我楽多文庫**《がらくたぶんこ》』と言います。なんで政治色を無くしたのかというと、彼らは文学をもっと多くの人に読んでほしいという信念があったからなんです。ベストセラーになった『金色夜叉』も、婚約者に裏切られて大富豪と結婚されてしまった主人公が、失意と復讐心から高利貸しになって……というあらすじで、現代のメロドラマみたいなエンタメ性に富んだ内容です。

一方、そういうメジャー路線とは真逆の作風を貫いたのが**幸田露伴《こうだろはん》**です。彼は**理想主義**の立場から、東洋哲学の観念を作品に取り込み、『**五《ご》重塔《じゅうのとう》**』を書きました。五重塔建設に命を賭けた大工の話で、欲にまみれず純粋に作品に打ち込む姿や徳の高さを「人間の美」と評価しているその書きぶりから「理想主義」と評されるようになったのです。

その後、1890年代後半には**ロマン主義**文学が一世を風靡するようになります。これは何かと言うと、「ロマンを大事にしようぜ」ということ。すみません説明になってない（笑）。ロマンとはつまり「人間の感情」です。それまでは封建社会で、道徳を守ることが第一だよという教育を皆が受けていました。でも人間的な感情のほとばしりはだれもが共通して起こることだし、それを無視することはできないよ、それを文学の主題にしようぜという動きなんです。江戸時代の人情本は弾圧を受けましたが、それが受け入れられる下地がついにできてきたのです。

北村透谷《きたむらとうこく》が創刊した『**文学界《ぶんがくかい》**』という雑誌には多くのロマン主義作品が掲載されました。人生、運命に流されてうまくいかないこともあるよという苦悩を込めて『**舞姫《まいひめ》**』を著した**森鷗外《もりおうがい》**、思春期の淡い恋愛、弱い立場にある女性の生き難さを題材に『**たけくらべ**』を書いた**樋口一葉《ひぐちいちよう》**、『不如帰《ほととぎす》』を書いた**徳冨蘆花《とくとみろか》**など有名人のオンパレードです（ちなみに彼は徳富蘇峰《そほう》の弟です。でも蘆花のほうは「冨」。わかんむりなんです。蘇峰は国家主義者になっているので、平和主義者の蘆花が「兄貴とはちがうぜ」という思いで変えたと言われます）。

1900年代になると、それまでのロマン主義から、**自然主義**と呼ばれる分野の文学が流行します。自然、つまりありのまま。人間の現実社会の暗い部分もありのままに描写するような小説が生まれてきます。**島崎藤村《しまざきとうそん》**は被差別部落をテーマに『**破戒《はかい》**』を書きました。**田山花袋《たやまかたい》**は人間の嫉妬心をテーマに『蒲団《ふとん》』を書きます。ただし自然主義は、登場人物の感情を主観的に表現することが多く、それではちょっと味気ないと考える人も出ます。すると、**反自然主義**という立場から書かれる作品も出ます。知識人の内面を国家や社会との関係から、客観的にそれを表現しようとするもので、作品の構成にも重点が置かれました（「高踏派《こうとうは》」と言います）。

夏目漱石《なつめそうせき》の『**吾輩は猫である**』などがそれにあたります。また、先の時代にロマン派として活躍した**森鷗外**は1900年代、『阿部一族』という殉死をテーマとした歴史小説を書きました。反自然主義については大正時代でも詳しく述べます（235頁）。

続いて **詩・短歌** を見ていきます。ロマン主義の流行に合わせて、詩や短歌、俳句も隆盛期をむかえます。西洋詩を取り入れた新しい試みに挑戦したのが、小説でも登場した**島崎藤村**です。『**若菜集**《わかなしゅう》』を刊行し、青春期の恋愛での熱い想いや哀しみを平易な定型句に表すことで、日本に近代詩の概念を根付かせ、後世の詩人に大きな影響を与えました。

短歌界の**与謝野鉄幹**《よさのてっかん》・**晶子**《あきこ》夫妻は、雑誌『**明星**《みょうじょう》』を創刊して、ロマン主義文学の中心的役割を果たします。

俳句 の革命児は**正岡子規**《まさおかしき》です。そもそも、「俳句」とネーミングしたのは子規ですからね（それまでは「俳諧」でした）。写生俳句と言って、見たものをありのまま詩にする作風を確立します。またこの時代は、松尾芭蕉が神格化されてそれを真似する陳腐な句ばかり詠まれていたところ、

明治後半の文学

時期	主義	特徴	作家など
1880年代（民権運動）	写実主義	言文一致体 擬古典主義	尾崎紅葉 山田美妙 硯友社
	理想主義	擬古典主義	幸田露伴
1890年代（日清戦争）	ロマン主義	封建制の打破 自我・個性の尊重	北村透谷 「文学界」 森鷗外 樋口一葉 島崎藤村 与謝野晶子 正岡子規
1900年代（日露戦争）	自然主義	フランス・ロシアの影響 人間性をありのまま描写	島崎藤村 田山花袋 石川啄木

与謝蕪村《よさぶそん》（222頁）を再評価します。子規は『**ホトトギス**』を創刊しますが早くに亡くなり、**高浜虚子《たかはまきょし》**がそれを引き継ぎます。

1900年代になっても、雑誌『明星』は強いです。与謝野晶子は短歌集『**みだれ髪**』を発表しました。また**石川啄木《いしかわたくぼく》**も忘れてはいけません。1910年に起こった大逆事件《たいぎゃくじけん》（179頁）のあとは、社会主義的傾向の強い歌を多く作りました。

ここがパラダイムシフト

◎エンタメ一本の江戸文学に対するアンチテーゼ

➔写実主義、理想主義など「人間の本質」を描く文学が生まれる！

歌舞伎 は、国粋主義の高まりのもと、1890年代に最盛期をむかえます。九代目市川團十郎《いちかわだんじゅうろう》、五代目尾上菊五郎《おのえきくごろう》、初代市川左團次《いちかわさだんじ》が活躍したこの時代を**團菊左《だんぎくさ》時代**と言います。

なおこの時代、現代的な劇のジャンルである**新派劇《しんぱげき》**が確立されるようになります。時事風刺の演歌として生み出された「オッペケペー節」で人気を博した**川上音二郎《かわかみおとじろう》**という人は、自由民権運動を大衆に普及させるための壮士芝居を発展させ、新派劇の基礎を築きました。

西洋文化がすでにしっかり生活に根付き出した1900年代には、西洋近代演劇として新劇が起こります。この新劇というネーミングは、歌舞伎を「旧劇」と言うことに対して付けられたものです。

また、**坪内逍遥**と**島村抱月《しまむらほうげつ》**は**文芸協会《ぶんげいきょうかい》**という団体を設立します。これは演劇・文学・美術など広いジャンルの芸術改革が目的で、日本の新劇運動の起点となります。一方、**小山内薫《おさないかおる》**や二代目市川左團次らが結成した**自由劇場**という新派の劇団もあります。

音楽 の分野では、変わらず唱歌が学校教育に多く取り入れられます。**滝廉太郎《たきれんたろう》**が作曲した「**荒城《こうじょう》の月《つき》**」（作詞・土井晩翠《どいばんすい》）が中学校の唱歌に採用されました。今も教科書に載る不朽の名曲ですね。

大正《たいしょう》文化 1912〜1926年

「新中間層」をねらったマスメディア＝雑誌の登場

第一次世界大戦（1914〜18）の影響で重化学工業が発達した好景気の時。そして、「大正デモクラシー」がさけばれる時です。一般市民が主権者なんだ、もっと自由をくれよという運動が活発化していきます。自由を求める風潮が強く、そしてそれが許された時代です。

これらをふまえて文芸の文化を見ていきましょう。まず、この時代から、【都市大衆文化】というジャンルが確立されていきます。これは何かと言うと、都市に住む**新中間層**《しんちゅうかんそう》を相手にしたものです。新中間層とは、大正期以降に増えていった、義務教育が終わったあとも高等教育を受けたいと考える層のことです。彼らが文化の担い手になっていくんですね。

そのなかで、いちばん発達したメディアは雑誌です。大学の論文などを色々載せた**総合雑誌**というジャンルが生まれ、『**中央公論**《ちゅうおうこうろん》』などが定着していきました。ほか、女性向けの月刊誌として『**主婦之友**《しゅふのとも》』などが発行されました。

阪神急行鉄道、いわゆる**阪急**《はんきゅう》ができたのもこのころです（1918）。**小《こ》林一三《ばやしいちぞう》**がのちに社長になり、独自の経営方針として、鉄道まわりの住宅地の開発に力を入れます。また、都心にターミナルデパートを作ります。宝塚少女《たからづかしょうじょ》歌《か》劇団《げきだん》を設立したのも彼の功績です。これはどういう狙いだったかというと、「人が多く動く・集まる」場を多角的に作っていくことで、鉄道事業の土台を固めていったのですね。関西のまちづくりはこのように鉄道沿線の開発中心に進められました。

一方、東京の近代都市化に大きな影響を与えた出来事は、何と言っても**関東大震災**（1923）です。震災後には、都心から郊外に移り住む人が続出します。その需要に応じて私鉄が整備され、結果的に都市が拡大していったというのが関西とのちがいです。

ここがパラダイムシフト

◎自由民権運動、大正デモクラシーの時代
→「新中間層」を相手とした自由主義的な大衆文化が広まる！

小説 自然派に対する「反自然派」とは？

続いて大正時代の文芸を見ていきます。まず小説。明治期には、自然主義文学というジャンルが流行ったと言いましたね（231頁）。現実の暗い部分もひっくるめてありのままを書くのがいいね、と考えたのが自然主義文学です。ただ、そういう暗いところをさらけ出す作風だと、どうしてもジメジメした湿っぽい、自虐的な私小説ふうの話ばかりになりがちなのは想像できますよね。本家のフランスの自然主義にあるような客観性にも乏しく、次第に「そんなことばっかり書くのが文学じゃない！」というアンチの風潮も強くなっていきます。その一人が先に述べた夏目漱石でした。彼を筆頭に、自然主義に対抗する **反自然主義** の立場で書かれた作品がその後多く生まれていきます。

反自然主義文学の一つ、**耽美派**《たんびは》 は**永井荷風**《ながいかふう》や**谷崎潤一郎**《たにざきじゅんいちろう》が中心です。谷崎の『**刺青**《しせい》』はズバリ刺青《いれずみ》を入れる話、『**痴人**《ちじん》**の愛**《あい》』は不倫の話。反道徳的な題材をテーマに扱いつつ、巧みな表現力でそれを認めさせようとするんです。

反自然主義の一つである **白樺派**《しらかばは》 は、人間って素晴らしいよねと、その存在をまるっと徹底的に全肯定する一派です。人間賛歌の理想主義なんて呼ばれたりもします。この一派は**武者小路実篤**《むしゃのこうじさねあつ》、**志賀直哉**《しがなおや》（『**暗夜行**《あんやこう》**路**《ろ》』）をおさえておきましょう。

そして、**新思潮派**《しんしちょうは》 というグループもいました。東大派、理知主義とも呼ばれる彼らは古典を題材にし、「人間とは何か」を本質的に問う作風です。ここにあの**芥川龍之介**《あくたがわりゅうのすけ》が入ってきます。『**羅生門**《らしょうもん》』『**鼻**《はな》』あたりをおさえておきましょう。ちなみに、『羅生門』は『今昔物語集』に着想を得ていて、『鼻』は同じく『今昔物語集』と『宇治拾遺物語』を題材にしています。『父帰る』などで知られる**菊池寛**《きくちかん》もこのグループに入ります。

児童文学 の分野では、**鈴木三重吉《すずきみえきち》**が児童雑誌**『赤い鳥』**を1918年に創刊しました。自由主義の考え方が浸透して、「お国のため！」とおさえつけない教育が普及したことがその背景にあるんだよと理解しておいてください。

明治末期～大正期の文学

時期	主義		特徴	作家など
1900～20年代	反自然主義	高踏派《こうとうは》	対象を客観視する	夏目漱石 森鷗外
		耽美派	官能的な美を求める	谷崎潤一郎 永井荷風
		白樺派	人間賛歌の理想主義	武者小路実篤 志賀直哉
		新思潮派	現実を新視点から見直す	芥川龍之介 菊池寛

演劇 では、明治末期ころから近代西洋演劇が定着していきましたね。坪内逍遥と島村抱月が文芸協会を立ち上げていましたが（233頁）、そこに松井須磨子《まついすまこ》という女優が入り、三角関係でややこしくなります（笑）。そして島村と松井がそこを飛び出し、1913年に二人で設立したのが**芸術座《げいじゅつざ》**です。ところが、1918年に島村抱月が急逝すると、翌1919年には松井須磨子も自殺したため、芸術座は解散しました。一方、小山内薫《おさないかおる》らは1924年、関東大震災からの復興を目的に、**築地小劇場《つきじしょうげきじょう》**を設立しました。

昭和《しょうわ》文化（初期）1920年代～1940年代半ば

都市の大衆が文化の担い手、そして戦前・戦後へ

さあ、いよいよ昭和時代に突入です。

第一次世界大戦（1914～18）のあと、重化学工業が発展した日本は、都市に住む人々の人口が爆発的に増えていきます。人が多く集まると、その人たちに一斉に情報を伝えるためのマスメディアが発達します。ただし普及したのは都市だけで、地方の農村には十分に普及していないということはおさえておいてください。昭和の特徴を一言で言うと、**【都市大衆文化】**と表すことができます。

ただ、第二次世界大戦（1939～1945）が時代を大きく変えます。戦争以降は「戦後文化」として、戦前と戦後、大きく二つに分けることがポイントになります。

まずは前半、20年代から終戦までの大衆文化を見ていきましょう。

活字文化 としては、大衆向け雑誌の『**キング**』が1924年に創刊されます。この版元は大日本雄弁会講談社《だいにほんゆうべんかいこうだんしゃ》、少年マガジンなどのあの講談社の前身です。子どもから大人までが読者対象で、全盛期は月100万部以上の発行部数を誇りました。調べ物も意見交流も行なえる雑誌が、現代のインターネットのような役割を果たしていたのですよ。戦前というと軍国主義に向かっていった自由のない暗い時代というイメージを持ちがちですが、当時の日本は意外と、多様な文化が共存する自由な時代だったということが窺えるのではないでしょうか。

一方、一円で買える「**円本**《えんぽん》」を発行したのは改造社です。一円って聞くと安く感じますが、この時代の価値に換算すると数千円。『現代日本文学全集』などセットものの高級品だよとイメージしてください。

なお、新聞や大衆誌に載るようなエンタメ傾向の強い作品を**大衆文学**《たいしゅうぶんがく》と言い、『**大菩薩峠**《だいぼさつとうげ》』を書いた**中里介山**《なかざとかいざん》、**吉川英治**《よしかわえいじ》らがその書き手として名を連ねます。吉川の『**宮本武蔵**《みやもとむさし》』は、いま私たちが普通にイメージする剣豪・宮本武蔵像を作った作品だと言えるでしょう。

ここがパラダイムシフト

◎重化学工業が発展し都市に暮らす人々が爆発的に増えていく

➔都市大衆文化が大きく花開く！

小説 思想史とも大きく絡む昭和文学史

次に文芸、小説を見ていきましょう。**新感覚派《しんかんかくは》** と **プロレタリア文学**、この二つを対比的に捉えてください。新感覚とは、つまり「これまでになかったような感覚」のこと。代表者は、**『伊豆《いず》の踊子《おどりこ》』『雪国《ゆきぐに》』**を書いた**川端康成《かわばたやすなり》**です。有名な『雪国』の冒頭、「国境の長いトンネルを抜けるとそこは雪国であった」、これはとても簡潔で平易で、テンポよく読者を異世界にいざなう、たしかに「新感覚」というにふさわしい文と言えると思います。けれどその他の作家の作品は、びっくりするくらい技巧的な文章を使い、なかなか難しいものも多いです。

プロレタリア文学は労働問題を題材にした文学で、社会主義思想の浸透がその普及の大きなきっかけになります（189頁）。**『種蒔《たねま》く人』**がその活動母体的な雑誌です。大正時代後期にはもう創刊されていましたが、この時代に普及していきます。

プロレタリア文学は穏健派と急進派に分けられます。急進派には、**『蟹《かに》工船《こうせん》』**を書いたことで有名な**小林《こばやし》多喜二《たきじ》**、『太陽のない街』を書いた**徳《とく》永直《ながすなお》**がいます。いずれもストライキを題材に、安い給料でこき使われる労働者たちを描きました。近年にも、「俺たち非正規雇用者の働き方と同じじゃん」と共感を呼び再ブームになったくらい、普遍のテーマを扱った作品です。

ただ急進派ともなると、社会・共産主義思想にも相当近づきますので、当然政府の弾圧を受けることになります。小林も活動家として拷問を受け虐殺されました。

歴史小説 としては、**島崎藤村《しまざきとうそん》**が『夜明け前』を著します。幕末維新期を生きた父をモデルとして、木曽《きそ》馬籠《まごめ》の本陣を舞台としています。戦時

昭和初期の文学

時期	主義	特徴	作家など
1920年代～	新感覚派	自然主義的リアリズムに反発 技巧的文章	川端康成 横光利一
	プロレタリア文学	労働者や農民の現実を描く	『種蒔く人』 小林多喜二 徳永直

期、**谷崎潤一郎《たにざきじゅんいちろう》**は大阪の上流家庭を描写した『細雪《ささめゆき》』を著します。ただ戦時中ですから、「ぜいたくは敵だ」の精神から軍の圧力がかかり、発行停止となってしまいました。

戦争の実体を描いた**戦争文学**というジャンルも出現します。ただこれは、戦争バンザイと後押しする内容で、アジテーション（あおること）に利用されます。**火野葦平《ひのあしへい》**は『麦と兵隊』、**石川達三《いしかわたつぞう》**が『生きてゐる兵隊』を書きました。ただ、石川の本は残虐な行為もそのまま書いたことで発禁処分を受けます。

戦争の時代というのは、ナショナリズムを高め、一致団結していこうぜという風潮が強まります。すると多く書かれるのが、古典を題材とした小説です。いわば「日本すごいぜ」運動ですね。いつの時代も似たようなことをやっているのです。この**古典主義**派が作った雑誌が**『日本《にほん》浪曼派《ろまんは》』**で、保田与重郎《やすだよじゅうろう》らが関わりました。

ここがパラダイムシフト

◎社会主義の浸透

→プロレタリア文学が台頭！

→戦争を正当化しナショナリズムを高揚させる戦争文学も生まれる！

現代人とほぼ同じ生活スタイルが確立！

昭和初期の代表的なマスメディアと言えば、何と言ってもラジオです。**ラジオ放送**は大正末期の1925年にスタートし、1926年にはNHK（日本放送協会）が発足、東京・大阪・名古屋の放送局が統一されます。ところで、Q.ラジオが普及するきっかけになった時期はいつかわかりますか？

正解は、A.1930年代以降、満州事変の前後からです。戦争の時代に入り、その情報を得ることが必要になったのですね。

続いて大衆の生活を見ていきましょう。大正時代末期ごろから、大衆文化は新中間層が担っていったんだという話を前に書きましたね（234頁）。新中間層については、それまでのこき使われる労働者階級とはちょっとちがう、「文化的な楽しみを求める余裕のあるややリッチな人々」とイメージしてください。具体的には、まあまあ良い給料をもらえる都市の**俸給《ほうきゅう》生活者《せいかつしゃ》**（サラリーマン）、女性なら電話交換手やタイピストなどの**職業《しょくぎょう》婦人《ふじん》**がそれにあたります。彼らは和洋折衷《わようせっちゅう》の**文化《ぶんか》住宅《じゅうたく》**を郊外に建てて住み、電車で都心に通勤します。今の私たちとほとんど同じ生活スタイルがもうこの時期にできています。服装もオシャレになって、**モガ**とか**モボ**と言われる若者が街を闊歩《かっぽ》します（モダンガール・モダンボーイの略）。食文化でも、トンカツやライスカレーなど洋食が普及します。娯楽としては映画が発達します。明治後期には活動写真として入っていますが、これは無声映画で、活動弁士が面白おかしく話を聞かせていました。1930年代になると、**有声映画（トーキー）**が流行っていきます。

戦後文化 1945年〜

敗戦後の日本を変えた民主化と技術革新

長かった文化史もいよいよ大トリを迎えます。

太平洋戦争が終わり、戦争に負けた日本が復興の道をたどっていく時代です。細かく分けると、1945〜52年は【GHQによる占領期】、その後の1955〜73年ころは【高度経済成長期】になります。民主化、自由化が進んでいくなかで、文化はどんどん大衆向けに発達していきます。そして、アメリカ文化がどんどん入ってきます。戦争に勝った国の豊富な物資は、日本人にとってよだれが出るくらいうらやましく感じたことでしょう。化学産業も進化し、生活に大きな影響を与える便利な電化製品なども登場します。

まず**活字文化**。『中央公論』などの総合雑誌は戦争を批判する内容が多かったので、戦中は発行停止処分になっていましたが、戦後に復刊します。また新たに**『世界』**『**思想の科学**』などが創刊されます。

メディア放送は、ラジオが主流でしたが、1953年に**テレビ放送**がスタートします。最初は白黒で、カラーテレビは1960年ころから普及し出します。

生活面は、【衣食住】の別に見ていきましょう。

【衣】の分野では、石油化学工業の発達にともない、合成繊維が登場します。大量生産、大量消費時代の幕開けです。

【食】においては、高度経済成長によって流通革命が起こり、みながスーパーで買い物するようになります。パンやインスタント食品が気軽に買えるようになって一気に普及し、代わってお米の消費量が減りました。

【住】については、生活スタイルそのものが変わっていきます。それまでは祖父母と同居する三世代家庭、いわゆる「サザエさん」的な家が多かったのが、両親と子どもだけの核家族で暮らす「ドラえもん」的な構成になっていくと言ったらわかりやすいでしょうか。これには電化製品の普及によって家事が楽になったこと、少ない人手でもなんとか家事をこなせるようになったことが大きな影響を与えています。そしてそういう核家族は都心のマンションに住んだり、ちょっと郊外の公団住宅、つまり団地に住んだりします。これらの出現が大きなパラダイムシフトになりました。

新幹線0系電車 ***

戦後期、大きな国家イベントも行なわれます。まず、**東京オリンピック**（1964）。「世界に恥ずかしくない都市にしようぜ」と突貫工事で東京は一気に都市化されていき、オリンピック以前と以後で東京は全然違う街になりました。1970年には大阪で**万国博覧会《ばんこくはくらんかい》**が行なわれます。当時最先端の科学技術が集結され、多くの日本人が「輝かしい未来」を夢見ました。

高度経済成長期は交通インフラの整備も進みます。1964年、東京オリンピック開催にあわせて**東海道新幹線**が開通します。1965年には**名神高速道路**も完成します。

戦後の文芸を見ていきましょう。小説では、娯楽性より芸術性を重視する**純文学**というジャンルが確立されます。ここに入ってくるのが**大岡《おおおか》昇平《しょうへい》**です。フィリピンでの従軍体験をもとに、『俘虜記《ふりょき》』『野火《のび》』などの戦争文学を著しました。

『白痴《はくち》』『堕落論《だらくろん》』などを著した**坂口安吾《さかぐちあんご》**と、『斜陽《しゃよう》』『人間失格《にんげんしっかく》』などを著した**太宰治《だざいおさむ》**は**無頼派《ぶらいは》**として知られます。無頼とは、文字通り「何ものにも頼らない」こと。それまでの文学を否定し、常識にとらわれない考えから、私小説的な傾向の強い作品を生み出します。

一方、大衆路線にも近い**中間派**のグループとしては、松本清張《まつもとせいちょう》『点と線』、これは推理小説ですね。そして歴史作家として今も根強い人気をほこる司馬遼太郎《しばりょうたろう》『坂の上の雲』などが挙げられます。

戦後の文学

時期	主義	特徴	作家	作品
1945〜	無頼派《ぶらいは》	既存文学の否定 常識を度外視 私小説的	太宰治 坂口安吾	『斜陽』『人間失格』 『白痴』『堕落論』
	戦後派	戦争文学 娯楽性 ＜ 芸術性 純文学的	大岡昇平	『俘虜記』『野火』
	中間派	娯楽性 ＞ 芸術性 大衆文学的	松本清張 司馬遼太郎	『点と線』 『坂の上の雲』

戦後には、日本のほこる漫画・アニメが生まれてきます。その代表は何と言っても**手塚治虫《てづかおさむ》**です。『鉄腕アトム』などが有名ですね。

映画は大衆の娯楽として定着し、**黒澤明《くろさわあきら》**が『羅生門《らしょうもん》』『影武者《かげむしゃ》』などで海外からも高い評価を得ます。また**溝口健二《みぞぐちけんじ》**は『西鶴一代女《さいかくいちだいおんな》』などで知られます。

歌謡曲では、戦後どん底に落ちた日本人を応援するような歌が流行ります。『リンゴの唄』など映画の主題歌が流行し、役者を兼ねた少女歌手として知られる**美空《みそら》ひばり**も活躍しました。

【受験対策】がコンセプトの本書で扱うのは、ここまでにしておきます。

え、ここで終わり？　そう思った人もいるかもしれません。もちろん文化史はまだまだこの先、人類の歴史が続く限り、脈々と受け継がれていきます。文化を作っているのは、私たち一人ひとりです。いまあなたの身近で流行っているあの遊びや注目のアートが、いや、もしかしたらあなた自身が、はるか未来、文化史の教科書に載る日が来るかもしれませんね。

☑【日本文化史】ファイナルチェックリスト

古代～近世の仏教

文化区分	仏教の動き
古墳文化・後期 （6C）	①**司馬達等《しばたつと》**の仏教崇拝【継体朝】 ②百済（聖明王《せいめいおう》）から仏教公伝【欽明朝】 戊午《ぼご》説（538）:『上宮聖徳法王帝説』・『元興寺縁起』　壬申《じんしん》説（552）:『日本書紀』
飛鳥文化 （6C 末～ 7C 前）	①**寺院**の建立（古墳に代わる権威の象徴） **飛鳥寺**（蘇我氏）・**法隆寺**・**四天王寺**・**広隆寺**（秦《はた》氏）など ②**『三経義疏《さんぎょうのぎしょ》』**（伝厩戸皇子） 法華《ほけ》経・勝鬘《しょうまん》経・維摩《ゆいま》経の注釈書
白鳳文化 （7C 後～ 8C 初）	①**官寺**の建立〔飛鳥〕 **大官大寺**・**薬師寺**（天武天皇の発願）など ②法会の開催➡経典読誦《どくじゅ》 護国の経典:法華《ほけ》経・金光明《こんこうみょう》経・仁王《にんのう》経
天平文化 （8C）	①**国分寺建立の詔**（741）:国分寺・国分尼寺の建立 / 写経事業 ②**盧舎那《るしゃな》大仏造立の詔**（743/ 紫香楽《しがらき》宮）➡開眼供養（752/ 平城京） ③僧尼の養成:**僧尼令《そうにりょう》**（僧尼の規範）/ 受戒➡得度 ④教理研究:**南都六宗**（法相・華厳・律・三論・成実《じょうじつ》・倶舎《くしゃ》宗） ⑤社会事業:**行基**（灌漑施設の整備）・**光明皇后**（**悲田院《ひでんいん》**・**施薬院《せやくいん》**）
弘仁・貞観文化 （9C）	①**天台宗**:**最澄・円仁・円珍** 法華経重視・大乗戒壇（最澄の死後実現） 山門派:**延暦寺** / 円仁の門徒　寺門派:**園城寺《おんじょうじ》** / 円珍の門徒 ②**真言宗**:**空海** 大日経重視 / 加持祈禱《かじきとう》（国家の大事から日常の些事《さじ》まで） 高野山:**金剛峯寺**　平安京:**教王護国寺**（嵯峨天皇より賜る）
国風文化 （10 ～ 11C 前）	①**末法思想**:末法元年 =1052 年 / 仏法が衰える ②**浄土教**:**念仏**による極楽往生を願う **空也**:市聖 / 京中に称名念仏（= **南無阿弥陀仏**）を説く **源信《げんしん》**（恵心僧都《えしんそうず》）:『往生要集』　**慶滋保胤《よししげのやすたね》**:『日本往生極楽記』 ③阿弥陀堂:**法成寺《ほうじょうじ》**（藤原道長）・**平等院鳳凰堂**（藤原頼通） ④御霊会《ごりょうえ》:疫神の怨霊を鎮める / **祇園社・北野神社** ⑤金峯山経塚《きんぷせんきょうづか》〔奈良〕:藤原道長が経筒を奉納
院政期文化 （11C 後～ 12C）	①**六勝寺**:**法勝寺**（白河天皇）など〔平安京郊外〕 ②阿弥陀堂:**中尊寺金色堂**〔岩手・平泉〕 **富貴寺《ふきじ》大堂**〔豊後〕・白水阿弥陀堂〔福島〕 ③その他:三仏寺奥院《さんぶつじおくのいん》（投入堂）〔鳥取〕
鎌倉文化 （12C 末～ 14C 初）	①戒律復興 **貞慶《じょうけい》**:法相宗 / **笠置山《かさぎやま》**〔京都〕/「興福寺奏状」➡法然批判 **明恵《みょうえ》**:華厳宗 / **高山寺《こうざんじ》**〔京都〕/『摧邪輪《さいじゃりん》』➡法然批判 俊芿《しゅんじょう》:新しい戒律の伝来 / 泉涌寺《せんにゅうじ》〔京都〕

鎌倉文化 （12C 末～ 14C 初）	②禅宗系 **栄西**：臨済宗 / 坐禅《ざぜん》と戒律 / **建仁寺《けんにん》**〔京都〕/ **『興禅護国論《こうぜんごこくろん》』**・『喫茶養生記』 **道元**：曹洞宗 / 只管打坐《しかんだざ》 / **永平寺**〔越前〕/ **『正法眼蔵《しょうぼうげんぞう》』** **蘭渓道隆《らんけいどうりゅう》**：南宋から渡来 / **建長寺**〔鎌倉〕/ 北条時頼の帰依 **無学祖元《むがくそげん》**：南宋から招聘 / **円覚寺**〔鎌倉〕/ 北条時宗の帰依 ③真言律宗 **叡尊《えいそん》**：社会事業 / **西大寺**再興〔奈良〕 **忍性《にんしょう》**：社会事業 / **極楽寺**〔鎌倉〕/ **北山十八間戸**〔奈良〕 ④浄土教系（念仏） **法然**：浄土宗 / 専修《せんじゅ》念仏 / 『選択本願念仏集《せんじゃくほんがんねんぶつしゅう》』 **親鸞**：浄土真宗 / 悪人正機《あくにんしょうき》説 / 『教行信証《きょうぎょうしんしょう》』 **一遍**：時宗 / 踊念仏 / 遊行《ゆぎょう》（東北～九州） ⑤法華経系 **日蓮**：**日蓮宗** / 題目《だいもく》（= 南無妙法蓮華経《なむみょうほうれんげきょう》）/ **『立正安国論』**
南北朝文化 （14C 半）	①禅宗 **夢窓疎石《むそうそせき》**：**天龍寺**〔京都〕/ 安国寺・利生塔《りしょうのとう》〔全国〕 ②法華宗 日像《にちぞう》：京都の町衆《ちょうしゅう》に布教
北山文化 （14C 末～ 15C 前）	①禅宗（五山派） **五山《ござん》・十刹《じっさつ》の制**：幕府による臨済宗寺院の保護・統制 五山之上：**南禅寺** 京都五山：**天龍寺**・**相国《しょうこく》寺**・**建仁寺**・東福寺・万寿寺 鎌倉五山：**建長寺**・**円覚寺**・寿福寺・浄智寺・浄妙寺 ②法華宗 **日親《にっしん》**：『立正治国論』（幕府から弾圧される）
東山・戦国文化 （15C 後～ 16C 前）	①禅宗（五山派の衰退） **林下《りんか》**：民間布教につとめる（**大徳寺**・妙心寺など） ②一向宗（浄土真宗本願寺派） 蓮如《れんにょ》：北陸・東海・近畿に布教 / **講《こう》**・**御文《おふみ》**を用いる ③法華宗 **天文法華《てんぶんほっけ》の乱**（1536）：延暦寺が日蓮宗の寺院を焼打ち
桃山文化 （16C 後）	①一向宗（浄土真宗本願寺派） 織田信長との抗争➡一向一揆の解体（長島・越前・加賀） **顕如《けんにょ》**は大坂から追放される
寛永文化 （17C 前）	①**本末制度** 宗派ごとに本山・末寺の地位を保障して末寺を組織させる ②**諸宗寺院法度**（1665） 宗派を超えて仏教寺院の僧侶全体を統制 ③**黄檗宗《おうばくしゅう》**（禅宗の一派） 明から亡命した**隠元隆琦《いんげんりゅうき》**が伝える / 崇福寺《すうふくじ》〔長崎〕・**万福寺《まんぷくじ》**〔京都宇治〕

原始～現代の神道

文化区分	神祇信仰・神道の動き
縄文文化 （約 2500 年前まで）	①**アニミズム**（精霊信仰） **土偶**・**屈葬**・**抜歯**など
古墳文化 （3C 半～ 6C）	①農耕祭祀 **祈年祭《としごいのまつり》**（春）・**新嘗祭《にいなめのまつり》**（秋）・大嘗祭《だいじょうさい》（天皇の即位） ②呪術的風習 禊《みそぎ》・祓《はらえ》（ケガレをはらう）・**太占《ふとまに》の法**（占い）・**盟神探湯《くかたち》**（原始裁判） ③社 **大神《おおみわ》神社**（三輪山を神体）〔奈良〕・**宗像《むなかた》大社**（沖ノ島を神体）〔福岡〕
天平文化 （8C）	①神仏習合の成立 **神宮寺**・神前読経《しんぜんどきょう》・僧形神像《そうぎょうしんぞう》など
弘仁・貞観文化 （9C）	①**修験道《しゅげんどう》**（山岳信仰） 道教・儒教・密教の影響
国風文化 （10C ～ 11 前）	①神仏習合の展開 **本地垂迹説《ほんじすいじゃくせつ》**：神は仏が仮に形をかえてこの世に現われたもの 山王神道：比叡山の山王 = 阿弥陀如来　両部神道：天照大神 = 大日如来
鎌倉文化 （12C 末～ 14C 初）	①神国思想の高揚（蒙古襲来後） **反本地垂迹説**：仏は神が仮に形をかえてこの世に現われたもの **伊勢神道**：**度会家行《わたらいいえゆき》**（伊勢神宮神主）『類聚神祇本源』
東山文化 （15C 後）	①神道の独立（仏教・儒教の統合） **唯一神道**：**吉田兼倶《よしだかねとも》** / 唯一神とその道の根本を守ることを主張
元禄文化 （17C 後～ 18C 前）	①神儒の一致 吉川神道：吉川惟足《よしかわこれたり》 / 道徳的な神道説➡君臣の義を説く **垂加神道《すいかしんとう》**：**山崎闇斎《やまざきあんさい》** / 神の道と天皇の徳の唯一無二を説く
化政文化 （19C 前半）	①神道の普及 **復古神道**：**平田篤胤《ひらたあつたね》** / 国学系神道➡天皇を中心とする排他的性格 ②神道系の民衆宗教 **天理教**（中山みき）・**金光教**（川手文治郎《かわてぶんじろう》）・**黒住教**（黒住宗忠《くろずみむねただ》）
明治文化 （1868 ～ 1912）	①神道の国教化 **神仏分離令**（1868）：神仏混淆《しんぶつこんこう》の禁止➡**神祇官《じんぎかん》**の設置 / **廃仏毀釈《はいぶつきしゃく》**運動 **大教宣布の詔**（1870）：神道を国教と定める➡神道国教化は定着せず ②国家神道の形成（天皇崇拝による国民教化） 国家の祝祭日を設定（**紀元節《きげんせつ》**・**天長節《てんちょうせつ》**） ③教派神道（明治政府公認の神道系民間宗教） **天理教**・**金光教**・**黒住教**など 13 派
戦後文化 （1945 ～）	①国家と神道の分離 **神道指令《しんとうしれい》**（1945.12）：国家神道は消滅 天皇の「人間」宣言（1946）：天皇は自らの神格を否定

近世・近代のキリスト教

文化区分	キリスト教の動き
戦国・桃山文化 （16C）	①宣教師の来日（**イエズス会** / **耶蘇会《やそかい》**） **フランシスコ＝ザビエル**：中国・九州地方で布教 **ガスパル＝ヴィレラ**：京都で布教 /『耶蘇会士《やそかいし》日本通信』 **ルイス＝フロイス**：織田信長の保護 /『日本史』 **ヴァリニャーニ**：天正遣欧使節 / 活字印刷機の伝来 ②宣教師・信者の養成 **コレジオ**（高等教育）・**セミナリオ**（初等・中等教育） **南蛮寺**：大道寺《だいどうじ》〔山口〕など ③キリスト教の統制・弾圧 **バテレン追放令**（1587）：仏教との共存を促す➡不徹底 **サン＝フェリペ号事件**（1596）➡**二十六聖人殉教**〔長崎〕
寛永文化 （17C 前～半ば）	①徳川家康（1603 ～ 16） **禁教令**：幕領に発布（1612）➡全国（1613） **高山右近《たかやまうこん》**ら 300 余名をマニラへ追放 ②徳川秀忠（1616 ～ 32） **元和の大殉教**〔長崎〕55 名のキリシタンを処刑 **絵踏《えふみ》**の開始（1629） ③徳川家光（1632 ～ 51） 段階的な鎖国政策（1633 ～ 41） **島原・天草一揆**（1637 ～ 38）➡**宗門改帳**〔九州〕 ④徳川家綱（1651 ～ 80） **寺請制度**の徹底：**宗門改帳**〔全国〕
明治文化 （1868 ～ 1912）	①禁教政策の継続 **五榜《ごぼう》の掲示**（1868.3）：キリスト教を禁止（第 3 札） 浦上信徒《うらがみしんと》弾圧事件：信仰を告白した信徒を弾圧➡外交問題へ ②キリスト教の解禁 禁教高札の撤廃（1873） 大日本帝国憲法：「信教の自由」が認められる ③ミッションスクール **熊本洋学校**（ジェーンズ）・**札幌農学校**（クラーク） **同志社英学校**（新島襄《にいじまじょう》）・**明治学院**（ヘボン）など ④キリスト教徒 **森有礼《もりありのり》**・**内村鑑三《うちむらかんぞう》**・**新渡戸稲造《にとべいなぞう》**・**海老名弾正《えびなだんじょう》**など

飛鳥～鎌倉文化の美術

文化区分	建　築	彫　刻
飛鳥文化 （6C 末～ 7C 前）	①**法隆寺金堂**・五重塔 **若草伽藍《わかくさがらん》**の発見➡再建説有力	①**北魏様式**（仏師 = **鞍作鳥《くらつくりのとり》**） 法隆寺金堂釈迦三尊《しゃかさんぞん》像・飛鳥寺釈迦如来像 ②南朝様式 / 百済様式 中宮寺・広隆寺半跏思惟《はんかしゆい》像
白鳳文化 （7C 後～ 8C 初）		①金銅像 **興福寺仏頭**（旧山田寺大仏） 薬師寺金堂薬師三尊像
天平文化 （8C）	①**正倉院宝庫**（**校倉造《あぜくらづくり》**） ②東大寺法華堂《ほっけどう》・転害門《てがいもん》 ③唐招提寺金堂・講堂 ④法隆寺夢殿《ゆめどの》・伝法堂《でんぼうどう》	①**乾漆像《かんしつぞう》**（麻布 + 漆） 東大寺法華堂不空羂索《ふくうけんじゃく》観音像 興福寺阿修羅《あしゅら》像 唐招提寺鑑真和上像 ②**塑像《そぞう》**（粘土） 東大寺法華堂執金剛神《しつこんごうしん》像
弘仁・貞観文化 （9C）	①**室生寺《むろうじ》**金堂・五重塔	①**一木造《いちぼくづくり》**・翻波式《ほんぱしき》 **観心寺如意輪観音像《かんしんじにょいりんかんのんぞう》** 薬師寺僧形八幡神《そうぎょうはちまんしん》像
国風文化 （10 ～ 11C 前）	①阿弥陀堂 **平等院鳳凰堂《びょうどういんほうおうどう》**（藤原頼通《ふじわらのよりみち》） ②**寝殿造** 東三条殿《ひがしさんじょうでん》（藤原道長邸）	①**寄木造《よせぎづくり》**（仏師 = **定朝《じょうちょう》**） 平等院鳳凰堂阿弥陀如来像
院政期文化 （11C 後～ 12C）	①阿弥陀堂 **中尊寺金色堂**〔岩手・平泉〕 **白水阿弥陀堂《しらみずあみだどう》**〔福島〕 **富貴寺大堂《ふきじおおどう》**　〔大分〕	
鎌倉文化 （12C 末～ 14C 初）	①東大寺の復興 **重源《ちょうげん》**（勧進上人）・**陳和卿《ちんなけい》** **大仏様**：**東大寺南大門** ②禅寺の建立 **禅宗様**：円覚寺舎利殿 功山寺《こうざんじ》仏殿	①慶派仏師 **東大寺南大門金剛力士像（運慶・快慶）** **興福寺無著《むちゃく》・世親《せしん》像**（運慶ら） 興福寺天燈鬼《てんとうき》・竜燈鬼《りゅうとうき》像（**康弁**） 六波羅蜜寺空也上人像（**康勝**）

	工　芸	絵　画
	①**法隆寺玉虫厨子《たまむしのずし》** ②**中宮寺天寿国繡帳《てんじゅこくしゅうちょう》**	①法隆寺玉虫厨子須弥座絵《しゅみざえ》
		①**法隆寺金堂壁画** インド・中国の壁画と類似 焼損➡**文化財保護法**（1950）・**文化庁**（1968） ②**高松塚古墳壁画** 四神図（青竜《せいりゅう》・白虎《びゃっこ》・朱雀《すざく》・玄武《げんぶ》）・男女群像図
	①正倉院宝物 螺鈿《らでん》紫檀《したん》五絃琵琶《ごげんのびわ》 白瑠璃碗《はくるりわん》	①**薬師寺吉祥天《きちじょうてん》（画）像** バラモン教の女神 ②**正倉院鳥毛立女屛風《とりげたちおんなのびょうぶ》** ③過去現在絵因果経《かこげんざいえいんがきょう》（現存する最初の絵巻物）
		①密教絵画 **神護寺《じんごじ》両界曼荼羅《りょうかいまんだら》・教王護国寺《きょうおうごこくじ》両界曼荼羅《りょうかいまんだら》**（両界＝金剛界《こんごうかい》・胎蔵界《たいぞうかい》） **園城寺《おんじょうじ》不動明王《ふどうみょうおう》像**（黄不動）
	①蒔絵《まきえ》（漆＋金銀粉） ②螺鈿《らでん》（貝殻をはめる）	①大和絵（巨勢金岡《こせのかなおか》が祖） ②浄土絵画 **高野山聖衆来迎図《しょうじゅらいごうず》**
		①絵巻物（詞書＋絵画） **「源氏物語絵巻」**（引目鉤鼻・吹抜屋台）・**「伴大納言絵巻」**（応天門の変） **「鳥獣《ちょうじゅう》（人物《じんぶつ》）戯画《ぎが》」**（社会風刺）・**「信貴山《しぎさん》縁起絵巻」**（朝護孫子寺《ちょうごそんしじ》の縁起） ②装飾経 **「扇面古写経」**（四天王寺／大阪）・**「平家納経」**（厳島《いつくしま》神社／広島）
		①**似絵《にせえ》**（大和絵の肖像画） **藤原隆信・信実**父子 ②**頂相《ちんぞう》**（禅僧の肖像画） ③絵巻物 **「北野天神縁起絵巻」**（菅原道真の伝記）・**「春日権現験記《かすがごんげんけんき》」**（高階隆兼《たかしなのたかかね》） **「蒙古襲来絵詞」**（竹崎季長《たけさきすえなが》）・**「一遍上人絵伝」**（円伊）

北山～元禄文化の美術

文化区分	建　築	工　芸
北山文化 （14C 末～ 15C 前）	①**北山山荘（金閣）** ②鹿苑寺庭園（回遊式庭園）	
東山文化 （15C 後～ 16C 前）	①**東山山荘（銀閣）** ②慈照寺東求堂《とうぐどう》**同仁斎《どうじんさい》（書院造）** ③**龍安寺《りょうあんじ》石庭（枯山水《かれさんすい》）**	
桃山文化 （16C 後）	①城郭 現存：**姫路城** 遺構：**伏見城**（都久夫須麻《つくぶすま》神社本殿） **聚楽第《じゅらくだい》**（大徳寺唐門） ②茶室 **待庵**（妙喜庵茶室）（**千利休**）	①蒔絵 高台寺蒔絵
寛永文化 （17C 前～半ば）	①**日光東照宮（権現造《ごんげんづくり》）** 徳川家康を東照大権現として祀る ②**桂離宮（数寄屋造《すきやづくり》）** 八条宮智仁《としひと》親王の別邸 ③修学院離宮（数寄屋造） 後水尾天皇の山荘	①蒔絵 **本阿弥光悦《ほんあみこうえつ》**「舟橋蒔絵硯箱」 ②陶磁器（有田焼） **酒井田柿右衛門《さかいだかきえもん》**（**赤絵**の創始）
元禄文化 （17C 後～ 18C 前）	①東大寺大仏殿（再建） ②六義園《りくぎえん》：柳沢吉保邸の庭園	①蒔絵 **尾形光琳**「八橋蒔絵螺鈿硯箱」 ②陶磁器（京焼） **野々村仁清《ののむらにんせい》**（京焼の祖）

	絵　画
	①水墨画（禅宗の制約） **如拙**《じょせつ》「瓢鮎図《ひょうねんず》」 **周文**《しゅうぶん》「寒山拾得図《かんざんじっとくず》」
	①大和絵 土佐派：**土佐光信**《とさみつのぶ》　狩野派：**狩野正信**《かのうまさのぶ》・**元信**《もとのぶ》（大和絵と水墨画の融合） ②水墨画（禅宗の制約を超える） **雪舟「四季山水図巻」**・「天橋立図」
	①濃絵《だみえ》（金碧濃彩画《こんぺきのうさいが》） **狩野永徳「唐獅子図屏風《からじしずびょうぶ》」 狩野山楽**「牡丹《ぼたん》図」 **長谷川等伯**《はせがわとうはく》「智積院襖絵《ちしゃくいんふすまえ》」 ②水墨画 **長谷川等伯**「松林図屏風」 海北友松《かいほうゆうしょう》「山水図屏風」 ③風俗画 **狩野永徳「洛中洛外図屏風」**（織田信長が上杉謙信に贈る）
	①狩野派 **狩野探幽**《かのうたんゆう》「大徳寺方丈襖絵《だいとくじほうじょうふすまえ》」 久隅守景《くすみもりかげ》「夕顔棚納涼図屏風《ゆうがおだなのうりょうずびょうぶ》」 ②琳派の祖 **俵屋宗達**《たわらやそうたつ》**「風神雷神図屏風《ふうじんらいじんずびょうぶ》」**
	①家系 **土佐光起**《とさみつおき》（朝廷絵師） 住吉如慶《すみよしじょけい》・具慶《ぐけい》（幕府絵師） ②琳派 **尾形光琳**《おがたこうりん》**「紅白梅図屏風《こうはくばいずびょうぶ》」・「燕子花図屏風《かきつばたずびょうぶ》」** ③浮世絵 **菱川師宣**《ひしかわもろのぶ》**「見返り美人図」** / **版画**の創始（モノクロ）

宝暦・天明〜大正文化の美術

<table>
<tr><th>文化区分</th><th>絵　画</th></tr>
<tr><td>宝暦・天明文化
（18C 後）</td><td>①浮世絵版画
鈴木春信《すずきはるのぶ》：錦絵《にしきえ》の創始（カラー）
喜多川歌麿《きたがわうたまろ》「婦女人相十品《ふじょにんそうじっぴん》」　東洲斎写楽《とうしゅうさいしゃらく》「市川鰕蔵《いちかわえびぞう》」
②肉筆画
文人画：池大雅《いけのたいが》・与謝蕪村《よさぶそん》「十便十宜図」
写生画：円山応挙《まるやまおうきょ》「雪松図屏風」・「保津川図屏風」
洋風画：司馬江漢《しばこうかん》「不忍之池《しのばずのいけ》」（銅板画）</td></tr>
<tr><td>化政文化
（19C 前半）</td><td>①浮世絵版画（背景：庶民の間で旅が流行）
葛飾北斎《かつしかほくさい》「富嶽三十六景《ふがくさんじゅうろっけい》」
歌川広重《うたがわひろしげ》「東海道五十三次《とうかいどうごじゅうさんつぎ》」
②風刺版画
歌川国芳《うたがわくによし》「朝比奈小人嶋遊《あさひなこびとしまあそび》」
③肉筆画
文人画：渡辺崋山《わたなべかざん》「鷹見泉石像《たかみせんせきぞう》」・「一掃百態《いっそうひゃくたい》」
写生画：呉春《ごしゅん》（松村月溪《まつむらげっけい》）「柳鷺群禽図屏風《りゅうろぐんきんずびょうぶ》」
洋風画：亜欧堂田善《あおうどうでんぜん》「浅間山図屏風」</td></tr>
</table>

<table>
<tr><th>文化区分</th><th>建　築</th><th>彫　刻</th></tr>
<tr><td>明治文化
（1868 〜 1912）</td><td>①設計
コンドル：鹿鳴館《ろくめいかん》・ニコライ堂
辰野金吾《たつのきんご》：日本銀行本店
片山東熊《かたやまとうくま》：赤坂離宮</td><td>①木彫
高村光雲『老猿』
②西洋彫刻
荻原守衛《おぎわらもりえ》『女』</td></tr>
<tr><td>大正文化
（1912 〜 26）</td><td>①設計
ライト：旧帝国ホテル
辰野金吾：東京駅</td><td>①木彫
高村光太郎『手』
平櫛田中《ひらくしでんちゅう》『転生《てんしょう》』</td></tr>
</table>

文化区分	絵画	
	西洋画	日本画
明治文化 （1868～1912）	①先駆 **高橋由一《ゆいち》**「鮭」 ②**明治美術会**（1889/脂《やに》派） **浅井忠**「収穫」 ③**白馬会**（1896/外光派） **黒田清輝**「湖畔」・「読書」 **青木繁**「海の幸」	①先駆 **狩野芳崖《かのうほうがい》**「悲母観音」 ②**日本美術院**（1898） **橋本雅邦《はしもとがほう》**「龍虎図屏風」 **菱田春草《ひしだしゅんそう》**「黒き猫」
大正文化 （1912～26）	①**二科会**（1914） **梅原龍三郎《うめはらりゅうざぶろう》**「紫禁城《しきんじょう》」 **安井曽太郎《やすいそうたろう》**「金蓉《きんよう》」 ②**春陽会**（1922） **岸田劉生《きしだりゅうせい》**「麗子像」	①日本美術院 **横山大観《よこやまたいかん》**「生々流転《せいせいるてん》」 **下村観山《しもむらかんざん》**「大原御幸《おおはらごこう》」・「弱法師《よろぼし》」

近代美術の変遷

工部美術学校 1876 ── **明治美術会** 1889 ┬─ 太平洋画会 1902
　　　　　　　　　　　　　　　　　　　└─ **白馬会** 1896

●外国人教師
フォンタネージ（油絵）
ラグーザ（彫刻）

●**文展**の開催（1907）
牧野伸顕《まきののぶあき》（文相）が中心

文展 1907 ┬─ 帝展 1919 ──── 日展 1946 ──
　　　　　└─ **二科会** 1914

●設立の中心
フェノロサ（米）
岡倉天心

東京美術学校 1887 ┬─ **日本美術院** 1898 ──（活動停止）── 再興（院展）1914 ┬──
　　　　　　　　　　│　　　　　　　　　　　　　　　　　　　　　　　　　　　└─ **春陽会** 1922
　　　　　　　　　　└──────────────── 東京藝術大学 1949 ──

古代・中世の学問・教育

文化区分	学　問	教　育
古墳文化 （5C ～ 6C）	①5C（応神朝） **王仁《わに》**：『論語』・『千字文』 ②6C（継体朝） **五経博士**・医・易・暦博士	
飛鳥文化 （6C 末～ 7C 前）	渡来人の来日 ①曇徴（高句麗僧） 紙・墨・絵の具を伝える ②観勒（百済僧） 暦法・陰陽道を伝える	
天平文化 （8C）	①大学の学科 **明経道《みょうぎょうどう》**：儒教の経典を学ぶ **明法道《みょうぼうどう》**：律令や格式の研究	①**大学**〔京内 / 式部省の管轄〕 中央・貴族の子弟 ②**国学**〔地方〕 郡司の子弟
弘仁・貞観文化 （9C）	①文章経国《もんじょうけいこく》思想 **紀伝道《きでんどう》**（**文章道《もんじょうどう》**）の重視	①**大学別曹《べっそう》**：貴族の子弟 / 寄宿舎 **勧学院**（藤原氏）・**弘文院**（和気氏） **奨学院**（在原氏）・**学館院**（橘氏） ②**綜芸種智院《しゅげいしゅちいん》**：空海 / 庶民教育
鎌倉文化 （12C 末～ 14C 初）	①**宋学**（**朱子学**） 禅僧により伝えられる ②**有職故実《ゆうそくこじつ》** 順徳天皇**『禁秘抄《きんぴしょう》』**	①武士の学問 **金沢《かねざわ》文庫**：**北条実時**の私設図書館 武蔵国称名寺《しょうみょうじ》内に設置
南北朝文化 （14C 半）	①有職故実 後醍醐天皇**『建武年中行事』** 北畠親房**『職原抄《しょくげんしょう》』**	
東山・戦国文化 （15C 後～ 16C 前）	①有職故実 **一条兼良《いちじょうかねら》『公事根源《くじこんげん》』** ②政治意見（足利義尚《よしひさ》へ提出） **一条兼良《いちじょうかねら》『樵談治要《しょうだんちよう》』** ③古典研究（『源氏物語』の注釈） **一条兼良《いちじょうかねら》『花鳥余情《かちょうよせい》』** ④朱子学の地方波及 **桂庵玄樹《けいあんげんじゅ》**：薩摩の島津氏に講義 薩南学派の祖となる	①武士の学問 **足利学校**：関東管領**上杉憲実《うえすぎのりざね》**が再興 「坂東の大学」 ②庶民教育 **『節用集《せつようしゅう》』**：日用語句を類別した辞書 **『庭訓往来《ていきんおうらい》』**：書簡形式の初等教科書

近世の学問・教育・思想

(1) 近世の教育

藩校（藩士の教育 / 儒学中心）

米沢藩	**上杉治憲**《うえすぎはるのり》	**興譲館**《こうじょうかん》再興（1776）	長州藩	毛利吉元《もうりよしもと》	明倫館《めいりんかん》（1719）
秋田藩	**佐竹義和**《さたけよしまさ》	**明徳館**《めいとくかん》（1789）	会津藩	松平容頌《まつだいらかたのぶ》	日新館《にっしんかん》（1799）
熊本藩	**細川重賢**《ほそかわしげかた》	**時習館**《じしゅうかん》（1755）	薩摩藩	島津重豪《しまづしげひで》	造士館《ぞうしかん》（1773）
福岡藩	不明	修猷館《しゅうゆうかん》（1784）	水戸藩	**徳川斉昭**《とくがわなりあき》	**弘道館**《こうどうかん》（1841）

郷学（武士・庶民の教育）

岡山藩	**閑谷学校**《しずたにがっこう》	藩主池田光政の命により創立、庶民の入学を認めるが、武芸は教えず
大坂	**懐徳堂**《かいとくどう》	大坂町人の出資で設立、徳川吉宗から公認される 学主 = 三宅石庵《みやけせきあん》・中井竹山《なかいちくざん》（『草茅危言《そうぼうきげん》』）

私塾（民間の教育機関）

宝暦・天明	国学	**鈴の屋**〔伊勢・松坂〕: **本居宣長**《もとおりのりなが》	
	洋学	**芝蘭堂**《しらんどう》〔江戸〕: **大槻玄沢**《おおつきげんたく》	
化政	国学	**咸宜園**《かんぎえん》〔豊後〕: **広瀬淡窓**《ひろせたんそう》	**洗心洞**《せんしんどう》〔大坂〕: **大塩平八郎**
	洋学	**鳴滝塾**《なるたきじゅく》〔長崎〕: **シーボルト** 伊東玄朴《いとうげんぼく》・高野長英《たかのちょうえい》らが学ぶ	**適塾**《てきじゅく》〔大坂〕: 緒方洪庵《おがたこうあん》 福沢諭吉・橋本左内らが学ぶ

庶民教育

寺子屋（**手習所**）: 読み・書き・そろばん / 往来物（『**庭訓往来**《ていきんおうらい》』など）を教科書として使用する

(2) 儒学

	寛永期（17C 前）	元禄期（17C 後）	享保〜寛政期（18C）	化政期（19C 前）

朱子学

【京学】

- **藤原惺窩**《ふじわらせいか》 ── **林羅山**《はやしらざん》 ── 林鵞峰《がほう》 ── **林信篤**《のぶあつ》 ── 林信敬《のぶたか》 ── 林述斎《じゅっさい》
  - **林信篤**《のぶあつ》 ── 柴野栗山《しばのりつざん》
- **藤原惺窩**《ふじわらせいか》 ── 石川丈山《いしかわじょうざん》
- **藤原惺窩**《ふじわらせいか》 ── 松永尺五《まつながせきご》 ── **木下順庵**《きのしたじゅんあん》 ── **新井白石**
  - **木下順庵**《きのしたじゅんあん》 ── 室鳩巣《むろきゅうそう》
  - **木下順庵**《きのしたじゅんあん》 ── 雨森芳洲《あめのもりほうしゅう》
  - **木下順庵**《きのしたじゅんあん》 ── 尾藤二洲《びとうにしゅう》

【南学】

- 南村梅軒 ── 谷時中《たにじちゅう》 ── **山崎闇斎**《やまざきあんさい》 ── 浅見絅斎《あさみけいさい》 ── 古賀精里《こがせいり》
  - **山崎闇斎**《やまざきあんさい》 ── 佐藤直方 ── 岡田寒泉《おかだかんせん》

陽明学

- **中江藤樹**《なかえとうじゅ》 ── **熊沢蕃山**《くまざわばんざん》

古　学

- 【聖学】 **山鹿素行**《やまがそこう》
- 【古義学（堀川学）】 **伊藤仁斎**《いとうじんさい》 ── 伊藤東涯《いとうとうがい》 ── 青木昆陽《あおきこんよう》
- 【古文辞学】 **荻生徂徠**《おぎゅうそらい》 ── **太宰春台**《だざいしゅんだい》

特徴

朱子学：理気二元論・大義名分論（君臣・父子の別、上下の秩序を重んじる）➡幕府は保護

陽明学：心即理・知行合一（実践的な行動主義の立場）➡幕府は警戒・圧迫

古　学：朱子学・陽明学の解釈を排し、孔子・孟子の原典回帰を説く

展開

江戸初期　家康：**林羅山**の登用

江戸中期　綱吉：木下順庵の登用

湯島聖堂《ゆしませいどう》建立➡学問所として整備し、林家が主催（初代大学頭＝**林信篤**（鳳岡《ほうこう》））

家宣・家継：**新井白石**による儒学政治（正徳の治）

江戸後期　家斉：**寛政異学の禁**（1790）：朱子学を正学とし、聖堂学問所での異学の講義を禁止する

寛政の三博士：柴野栗山・尾藤二洲・岡田寒泉（のち古賀精里）

昌平坂学問所（1797）：幕府の官立学校となる

儒学者一覧

学派		学者名	著作	事項
朱子学	京学	**藤原惺窩**		もと相国寺の僧、京学の祖
		林羅山	**『本朝通鑑《ほんちょうつがん》』**	藤原惺窩の推薦で家康に仕える 家康〜家綱の侍講をつとめる
		林鵞峰		父・羅山とともに『本朝通鑑』を編纂
		林信篤		湯島聖堂の初代大学頭となる
		木下順庵		加賀藩前田綱紀に招かれる➡綱吉の侍講
		新井白石	**『読史余論《とくしよろん》』** 『古史通《こしつう》』	家宣・家継の侍講 正徳の治をすすめる
		雨森芳洲		対馬藩に仕え、朝鮮外交を担当する
		室鳩巣	『六諭衍義大意《りくゆえんぎたいい》』	吉宗に信任される
	南学	谷時中		土佐の僧侶で、南学の大成者とされる
		野中兼山		谷時中に学ぶ、土佐藩家老
		山崎闇斎		吉川惟足《よしかわこれたり》に神道をうけて、**垂加神道《すいかしんとう》**を創始
陽明学		**中江藤樹**	『翁問答《おきなもんどう》』	日本陽明学の祖、近江聖人ともいわれ、藤樹書院を開く
		熊沢蕃山	**『大学或問《だいがくわくもん》』**	幕政を批判し、下総古河に幽閉される
古学	聖学	**山鹿素行**	**『聖教要録《せいきょうようろく》』**	著書で朱子学を批判し、赤穂へ流される
	古義学	**伊藤仁斎**	『論語古義』	京都堀川に**古義堂**を開く
	古文辞学	**荻生徂徠**	**『政談』**	江戸に蘐園塾《けんえんじゅく》を開く　吉宗の諮問に答え、『政談』を著し、武士土着論を説く
		太宰春台	**『経済録』**	経済学を研究し、藩専売制の必要を説く

諸藩の文教政策(儒学者の登用/17C後)

藩	藩主	儒学者	内容
会津藩	**保科正之《ほしなまさゆき》**	**山崎闇斎《やまざきあんさい》**	神儒一致の**垂加神道《すいかしんとう》**を提唱した
岡山藩	**池田光政《いけだみつまさ》**	**熊沢蕃山《くまざわばんざん》**	**閑谷学校《しずたにがっこう》**の創設
加賀藩	**前田綱紀《まえだつなのり》**	**木下順庵《きのしたじゅんあん》**	
水戸藩	**水戸光圀《みとみつくに》**	**朱舜水《しゅしゅんすい》**	**『大日本史』**編纂開始 / 彰考館〔江戸〕

(3) 洋学

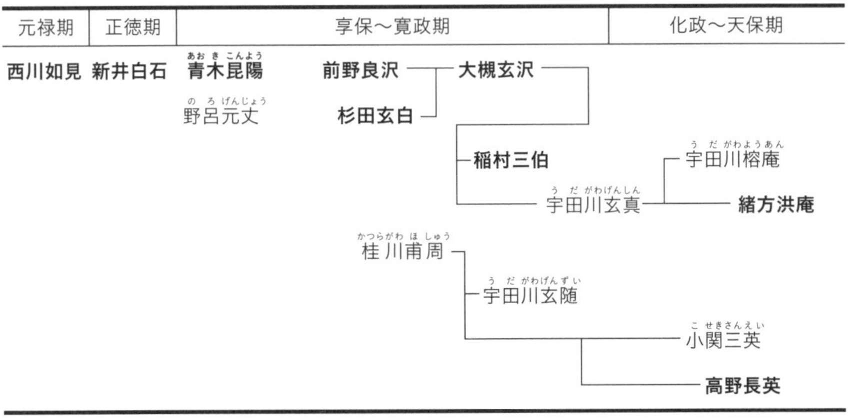

特徴　実学（政治・宗教にかかわらない➡自然科学中心）として広がる
語学（オランダ語）研究の後、発展する

展開
先駆　**西川如見・新井白石**：ヨーロッパの知識を紹介する
契機　徳川吉宗：**漢訳洋書輸入の緩和**
青木昆陽・野呂元丈に蘭学研究を命じる
形成　**前野良沢・杉田玄白**：『ターヘル＝アナトミア』の翻訳➡**『解体新書』**を記述
大槻玄沢・稲村三伯：語学研究をすすめる
発展　寛政期以降、洋学が発展していく

弾圧
シーボルト事件（1828）：
シーボルトが帰国の際に日本地図を携帯していたため処分を受ける。
それを手渡した**高橋景保《たかはしかげやす》**らも処罰された。
蛮社《ばんしゃ》の獄《ごく》（1839）
モリソン号事件の際、**高野長英**は**『戊戌夢物語《ぼじゅつゆめものがたり》』**を、**渡辺崋山**は**『慎機論《しんきろん》』**を著して幕府の鎖国政策を批判した。そのため幕府は2人の関わる蘭学者グループ尚歯会のメンバーを処罰した。

※幕府の翻訳機関
蛮書和解御用《ばんしょわげごよう》（1811）：天文方高橋景保の建議
洋学所（1855）➡蕃書調書《ばんしょしらべしょ》（1856）➡洋書調所《ようしょしらべしょ》（1862）➡開成所（1863）となる

洋学者一覧

学者名	著作など	事　項
西川如見	**『華夷通商考』**	長崎で見聞した海外事情や通商関係を著書で記述する
新井白石	**『西洋紀聞』** **『采覧異言』**	イタリア人のイエズス会宣教師**シドッチ**の尋問で得た知識をもとにキリスト教の教義や地理書を著す
青木昆陽	『蕃薯考』	吉宗の命で蘭学を学び、**甘藷**《かんしょ》（サツマイモ）栽培をすすめる
野呂元丈	『阿蘭陀《おらんだ》本草《ほんぞう》和解《わげ》』	稲生若水に学び、吉宗の命でオランダ薬物を研究する
前野良沢	**『解体新書』**	青木昆陽に蘭学を学び、『解体新書』を訳述する 独・クルムスの著書の蘭訳『ターヘル＝アナトミア』の翻訳
杉田玄白	**『解体新書』** 『蘭学事始《ことはじめ》』	前野良沢とともに『解体新書』を訳述　その時の回顧録が『蘭学事始』
桂川甫周	『北槎《ほくさ》聞略《ぶんりゃく》』	大黒屋光太夫の供述をもとに『北槎聞略』を編述する
大槻玄沢	『蘭学階梯』	杉田玄白・前野良沢に学び、江戸に**芝蘭堂**《しらんどう》を開き、新元会（オランダ正月）などを開催する
稲村三伯	『ハルマ和解』	杉田玄白に学び、初の蘭日辞典を著す
宇田川玄随	『西説内科撰要』	桂川甫周に学び、オランダの内科書を翻訳する
高橋至時	寛政暦	麻田《あさだ》剛立《ごうりゅう》に天文学を学び、幕府天文方となる
伊能忠敬	『大日本沿海輿地全図』	高橋至時に学び、幕命により全国を測量する
平賀源内	エレキテル	本草学者・科学者・戯作者で、西洋画も書く
宇田川榕庵	『舎密《せいみ》開宗《かいそう》』	イギリス人の化学書を訳述する
志筑忠雄	『暦象新書』 『鎖国論』	天文・物理学書として『暦象新書』を著す ケンペルの『日本誌』を『鎖国論』として訳述する
高橋景保		高橋至時の子で、**蛮書**《ばんしょ》**和解**《わげ》**御用**《ごよう》の設置を建議する シーボルト事件で獄死

(4) 国学

元禄期	享保～寛政期	化政～天保期
戸田茂睡《とだもすい》		
北村季吟《きたむらきぎん》	荷田春満《かだのあずまろ》――**賀茂真淵《かものまぶち》**――**本居宣長《もとおりのりなが》**	――**平田篤胤《ひらたあつたね》**
契沖《けいちゅう》	――**塙保己一《はなわほきいち》**	――伴信友《ばんのぶとも》

特徴　日本の古典を研究し、日本人精神の究明に努める学問
外来思想（儒教・仏教）を批判する

国学者一覧

学者名	著　作	事　項
戸田茂睡	『梨本集』	古今伝授や制《せい》の詞《ことば》などの拘束を廃し、自由な研究を主張する
北村季吟	『源氏物語湖月抄』	幕府の歌学方に登用される
契　沖	**『万葉代匠記』**	下河辺長流《しもこうべながる》の推挙で、徳川光圀に仕える
荷田春満	『創学校啓《そうがっこうけい》』	京都伏見の神官、吉宗に著書を提出する
賀茂真淵	『万葉考』 『国意考』	荷田春満に学び、田安宗武に仕え、『万葉集』の研究などから古道説を説く
本居宣長	**『古事記伝』** 『秘本玉くしげ』	伊勢松阪の医者で賀茂真淵に国学を学び、国学を大成して**鈴の屋**で国学を教える
平田篤胤	『古道大意』	本居宣長の死後の門人で**復古神道**を大成する
伴信友	『比古婆衣《ひこばえ》』	『日本書紀』研究を始め、古典考証を重視した
塙保己一	**『群書類従《ぐんしょるいじゅう》』**	幕府の許可のもとで**和学講談所《わがくこうだんじょ》**を設立し、国史講習を行い、史料編纂に従事する

(5) その他の学問

寛永・元禄文化期

分　野	学者他	著作他	事　項
歴史学	**林羅山・鵞峰**	**『本朝通鑑《ほんちょうつがん》』**	神武天皇より後陽成天皇までの歴史を記す
	徳川光圀～	**『大日本史』**	徳川光圀が始め明治末に完成 / 江戸彰考館で編集
	新井白石	**『読史余論《とくしよろん》』**	徳川政権の正当性を述べる（公家九変・武家五変）
	山鹿素行	『中朝事実』	日本こそ中華であり中国とする
本草学	**貝原益軒《かいばらえきけん》**	『大和本草』	他に『和俗童子訓』・『女大学』などを著す
	稲生若水《いのうじゃくすい》	『庶物類纂』	加賀の前田綱紀の保護を受けて、本草学を大成する
農　学	**宮崎安貞**	『農業全書』	徐光啓《じょこうけい》の『農政全書』を参考にする
和　算	**関孝和《せきたかかず》**	『発微算法《はっびさんぽう》』	和算の大成者、筆算による代数計算の基礎を確立
	吉田光由《よしだみつよし》	『塵劫記《じんこうき》』	日常計算が独学でできるよう、挿絵と解説をつける
天文学	**渋川春海《しぶかわしゅんかい》**	**「貞享暦《じょうきょうれき》」**	従来の**宣明暦《せんみょうれき》**の誤差を修正、元の授時暦を参考に、京都を基準とする新暦法を編纂した

宝暦・天明・化政文化期

分　野	学　者	著　作	事　項
重商論	**海保青陵《かいほせいりょう》**	『稽古談《けいこだん》』	藩財政の再建は藩専売制によると主張
	本多利明《ほんだとしあき》	『西域物語《せいいき》』	西洋諸国の国勢・風俗を記す
		『経世秘策』	富国のため外国貿易の振興をはかることを主張
	佐藤信淵《さとうのぶひろ》	『経済要録』	産業の国営化と貿易の振興を説く
		『農政本論』	農政の沿革・農事を詳述し、富国の方策を説く
社会批判	**安藤昌益《あんどうしょうえき》**	**『自然真営道』**	身分社会を否定し、「万人直耕」の自然世を説く
合理主義	**山片蟠桃《やまがたばんとう》**	**『夢《ゆめ》の代《しろ》』**	無神論（無鬼論）を説き、儒教・仏教・国学を批判 懐徳堂に学び、麻田剛立に天文学を学ぶ
	富永仲基《とみながなかもと》	**『出定後語《しゅつじょうごご》』**	儒教・仏教・神道を批判する　懐徳堂に学ぶ
心　学	**石田梅岩《いしだばいがん》**	『都鄙《とひ》問答』	神・儒・仏を学び、京都で商業の正当性を広める
尊王論	**竹内《たけのうち》式部**	-	京都で垂加神道を学び、尊王斥覇を説く**宝暦《ほうれき》事件**で追放
	山県大弐《やまがただいに》	『柳子新論《りゅうししんろん》』	江戸で兵学を講じ、幕政を批判　**明和《めいわ》事件**で死罪
	蒲生君平《がもうくんぺい》	『山稜志《さんりょうし》』	天皇陵荒廃を嘆き各地を調査
	頼山陽《らいさんよう》	『日本外史』	尊王思想を説き、京都に住む
	会沢安《あいざわやすし》	『新論』	水戸藩主徳川斉昭の改革に尽力、尊王攘夷思想を説く
海防論	**林子平《はやししへい》**	**『海国兵談』**	松平定信に海防論を説くが、処罰される
開国論	**工藤平助《くどうへいすけ》**	**『赤蝦夷《あかえぞ》風説考』**	田沼意次に蝦夷地開発と対露貿易を唱える

近現代の思想・学問・教育

(1) 近代の思想

年　代	近代思想の展開
1870 年代	啓蒙思想 **明六社**（1873）：**森有礼《もりありのり》・福沢諭吉《ふくざわゆきち》・中村正直《なかむらまさなお》・加藤弘之《かとうひろゆき》**・西周《にしあまね》ら **福沢諭吉**『学問のすゝめ』・**『文明論之概略』・『西洋事情』** **中村正直『西国立志編《さいごくりっしへん》』**（スマイルズの Self Help の翻訳） **『自由之理《じゆうのことわり》』**（ミルの On Liberty の翻訳） 西周『万国公法《ばんこくこうほう》』（国際法を紹介） 民権論（フランスの天賦人権思想） **植木枝盛《うえきえもり》**『民権自由論』 **加藤弘之**『真政大意』（天賦人権論を紹介）
1880 年代	民権論（フランス流**天賦人権論**） **中江兆民『民約訳解《みんやくやくかい》』**（ルソー『社会契約論』を翻訳） 国権論（プロシア（後のドイツ）の影響） **加藤弘之**『人権新説』（社会進化論に基づき、天賦人権論を否定） **福沢諭吉「脱亜論」**（**『時事新報《じじしんぽう》』**の紙面上で積極的対外膨張を説く） ナショナリズム（欧化思想に対する反発） **平民主義**（平民的欧化主義）➡生産力重視 **徳富蘇峰《とくとみそほう》**　**民友社**設立（1887）、雑誌**『国民之友』** **国粋主義**（近代的民族主義）➡日本伝統文化の強調 **三宅雪嶺《みやけせつれい》**　**政教社**設立（1888）、雑誌**『日本人』** 志賀重昂《しがしげたか》・杉浦重剛《すぎうらじゅうごう》ら **国民主義**➡国民の特性を発揚 **陸羯南《くがかつなん》**　新聞**『日本』**（1889）
1890 年代	ナショナリズム（対外膨張を主唱） 国家主義（対外膨張を唱える） **徳富蘇峰**　日清戦争をきっかけに平民主義から国家主義へ転向 **日本主義**（日本の大陸進出を肯定） **高山樗牛《たかやまちょぎゅう》**　雑誌**『太陽』**
1900 年代	社会主義（経済的・社会的な平等の実現を目指す） **幸徳秋水**　**平民社**を設立し、日露戦争に際して非戦論を展開 **大逆事件**（1910）により処刑 個人主義（日露戦争後） **戊申詔書《ぼしんしょうしょ》**（1908）【桂 II】：国民精神教化により個人主義を抑圧

(2) 大正・昭和初期の思想弾圧

事　件	西暦	人　物	事　項
白虹《はっこう》事件	1918	鳥居素川《とりいそせん》 長谷川如是閑《はせがわにょぜかん》	大阪朝日新聞社に対する言論統制 「白虹日を貫けり」（大阪朝日新聞が寺内内閣を批判）
森戸事件	1920	森戸辰男《もりとたつお》	「クロポトキンの社会思想の研究」が危険思想とされ帝大失職
滝川事件	1933	**滝川幸辰《たきがわゆきとき》**	刑法学説が共産主義的であるとして京大休職処分
天皇機関説問題	1935	**美濃部達吉**	貴族院本会議で憲法学説が問題視➡『憲法撮要』発禁 **「国体明徴声明」**（岡田内閣が天皇機関説を否定）
矢内原事件	1937	矢内原忠雄《やないはらただお》	『帝国主義下の台湾』で植民地政策を批判して、東大を辞職
人民戦線事件Ⅰ	1937	**山川均《やまかわひとし》ら**	反帝国主義的活動を行ったとして、日本無産党関係者などを検挙、日本無産党を解散させる
人民戦線事件Ⅱ	1938	**大内兵衛《おおうちひょうえ》ら**	反軍国主義的活動の理論的指導者として、労農派の教授グループを検挙
河合栄治郎事件	1940	**河合栄治郎《かわいえいじろう》**	『ファシズム批判』を反戦思想とされ東大休職処分
津田左右吉事件	1940	**津田左右吉《つだそうきち》**	『神代史《じんだいし》の研究』が発禁

(3)近代の学問

人文科学・社会科学

分野	時代	学者	著作	事項
歴史学	明治	**田口《たぐち》卯吉《うきち》**	『日本開化小史』	文明史論の展開
		久米《くめ》邦武《くにたけ》	「神道ハ祭天ノ古俗」	神道家からの反発➡東大教授辞任
	大正～昭和初期	**津田《つだ》左右吉《そうきち》**	『神代史《じんだいし》の研究』	1940年、出版法違反で発禁
法学	明治	穂積《ほづみ》八束《やつか》	「民法出デヽ忠孝亡ブ」	民法典論争（梅謙次郎と論争）
	大正	**吉野作造**	「憲政の本義を説いて其の有終の美を済《な》すの途《みち》を論ず」	**民本主義** 雑誌**『中央公論』**に掲載
		美濃部達吉	『憲法撮要』	**天皇機関説**/上杉慎吉と論争
哲学	大正	**西田《にしだ》幾多郎《きたろう》**	『善の研究』	西洋哲学による東洋思想の解釈
民俗学	大正	**柳田《やなぎた》国男《くにお》**	『遠野《とおの》物語』	雑誌『郷土研究』を刊行
政治学	戦後	丸山《まるやま》眞男《まさお》	「超国家主義の論理と心理」	政治思想史の研究
経済学	大正	**河上《かわかみ》肇《はじめ》**	『貧乏物語』	マルクス主義経済学
	戦後	**大塚《おおつか》久雄《ひさお》**	『近代資本主義の系譜』	唯物史観による市民研究

自然科学

分野	時代	学者	事項
医学	明治	**北里《きたざと》柴三郎《しばさぶろう》**	破傷風血清療法・ペスト菌発見・伝染病研究所（1892）
		志賀《しが》潔《きよし》	赤痢菌発見
	大正	**野口英世**	黄熱病の研究　梅毒病原体スピロヘータの純粋培養
薬学	明治	**高峰《たかみね》譲吉《じょうきち》**	アドレナリン発見・タカジアスターゼ創製
		鈴木梅太郎	オリザニン（ビタミンB1）創製
		秦《はた》佐八郎《さはちろう》	梅毒の化学療法剤のサルバルサン創製
物理学	明治	田中館《たなかだて》愛橘《あいきつ》	地磁気の測定
		長岡半太郎	原子模型の理論を発表
	大正	**本多光太郎**	冶金《やきん》学・KS磁石鋼の発明（住友吉左衛門の後援）
地震学	明治	大森房吉	大森式地震計の発明
天文学	明治	**木村栄《ひさし》**	緯度変化のZ項目を発明
植物学	明治	牧野《まきの》富太郎《とみたろう》	植物分類学に貢献
工学	大正	八木《やぎ》秀次《しゅうじ》	超短波用アンテナを発明

(4)近現代の教育

時期区分	教育の動き	備　考
文明開化 (1870年代)	文部省設置（1871） **学制**（1872）：フランスの学区制 小学校の費用は地方負担➡就学率は高まらず **教育令**（1879）：アメリカの制度 地方の自主性を大きく認める 翌年改正され、再び中央の権限が強化される	●国民皆学の理念 学事奨励に関する被仰出書
民権運動 (1880年代)	**学校令**（1886）【伊藤Ⅰ】：文相＝**森有礼《ありのり》** 教育目的：啓蒙主義➡国家主義 義務教育**3～4年間**（就学率約50%）	●学校令 帝国大学令・師範学校令 中学校令・小学校令
日清戦争 (1890年代)	**教育勅語**（1890）【山県Ⅰ】：起草＝井上毅《いのうえこわし》 「忠君愛国」の理念 思想や宗教の自由を制約する	**●内村鑑三不敬事件**（1891） 内村は第一高等中学校教員の職を追われた
日露戦争 (1900年代)	小学校令改正（1907） 義務教育**6年間**（就学率約97%）	●教育統制の強化 教科書：検定制➡国定制
大正時代 (1910年代)	**大学令**（1918）【原】 公立・私立・単科大学の公認 自由教育運動 子どもの個性や自発性をのばす	●自由教育 童謡・綴方《つづりかた》・自由画など
戦時中 (1931～45年)	**国民学校令**（1941） 皇国民の錬成/義務教育8年間（実施されず）	●教育の後退 学徒出陣・学童疎開
戦後 (1945年～)	**教育基本法**（1947）【吉田Ⅰ】 教育の機会均等・男女共学・義務教育**9年間** **学校教育法**（1947）【吉田Ⅰ】 6・3・3・4制の新学校制度 **教育委員会法**（1948） 教育委員の選出＝公選制 首長による任命制へ変更（1956）	●軍国主義の否定 ①墨塗り教科書の使用 ②**修身・日本歴史・地理**の授業を一時停止（1946年再開） ③**『くにのあゆみ』**（最後の国定教科書）

古代・中世の文芸

文化区分	文　学	その他
白鳳文化 （7C 後～ 8C 初）	和　歌　**柿本人麻呂《かきのもとのひとまろ》** **額田王《ぬかたのおおきみ》** 漢詩文　大津皇子	
天平文化 （8C）	歴　史　**『古事記』**（712） 誦習：**稗田阿礼《ひえだのあれ》**　筆録：**太安万侶《おおのやすまろ》** **『日本書紀』**（720） **舎人《とねり》親王** / 神代～持統朝 **地　理**　**『風土記』**（713） 常陸・出雲・播磨・肥前・豊後 和歌集　**『万葉集』**（万葉仮名 / 東歌・防人歌など） 万葉歌人：**大伴家持《おおとものやかもち》**・山上憶良《やまのうえのおくら》 漢詩集　**『懐風藻』**（**淡海三船《おうみのみふね》**が編纂）	**六国史** **『日本書紀』**（720） **『続日本紀』**（797） 『日本後紀』（840） 『続日本後紀』（869） 『日本文徳天皇実録』（879） **『日本三代実録』**（901）
弘仁・ **貞観文化** （9C）	漢文学の隆盛（文章経国《もんじょうけいこく》思想） 勅撰漢詩集　**『凌雲集《りょううんしゅう》』**・『文華秀麗集《ぶんかしゅうれいしゅう》』・『経国集《けいこくしゅう》』 私撰漢詩集　『性霊集《しょうりょうしゅう》』（空海）・『文鏡秘府論《ぶんきょうひふろん》』（評論） 説話集　**『日本霊異記《にほんりょういき》』**（景戒）	**三筆**（唐風書道） 空海（『風信帖』） 嵯峨天皇 橘逸勢《たちばなのはやなり》
国風文化 （10C ～ 11C 前）	国文学の発達 女　流　**『源氏物語』**（紫式部）・**『枕草子』**（清少納言） 物　語　**『竹取物語』『伊勢物語』**（歌物語） 歴史物語『栄花物語』（赤染衛門《あかぞめえもん》） 日　記　**『土佐日記』**（紀貫之） **『蜻蛉《かげろう》日記』**（藤原道綱母《ふじわらのみちつなのはは》） **『更級《さらしな》日記』**（菅原孝標女《すがわらのたかすえのむすめ》） 勅撰和歌集**『古今和歌集』**（醍醐天皇の命　紀貫之） 詩　歌　**『和漢朗詠集』**（藤原公任《きんとう》） 百科事典『倭名類聚抄』（源順《みなもとのしたごう》）	**三蹟《さんせき》**（和風書道） **小野道風《おののみちかぜ》** **藤原行成《ゆきなり》**（世尊寺《せそんじ》流） **藤原佐理《すけまさ》**（『離洛帖《りらくじょう》』） 男性貴族の日記 『小右記《しょうゆうき》』（**藤原実資《ふじわらのさねすけ》**） 儀式の作法などを 子孫に伝える
院政期文化 （11C 後～ 12C）	歴史物語　**『大鏡』**・『今鏡』 軍記物語　**『将門記』**・**『陸奥話記』**（前九年合戦） 説話集　**『今昔物語集』**（本朝・震旦・天竺の仏教説話） 歌謡集　**『梁塵秘抄《りょうじんひしょう》』**（後白河法皇）：**今様**を集成	**田楽《でんがく》**　田植えの神事 **猿楽《さるがく》**　物まね芸（散楽《さんがく》に由来） **今様《いまよう》**　民間の流行歌

文化区分	和歌集・連歌集	歴史書・軍記物語・説話集・紀行文
鎌倉文化 （12C 末～ 14C 前）	勅撰和歌集 **『新古今和歌集』** （後鳥羽上皇 / 藤原定家らが編纂） 私撰和歌集 **『金槐《きんかい》和歌集』**（源実朝） **『山家集《さんかしゅう》』**（西行）	歴史書　**『愚管抄《ぐかんしょう》』慈円《じえん》** **『吾妻鏡《あづまかがみ》』**（鎌倉幕府正史） **『元亨釈書《げんこうしゃくしょ》』**虎関師錬《こかんしれん》 軍記物語　**『平家物語』** （琵琶法師による語り） 説話集　『沙石集《しゃせきしゅう》』（無住《むじゅう》） 『古今著聞集《ここんちょもんじゅう》』（橘成季《たちばなのなりすえ》） 紀行文　**『十六夜日記《いざよいにっき》』**（阿仏尼《あぶつに》）

文化区分	文　学	芸　能
南北朝・北山文化 （14C 後～ 15C 前）	連歌集 **『菟玖波集《つくばしゅう》』（二条良基《にじょうよしもと》）** 連歌の規則書 **『応安新式』（二条良基）** 歴史書　**『神皇正統記《じんのうしょうとうき》』** **（北畠親房《きたばたけちかふさ》** / 南朝正統） 歴史物語　**『増鏡』**（公家の立場） 軍記物語　**『梅松論《ばいしょうろん》』**（北朝側武士） **『太平記』**（太平記読み） 『難太平記』（今川了俊）	**能《のう》**　田楽・猿楽を集成、歌舞・演劇の形式 大和四座：**観世《かんぜ》**・**宝生《ほうしょう》**・**金春《こんぱる》**・**金剛《こんごう》**座 大成：**観阿弥《かんあみ》**・**世阿弥《ぜあみ》**（足利義満の保護） **『風姿花伝《ふうしかでん》』**（世阿弥 / 能の真髄）
東山・戦国文化 （15C 後～ 16C 前）	和歌 古今伝授《こきんでんじゅ》（東常縁《とうのつねより》➡宗祇） 正風連歌 **『新撰菟玖波集』**（宗祇） 『水無瀬三吟百韻《みなせさんぎんひゃくいん》』（宗祇ら） 俳諧連歌 **『犬筑波集《いぬつくばしゅう》』（〈山崎《やまざき》〉宗鑑《そうかん》）**	**狂言《きょうげん》**　風刺性の強い喜劇（能の合間に演じる） 歌謡　**『閑吟集《かんぎんしゅう》』**（小歌を集成） **幸若舞《こうわかまい》**　越前の幸若太夫一派の舞 **風流《ふりゅう》踊り**　民衆が仮装し、異様な風体で踊る **盆踊り**　風流と念仏踊りが結びつく

近世の文学

室町～桃山期	寛永期	元禄期	宝暦・天明期	化政期
御伽草子《おとぎぞうし》	**仮名草子《かなぞうし》**	**浮世草子《うきよぞうし》** **井原西鶴《いはらさいかく》** 草双紙	(前期) **読本** **上田秋成《うえだあきなり》** **洒落《しゃれ》本** **山東京伝《さんとうきょうでん》** **黄表紙** **恋川春町《こいかわはるまち》**	(後期) **読本** **曲亭馬琴《きょくていばきん》** **滑稽本** **十返舎一九《じっぺんしゃいっく》** **人情本** **為永春水《ためながしゅんすい》** **合巻** **柳亭種彦《りゅうていたねひこ》**
連歌 →	俳諧 貞門派 **松永貞徳《まつながていとく》** 談林派 **西山宗因《にしやまそういん》**	蕉風 **松尾芭蕉《まつおばしょう》**	**与謝蕪村《よさぶそん》**	**小林一茶**
		人形浄瑠璃 脚本 **近松門左衛門** 語り **竹本義太夫《たけもとぎだゆう》**	**竹田出雲《たけだいずも》**	
阿国歌舞伎	女歌舞伎・若衆歌舞伎	野郎歌舞伎 江戸 **市川團十郎** 上方 **坂田藤十郎** **芳沢《よしざわ》あやめ**		脚本 **鶴屋南北《つるやなんぼく》** **河竹黙阿弥《かわたけもくあみ》**

近世の小説ジャンル

室町時代　御伽草子 : 短編の物語集

寛永期　仮名草子 : 江戸初期に仮名で書かれた書物

元禄期　浮世草子 : 井原西鶴に始まる、主に上方で書かれた娯楽性の高い小説

寛政期　洒落本 : 遊里に取材し、当世風俗を会話体で描く

黄表紙 : 風刺性の高い絵入り小説

読　本 : 勧善懲悪で書かれた歴史的伝奇小説

化政期　滑稽本 : 庶民生活の滑稽を会話中心に写した小説

人情本 : 恋愛情痴の生活を描いた読み物

合　巻 : 黄表紙を数冊綴じ合わせたもの

近世の小説一覧

分　野	作　家	作　品	備　考
仮名草子	浅井了以	『浮世物語』	
浮世草子	**井原西鶴**	**『好色一代男』**『好色一代女』	好色物
		『日本永代蔵』『世間胸算用』	町人物
		『武道伝来記』『武家義理物語』	武家物
洒落本	**山東京伝**	『仕《し》懸《かけ》文《ぶん》庫《こ》』	寛政の改革で弾圧
黄表紙		『江戸《えど》生《うまれ》艶気《うわきの》樺焼《かばやき》』	
	恋川春町	『金々先生栄花夢《きんきんせんせいえいがのゆめ》』『鸚鵡《おうむ》返《がえし》文武二道《ぶんぶのふたみち》』	
読本	**上田秋成**	『雨月物語』	怪談小説
	曲亭馬琴	『南総里見八犬伝』『椿説弓張月《ちんせつゆみはりづき》』	
滑稽本	**十返舎一九**	『東海道中膝栗毛』	
	式亭三馬	『浮世風呂』『浮世床』	
人情本	**為永春水**	『春色《しゅんしょく》梅児誉美《うめごよみ》』	天保の改革で弾圧
合　巻	**柳亭種彦**	『偐紫《にせむらさき》田舎源氏《いなかげんじ》』	

その他の文芸一覧

分　野	作　家	作　品	備　考
人形浄瑠璃	**近松門左衛門**	**『曾根崎心中《そねざきしんちゅう》』**『心中天網島』	世話物
		『国姓爺合戦《こくせんやかっせん》』	時代物
	竹田出雲	『仮名手本忠臣蔵』『菅原伝授手習鑑《かがみ》』	
歌舞伎	**鶴屋南北**	『東海道四谷怪談』	怪談物
	河竹黙阿弥	『鼠小紋東君新形《ねずみこもんはるのしんがた》』	白浪《しらなみ》物（盗賊物）
俳諧	**松尾芭蕉**	**『おくのほそ道』**『笈《おい》の小文』『野ざらし紀行』	紀行文
	与謝蕪村	『蕪村七部集』	
	小林一茶	『おらが春』	
川柳	**柄井川柳《からいせんりゅう》**	『誹風柳多留《はいふうやなぎだる》』	
狂歌	**大田南畝《おおたなんぽ》**	『万載狂歌集』	
随筆	**鈴木牧之《すずきぼくし》**	『北越雪譜《ほくえつせっぷ》』	雪国の自然や 農民の生活
	菅江真澄	『菅江真澄遊覧記』	東北を巡遊

近現代の文学・芸能

近代の文学

時期	主義		特徴	作家・雑誌など
文明開化 (1870年代)	**戯作**《げさく》**文学**		江戸文学の伝統を継承	**仮名垣魯文**《かなかきろぶん》
民権運動 (1880年代)	**政治小説**		民権運動の宣伝	**矢野龍渓**《やのりゅうけい》・東海散士《とうかいさんし》・ 末広鉄腸《すえひろてつちょう》
	写実主義		江戸文学の否定 言文一致体	**坪内逍遙**《つぼうちしょうよう》・**二葉亭四迷**《ふたばていしめい》 **硯友社**《けんゆうしゃ》　**『我楽多**《がらくた》**文庫』** **尾崎紅葉**《おざきこうよう》・**山田美妙**《やまだびみょう》
	理想主義		擬古典主義	**幸田露伴**《こうだろはん》
日清戦争 (1890年代)	**ロマン主義**		封建制の打破 自我・個性の尊重	**『文学界』**(北村透谷《きたむらとうこく》) **森鷗外**《もりおうがい》・**樋口一葉**《ひぐちいちよう》 詩歌**『若菜集』**(**島崎藤村**《しまざきとうそん》) 短歌**『明星**《みょうじょう》**』**　**与謝野晶子**《よさのあきこ》 俳句**『ホトトギス』** **正岡子規**《まさおかしき》
日露戦争 (1900年代)	**自然主義**		フランス・ロシアの影響 人間性をありのまま描写	**島崎藤村**《しまざきとうそん》・国木田独歩《くにきだどっぽ》 田山花袋《たやまかたい》・**石川啄木**《いしかわたくぼく》
明治末〜大正期 (1900〜20年代)	反自然主義	高踏派	対象から離れて眺める	**夏目漱石**《なつめそうせき》・**森鷗外**《もりおうがい》
		耽美派	官能的な美を求める	『スバル』 **谷崎潤一郎**《たにざきじゅんいちろう》・**永井荷風**《ながいかふう》
		白樺派	人間賛歌の理想主義	『白樺』(学習院系) **武者小路実篤**《むしゃのこうじさねあつ》・ **志賀直哉**《しがなおや》・有島武郎《ありしまたけお》
		新思潮派	現実を新視点から見直す	『新思潮』(東大系) **芥川龍之介**《あくたがわりゅうのすけ》・菊池寛《きくちかん》
昭和初期 (1920年代〜)	**新感覚派**		自然主義的リアリズムに反発 技巧的文章	『文芸時代』 **川端康成**《かわばたやすなり》・横光利一《よこみつりいち》
	プロレタリア文学 (無産階級文学)		労働者や農民の現実を描く	**『種蒔**《たねま》**く人』** **小林多喜二**《こばやしたきじ》・**徳永直**《とくながすなお》・ 葉山嘉樹《はやまよしき》

近代文学作品一覧

主義		作家	作品	備考
戯作文学		**仮名垣魯文**	『安愚楽鍋《あぐらなべ》』	
政治小説		**矢野竜溪**	『経国美談《けいこくびだん》』	立憲改進党に参加
		末広鉄腸	『雪中梅』	『朝野新聞』に参加
		東海散士	『佳人之奇遇』	
写実主義		**坪内逍遙**	**『小説神髄《しょうせつしんずい》』**『当世書生気質《とうせいしょせいかたぎ》』	
		二葉亭四迷	**『浮雲』**	言文一致体
		尾崎紅葉	『金色夜叉《こんじきやしゃ》』『多情多恨』	**硯友社《けんゆうしゃ》**（政治小説に対し芸術主義を標榜）
		山田美妙	『夏木立《なつこだち》』	
		幸田露伴	『五重塔』	理想主義
ロマン主義		**森鷗外**	**『舞姫』**『即興詩人』	晩年は歴史小説を書く
		樋口一葉	**『たけくらべ』**『にごりえ』	女流作家
		島崎藤村	**『若菜集』**	詩集
		与謝野晶子	**『みだれ髪』**	**『明星』**で活躍
		正岡子規	**『ホトトギス』**	高浜虚子《たかはまきょし》と共著
自然主義		**島崎藤村**	**『破戒』**	ロマン主義から転向
		国木田独歩	『武蔵野』	
		田山花袋	『蒲団《ふとん》』	
		石川啄木	『一握の砂』『悲しき玩具』	ロマン主義から転向
反自然主義	高踏派	**夏目漱石**	**『吾輩は猫である』『坊っちゃん』**	評論 / 余裕派
	耽美派	**谷崎潤一郎**	『痴人の愛』『刺青《しせい》』	
		永井荷風	『腕くらべ』	
	白樺派	**武者小路実篤**	『その妹』『人間万歳』	宮崎県に新しき村を建設
		志賀直哉	『暗夜行路』『城の崎にて』	
		有島武郎	『或る女』	
	新思潮派	**芥川龍之介**	**『羅生門』**『鼻』	1927 年に自殺
		菊池寛	『恩讐《おんしゅう》の彼方に』『父帰る』	『文藝春秋』を創刊
新感覚派		**川端康成**	『伊豆の踊子』『雪国』	1968 年ノーベル文学賞
		横光利一	『日輪』『機械』	
プロレタリア文学		**小林多喜二**	**『蟹工船《かにこうせん》』**	逮捕され獄中で死ぬ
		徳永直	『太陽のない街』	
		葉山嘉樹	『海に生くる人々』	

戦時中〜戦後の文学

時　期	主　義	作　家	作　品	備　考
戦時中 (1931〜45)	国策文学	**石川達三**	『生きてゐる兵隊』	日本文学報国会（1942） 会長＝徳富蘇峰
		火《ひ》野《の》葦《あし》平《へい》	『麦と兵隊』	
	古典復興	亀《かめ》井《い》勝《しょう》一郎《いちろう》	雑誌**『日本《にほん》浪曼《ろまん》派《は》』**	ファシズムに傾倒
		保《やす》田《だ》与《よ》重郎《じゅうろう》		
	漫　画	田《た》河《がわ》水泡《すいほう》	『のらくろ』	『少年倶楽部』に連載
戦後 (1945〜)	無頼派	**太《だ》宰《ざい》治《おさむ》**	『斜陽』	生活の破滅を描く
		坂《さか》口《ぐち》安《あん》吾《ご》	『白《はく》痴《ち》』	堕落論を主張
	戦後派	**大岡昇平**	『俘《ふ》虜《りょ》記《き》』	戦争体験を小説にする
	中間小説	松本清張	『点と線』	社会は推理小説
		司馬遼太郎	『坂の上の雲』	歴史小説／司馬史観
	漫　画	手《て》塚《づか》治《おさ》虫《む》	『鉄腕アトム』	ストーリー漫画の開拓者
	その他	三島由紀夫	『仮面の告白』	軍国主義に傾倒
		大江健三郎	『飼育』	ノーベル文学賞受賞

近代の芸能

	ジャンル	人物	事項
明治	旧劇（歌舞伎）	**河竹黙阿弥**	脚本家：白浪物《しらなみもの》（盗賊物） ➡散切物《さんぎりもの》（明治の新風俗）・活歴《かつれき》（時代考証に重点）
		九代目市川團十郎	演劇改良運動：末松謙澄《すえまつけんちょう》が演劇改良会を結成（1886） 劇場構造や興行制度の改革 團菊左時代（1890 年代が中心）
		五代目尾上菊五郎《おのえきくごろう》	
		初代市川左團次《いちかわさだんじ》	
	新派劇（壮士芝居）	**川上音二郎《かわかみおとじろう》**	オッペケペー節（1880 年代）➡壮士芝居（1890 年代）
	新劇（西洋劇）	**坪内逍遙《つぼうちしょうよう》・島村抱月《しまむらほうげつ》**	**文芸協会**（1906 ～ 13） 「ハムレット」・「人形の家」を上演
		小山内薫《おさないかおる》	**自由劇場**（1909 ～ 19） 欧米の近代演劇運動の影響を受ける
		二代目市川左團次	
大正		**島村抱月・松井須磨子《まついすまこ》**	**芸術座**（1913 ～ 19） 「カチューシャの唄」が流行
		小山内薫・土方与志《ひじかたよし》	**築地小劇場《つきじしょうげきじょう》**（1924） 関東大震災後、新劇運動の拠点

近現代の音楽

時期	人物	業績	備考
明治時代（1868 ～ 1912）	**伊沢修二《いさわしゅうじ》**	音楽取調係（1879）	西洋音楽の移殖につとめる ➡『小学唱歌集』を編集
		東京音楽学校（1887）	
	滝廉太郎《たきれんたろう》	「荒城の月」・「花」	作曲家 / 西洋風の作品
大正時代（1912 ～ 26）	三浦環《みうらたまき》	「蝶々《ちょうちょう》夫人」	オペラ歌手
	山田耕筰《やまだこうさく》	日本交響楽協会	作曲家 / 指揮者
昭和初期（1926 ～ 45）	近衛秀麿《このえひでまろ》	新交響楽団	
昭和戦後（1945 ～ 89）	並木路子《なみきみちこ》	「リンゴの歌」	歌謡曲
	美空《みそら》ひばり	「柔」	

近現代のジャーナリズム

明治期に創刊されたおもな新聞

『横浜毎日新聞』	1870	最初の日刊新聞 / 後に改進党系新聞になる
『郵便報知新聞』	1872	前島密《まえじまひそか》が創刊 / 後に改進党系新聞となる
『日新真事誌』	1872	英人ブラックが創刊 / 民撰議院設立建白書を掲載
『読売新聞』	1874	小新聞（社会事件・娯楽）の中心紙
『時事新報』	1882	**福沢諭吉**が創刊した /「脱亜論」を掲載
『日本』	1889	**陸羯南《くがかつなん》**が創刊 / 欧化主義に反対
『万朝報《よろずちょうほう》』	1892	黒岩涙香《くろいわるいこう》が創刊 / 日露非戦論から開戦論に転じる
『平民新聞』	1903	**平民社**（**幸徳秋水**・堺利彦ら）の機関誌 / 日露非戦論

明治期に創刊されたおもな雑誌

『明六雑誌』	1874	明六社の機関誌 / 森有礼が中心 /1875 年、新聞紙条例により廃刊
『国民之友』	1887	**平民主義**の民友社（**徳富蘇峰**ら）の総合雑誌
『日本人』	1888	**国粋主義**の政教社（**三宅雪嶺**ら）の機関誌
『文学界』	1893	北村透谷・上田敏らが創刊したロマン主義文学雑誌
『太陽』	1895	**日本主義**の**高山樗牛《たかやまちょぎゅう》**の総合雑誌
『明星』	1900	**与謝野鉄幹・晶子**中心の新詩社・明星派のロマン主義詩歌雑誌
『青鞜』	1911	**平塚らいてふ**主幹の月刊誌 /1916 年に廃刊

大正・昭和期に創刊されたおもな雑誌

大正・昭和期に創刊されたおもな雑誌

『中央公論』	1912	1912年、主幹の**滝田樗陰《たきたちょいん》**のもと、総合雑誌として確立
『赤い鳥』	1918	**鈴木三重吉《すずきみえきち》**が創刊 / 児童文学ブーム
『改造』	1919	**山本実彦《やまもとさねひこ》**が創刊 / 総合雑誌
『東洋経済新報』	1919	1919年より週刊 /1924年より**石橋湛山**が主幹
『種蒔《ま》く人』	1921	プロレタリア文学運動の出発点
『文藝春秋《ぶんげいしゅんじゅう》』	1923	菊池寛が主幹 /1926年から総合雑誌となる
『キング』	1925	講談社が発行した大衆雑誌 /1943年『富士』に改題
『現代日本文学全集』	1926	改造社が発行 /1冊1円の**円本**と呼ばれる
『世界』	1946	岩波書店が創刊した総合雑誌 / 平和と民主主義を基調とする
『思想の科学』	1946	都留重人・丸山真男らが創刊した総合雑誌

おわりに

ここまでお読みくださり、本当にありがとうございました。

さて、本書では数えきれないくらい「文化」という言葉を用いてきましたが、最後に問いかけを一つ。そもそも「文化」って、いったい何なんでしょうか？　なぜ文化は生まれたのでしょうか、なぜ必要とされたのでしょうか？

誤解を恐れずに言ってしまえば、文化とは、人間が「退屈に耐えられない生き物だから」生まれたものだと思います。

定住がはじまったときから、人は日々新たな場所に行く必要がなくなり、食糧確保に割く時間も少なくなり、生活に余暇、つまりヒマが生まれました。ヒマは人間にとって耐えがたい「退屈」をもたらします。その退屈をなんとかしたいという思いから、多くのヒマつぶし、遊びのわざが生まれます。それが「文化」の火種だと思うのです。

文化なんていうと堅苦しいですが、それはつまり、人間の「営み」そのもののことです。

私たちと同じように、昔の人々もその時代時代で必死に生き、その中で楽しむためだったり、人生の苦しみから逃れ救いを得るためだったり、「これをやらなきゃ死ねない！」というくらい、命がけで作られたりしたものがありました。
そういうものが人の心を打ち、大切にされ、遺されてきて、いつしか「文化」と呼ばれるものになったのではないでしょうか。
文化史を学ぶことは、このような過去の人々の営みを想像することにつながります。それは、今を生きる私たちの心を豊かにするものでもあります。

みなさんの中に、このような想像力はどれだけ芽生えたでしょうか？

「文化史って、案外面白いな」。本書の試みが奏功し、そう思う方が一人でも増えることを心から願っています。

【写真出典一覧】

本書掲載図版のうち、キャプション末尾に「*」「**」「***」を付した

写真の出典は以下のとおりである。

*　　ColBase（https://colbase.nich.go.jp/）

**　　国立国会図書館ウェブサイト

***　　PIXTA（ピクスタ）

p.22　三徳山投入堂©鳥取県

p.51　Photo by ©Tomo.Yun(httpwww.yunphoto.net)

p.52　Photo by ©Tomo.Yun(httpwww.yunphoto.net)（法隆寺夢殿）

p.52　ふくいのりすけ / PIXTA（ピクスタ）（東大寺転害門）

p.53　ふくいのりすけ / PIXTA（ピクスタ）（室生寺金堂）

p.56　dejiys / PIXTA（ピクスタ）（中尊寺金色堂）

p.56　kazz zzak / PIXTA（ピクスタ）（白水阿弥陀堂）

p.57　Photo by ©Tomo.Yun(httpwww.yunphoto.net)（東大寺南大門）

p.57　papa88 / PIXTA（ピクスタ）（功山寺仏殿）

p.58　Photo by ©Tomo.Yun(httpwww.yunphoto.net)（金閣寺）

p.60　Photo by ©Tomo.Yun(httpwww.yunphoto.net)（姫路城）

p.62　Photo by ©Tomo.Yun(httpwww.yunphoto.net)（日光東照宮）

p.65　crossroad/ PIXTA（ピクスタ）（日本銀行本店）

p.80　画像提供：奈良国立博物館

p.91　文部科学省ホームページ（httpswww.mext.go.jp）より引用（高松塚古墳壁画）

p.92　正倉院ホームページより転載

pp.108-109　建仁寺所蔵　画像提供：京都国立博物館

p.110　freehand / PIXTA（ピクスタ）

p.116　文部科学省ホームページ　(httpswww.mext.go.jp）より引用（紙本淡彩十便図）

p.122　画像提供：東京藝術大学／DNPartcom（「鮭」）

p.157　画像提供：郵政博物館

p.242　写楽KAZ / PIXTA（ピクスタ）

※キャプション中の「重文」とは国指定「重要文化財」の、「重美」とは「重要美術品」の略称である。

※本書で紹介した人名・作品名等は、高等学校地理日本史科「日本史B」の教科書の表記を基本とした。

【イラスト】

真船きょうこ（pp.67~75）

株式会社アート工房（p.59、p.61、p.71〈鑑真和上像〉）

田中結也（たなか　ゆうや）

1981年生まれ。関西学院大学文学研究科日本史学専攻。駿台予備学校日本史講師。西日本各地の校舎に出講。教科書の精読を重視する明解かつ理論的な講義は「大学入試に直結すると同時に歴史の理解が深まる」と多くの受験生から強い支持を受けており、毎年全国の難関大学に合格者を輩出している。講義以外にも模試作成やテキスト編集、教員セミナーなどにも携わり、大学受験業界で幅広く活躍している。教育系YouTuberとしても活躍し、「ただよび」®で日本史の講義を担当する一方、個人チャンネル「田中結也の日本史チャンネル」でも数多くの動画を配信し、日本史を学び直そうとする視聴者からも絶大な支持を得ている。

ブックデザイン　米倉英弘（細山田デザイン事務所）　DTP　横村 葵

バイバイ丸暗記！ 文化史は「節目」で学べ

パラダイムシフトでおさえる日本文化史

2024年3月19日　初版発行

監　修　田中結也
発行者　伊住公一朗
発行所　株式会社 淡交社
本社　〒603-8588 京都市北区堀川通鞍馬口上ル
営業　075-432-5156　編集　075-432-5161
支社　〒162-0061 東京都新宿区市谷柳町39-1
営業　03-5269-7941　編集　03-5269-1691
www.tankosha.co.jp

印刷・製本　シナノ書籍印刷株式会社

ISBN978-4-473-04585-0